RÜDIGER VOIGT

Die Auswirkungen des Finanzausgleichs zwischen Staat und Gemeinden auf die kommunale Selbstverwaltung von 1919 bis zur Gegenwart

Schriften zum Öffentlichen Recht

Band 259

Die Auswirkungen des Finanzausgleichs zwischen Staat und Gemeinden auf die kommunale Selbstverwaltung von 1919 bis zur Gegenwart

Von

Dr. Rüdiger Voigt

DUNCKER & HUMBLOT / BERLIN

Gedruckt 1975 bei Buchdruckerei Bruno Luck, Berlin 65
Printed in Germany
ISBN 3 428 03302 7

Meinem Sohn
Karsten Gerald

Vorwort

Das Verhältnis des Staates zu seinen Gemeinden ist als elementares Problem der Staatsrechtslehre bereits in zahlreichen Veröffentlichungen der letzten Jahre untersucht worden. Dabei stand häufig auch das Selbstverwaltungsrecht der Gemeinden im Vordergrund. Nur selten jedoch wurde den finanziellen Beziehungen zwischen Staat und Gemeinden die erforderliche Aufmerksamkeit gewidmet. Das mag zum Teil daran liegen, daß dieses Problemfeld als Domäne der Finanzwissenschaft angesehen wird, zum anderen wird häufig wohl auch die Bedeutung dieser Beziehungen unterschätzt.

Ein Beispiel soll die Bedeutung dieser Beziehungen, die sich in den Regelungen des kommunalen Finanzausgleichs ablesen lassen, veranschaulichen. Schon bisher tätigen die Gemeinden bereits zwei Drittel aller öffentlichen Investitionen. Dieser Anteil wird sich in den kommenden Jahren noch erhöhen, so daß die Schätzung des kommunalen Investitionsbedarfs auf 400 Mrd. DM bis 1980 eher noch zu niedrig gegriffen scheint. Dennoch sinkt der Anteil der gemeindeeigenen Steuern am Gesamtaufkommen seit sechzig Jahren. Der Investitionsspielraum der Gemeinden schrumpft also, obgleich er wachsen müßte, damit die kommunalen Aufgaben der Städtesanierung, des Ausbaues der Nahverkehrs- und Daseinsvorsorgeeinrichtungen bewältigt werden können.

Ein kommunaler Finanzausgleich ist erforderlich, der die Gemeinden in ausreichendem Umfang mit eigenverantwortlich auszuschöpfenden Steuerquellen versorgt, der ihnen andererseits aber auch eine gleichbleibende Finanzausstattung mit Hilfe von Finanzzuweisungen zukommen läßt, um die kommunale Versorgung sicherzustellen. Dieser Finanzausgleich zwischen Staat und Gemeinden muß dabei zwei Zielrichtungen beachten. Einerseits muß dem Verfassungsauftrag des Art. 28 Abs. 2 GG folgend die finanzielle Selbstverantwortung der Gemeinden gestärkt werden, andererseits muß eine staatliche Finanzpolitik ermöglicht werden, die die sozialstaatlichen und wirtschaftspolitischen Interessen der Gesamtbevölkerung auch auf der Gemeindeebene berücksichtigt.

Die vorliegende Arbeit hat im Wintersemester 1972/73 der Juristischen Fakultät der Universität Kiel unter dem Titel „Die Auswirkungen des Finanzausgleichs zwischen Staat und Gemeinden auf die kommunale Selbstverwaltung von 1919 bis zur Gegenwart“ als Dissertation vorgelegen. Die einschlägige Literatur des letzten Jahres fand soweit wie möglich Berücksichtigung. Mein Dank gilt vor allem Herrn Prof. Dr. *Georg Christoph von Unruh*, der die Arbeit betreute, für seine stets wohlwollende Förderung und Teilnahme. Außerdem danke ich Herrn Regierungsrat a. D. Dr. *Anton Schifferer*, der mich mit wertvollen Hinweisen aus seiner Tätigkeit in der Preußischen Verwaltung unterstützte. Mein besonderer Dank gilt auch Herrn Ministerialrat a. D. Dr. *Johannes Broermann* für die Aufnahme der Arbeit in sein Verlagsprogramm.

Hüttental, im Juli 1974

Rüdiger Voigt

Inhaltsverzeichnis

Zweiter Abschnitt

Zweiter Teil

Abkürzungsverzeichnis

Änd.G	=	Änderungsgesetz
AfK	=	Archiv für Kommunalwissenschaften
AmtsBl.	=	Amtsblatt
Amtsbl. Mil. Reg.	=	Amtsblatt der Militärregierung
Amtsbl. Sch. H.	=	Amtsblatt für Schleswig-Holstein
AöR	=	Archiv für öffentliches Recht
AusfG	=	Ausführungsgesetz
BayBgm.	=	Der Bayerische Bürgermeister
bay. GO	=	bayerische Gemeindeordnung
Bay. VBl.	=	Bayerische Verwaltungsblätter
BGBl.	=	Bundesgesetzblatt
BGHZ	=	Entscheidungen des Bundesgerichtshofs in Zivilsachen
BK	=	Bonner Kommentar
BR	=	Bundesrat
BRD	=	Bundesrepublik Deutschland
BT	=	Bundestag
BT-Drs.	=	Bundestags-Drucksache
BVerfG	=	Bundesverfassungsgericht
BVerwG	=	Bundesverwaltungsgericht
BW	=	Baden-Württemberg
DDR	=	Deutsche Demokratische Republik
DGO	=	Deutsche Gemeindeordnung
DÖV	=	Die Öffentliche Verwaltung
Dt.	=	Deutsch
DVBl.	=	Deutsches Verwaltungsblatt
DVO	=	Durchführungsverordnung
E	=	Entscheidung
Erg. Bd.	=	Ergänzungsband
FA	=	Finanz-Archiv
FAG	=	Finanzausgleichsgesetz
GBl.	=	Gesetzblatt
Gew. St. VO	=	Gewerbesteuerverordnung
GFG	=	Gemeindefinanzreformgesetz
GG	=	Grundgesetz
GO	=	Gemeindeordnung
GS	=	Gesetzessammlung

GV	=	Gemeindeverbände
GVFG	=	Gemeindeverkehrsfinanzierungsgesetz
GVOBl.	=	Gesetz- und Verordnungsblatt
HBP	=	Handbuch der Politik
HBStR	=	Handbuch des Staatsrechts
HDSW	=	Handwörterbuch der Sozialwissenschaften
HFW	=	Handbuch der Finanzwissenschaft
HGrG	=	Gesetz über die Grundsätze des Haushaltsrechts des Bundes und der Länder
HKWP	=	Handbuch der kommunalen Wissenschaft und Praxis
HWBKW	=	Handwörterbuch der Kommunalwissenschaften
HWStW	=	Handwörterbuch der Staatswissenschaften
i. d. F.	=	in der Fassung
Inst.	=	Institut
JbdAfDtR	=	Jahrbuch der Akademie für Deutsches Recht
JfS	=	Jahrbuch für Sozialwissenschaften
JfK	=	Jahrbuch für Kommunalwissenschaft
JöR	=	Jahrbuch des öffentlichen Rechts
JR	=	Juristische Rundschau
KAG	=	Kommunalabgabengesetz
komm.	=	kommunal
Komm. Wiss.	=	Kommunalwissenschaften
KStZ	=	Kommunale Steuerzeitung
LS	=	Landessatzung
LStG	=	Landessteuergesetz
Lt-Drs.	=	Landtags-Drucksache
NRW	=	Nordrhein-Westfalen
ÖZfP	=	Österreichische Zeitschrift für Politik
OVGE	=	Entscheidungssammlung des Oberverwaltungsgerichts
Parl. Rat	=	Parlamentarischer Rat
PrOVGE	=	Entscheidungssammlung des Preußischen Oberverwaltungsgerichts
PVS	=	Politische Vierteljahresschrift
RegBl.	=	Regierungsblatt
Rdnr. (n)	=	Randnummer(n)
RFAVO	=	Reichsfinanzausführungsverordnung
RGBl.	=	Reichsgesetzblatt
RGZ	=	Amtliche Sammlung der Reichsgerichtsentscheidungen in Zivilsachen
RhPf	=	Rheinland-Pfalz
Rj.	=	Rechnungsjahr
RM	=	Reichsmark
RMBliV	=	Reichsministerialblatt der inneren Verwaltung

ROW	=	Recht in Ost und West
RPräs.	=	Reichspräsident
RuPrVBl.	=	Reichs- und Preußisches Verwaltungsblatt
saarl.	=	saarländisch
schlh.	=	schleswig-holsteinisch
Schw. ZBl. f. St.- u. Gem. Verw.	=	Schweizerisches Zentralblatt für Staats- und Gemeindeverwaltung
SH	=	Schleswig-Holstein
SKV	=	Staats- und Kommunalverwaltung
StNotVO	=	Steuernotverordnung
StO	=	Städteordnung
st. Rspr.	=	ständige Rechtsprechung
St. u. GemB	=	Städte- und Gemeindebund
StWG	=	Gesetz zur Förderung der Stabilität und des Wachstums der Wirtschaft
Tz.	=	Textziffer
Verf.	=	Verfassung
VerfGH	=	Verfassungsgerichtshof
VerwArch.	=	Verwaltungsarchiv
VFG	=	Verkehrsfinanzierungsgesetz
VGH	=	Verwaltungsgerichtshof
VO	=	Verordnung
VVDStRL	=	Veröffentlichungen der Vereinigung der Deutschen Staatsrechtslehrer
WRV	=	Weimarer Reichsverfassung
WVW	=	Wörterbuch der Volkswirtschaft

§ 1 Einführung

Bis zum Ende des Ersten Weltkrieges verfügte jede Gemeinde über die Möglichkeit, ihre Bürger *unmittelbar* zu belasten[1]. Um ihre Unabhängigkeit gegenüber dem Staat zu wahren, bewältigten die Gemeinden die von ihnen als notwendig angesehenen Aufgaben ohne staatliche Hilfe — allein auf die Finanzkraft ihrer Bürger gestützt[2]. Das Steuersystem erfaßte Grundbesitz, Gewerbebetriebe und Bürger und damit die Faktoren[3], die als Verursacher der Gemeindeausgaben angesehen wurden. Staatliche Zuweisungen an einzelne Gemeinden bildeten die Ausnahme. Die Teilung in „arme" und „reiche" Gemeinden[4] wurde als notwendige Folge des Unabhängigkeitsstrebens hingenommen[5]. Der Erste Weltkrieg brachte jedoch einschneidende Änderungen mit sich. In einem vorher nicht gekannten Ausmaß mußte der Staat jetzt zur Versorgung der Bevölkerung und zur Sicherung der Rohstoffzufuhr in die Rechte der Selbstverwaltungskörperschaften eingreifen. Als im Gefolge des verlorenen Krieges die Vor- und Fürsorgepflichten des Staates immer umfangreicher wurden[6], brach das alte Finanzsystem vollends zusammen, so daß der Staat für einen finanziellen Ausgleich zwischen leistungsstarken und leistungsschwachen Gemeinden zu sorgen hatte, um die anwachsenden ökonomischen und sozialen Spannungen bewältigen zu können. Die Befürchtungen der Gemeinden, infolge der Finanzleistungen des Staates einen Teil ihrer Unabhängigkeit zu verlieren, erwiesen sich als begründet. Denn nun mußten sie mit der finanziellen Ausgleichstätigkeit des Staates auch ein *Mitspracherecht* in ihren eigenen örtlichen Angelegenheiten hinnehmen, das sich bei den zweckgebundenen Zuweisungen bis auf spezielle Maßnahmen erstreckte. Die sehr hohen finanziellen Belastungen und die Zentralisie-

---

[1] *v. Unruh*, GemeindeR, S. 84 ff. (127).

[2] Zu den Verhältnissen vor dem 1. Weltkrieg vgl. vor allem: *v. Unruh*, DÖV 1965, S. 441 ff.

[3] Die genannten Faktoren wurden insbesondere durch Zuschläge zur Einkommensteuer erfaßt.

[4] Damit wurde allerdings auch die Vernachlässigung wesentlicher Investitionsaufgaben in den steuerschwachen Gemeinden hingenommen.

[5] „Freie Bahn dem Tüchtigen" und „Jeder ist seines Glückes Schmied" waren die politischen Devisen des Liberalismus, die sich vor allem in den Gemeinden durchsetzten.

[6] Der Zuwachs der öffentlichen Aufgaben war seit dem 1. Weltkrieg erheblich stärker als das Wachstum des Sozialprodukts.

rung des Finanzsystems schränkten den Wirkungsbereich der kommunalen Selbstverwaltung erheblich ein[7].

Im Rahmen des *allgemeinen Finanzausgleichs*[8] bildet die Befriedigung der finanziellen Bedürfnisse der Gemeinden und Gemeindeverbände ein besonderes Problem. Beim *kommunalen Finanzausgleich*[9] stehen sich nämlich nicht „gleichberechtigte" Partner gegenüber wie dies im Verhältnis des Zentralstaates zu den Gliedstaaten der Fall ist[10]. Während die finanzielle Befugnis des Staates Ausdruck seiner von keinem anderen öffentlichen Verband abgeleiteten Hoheit ist, haben die Gemeinden keine entsprechende Qualität und sind daher insofern dem Staat unterlegen. Für die Möglichkeit der Gemeinden[11], ihr Selbstverwaltungsrecht zu verwirklichen, ist das Verhalten des Staates daher von ausschlaggebender Bedeutung. Gesteht der Staat den Gemeinden die Befugnis zu, selbst Steuern zu erheben, sind durch eine *autonome Finanzpolitik* der Gemeinden die besten Voraussetzungen für die kommunale Selbstverwaltung gegeben. Andererseits versucht der Staat den durch eine unkontrollierte Finanzautonomie der Gemeinden entstehenden — im Sinne des Gesamtstaates — unerwünschten Folgen durch Einschränkung der Steuerbefugnis entgegenzuwirken[12]. Als Ausgleich stellt er dann den Gemeinden zur Erfüllung ihrer Aufgaben sowohl freie als auch zweckgebundene Mittel zur Verfügung[13].

Als *sozialem Rechtsstaat* ist der Bundesrepublik Deutschland die Verantwortung für Förderung und Ausgleich der gesellschaftlichen Entwicklung auferlegt[14]. Dazu gehört aber vor allem die Bereitstellung lebenswichtiger Leistungen für die Allgemeinheit[15]. An dieser *Daseinsvorsorge* ist in entscheidendem Maße die Gemeinde beteiligt[16]. Ihr

---

[7] Vgl. hierzu: *Ziebill*, Geschichte, S. 369 ff.

[8] Der allgemeine Finanzausgleich soll hier als die Verteilung der steuerlichen Einnahmequellen auf die verschiedenen Gebietskörperschaften definiert werden.

[9] Gemeint ist der Finanzausgleich zwischen Staat und Gemeinden, der jedoch nicht mit einem anderen Problem verwechselt werden darf, das heute zutreffend, aber nicht durchgehend, als „interkommunaler Finanzausgleich" bezeichnet wird, nämlich dem Finanzausgleich zwischen Gemeinden bzw. Gemeindeverbänden untereinander.

[10] Auch die Länder haben Staatsqualität, vgl. Art. 5 und 14 WRV, Art. 30 GG.

[11] Wenn in dieser Arbeit von Gemeinden die Rede ist, sind zugleich auch die Gemeindeverbände gemeint, für die i. d. R. das gleiche gilt.

[12] Erinnert sei hier nur an das konjunkturwidrige Verhalten der Gemeinden.

[13] Über die Problematik von Zweckzuweisungen siehe weiter unten.

[14] *Menger*, S. 64 ff.; *Huber*, Rechtsstaat, S. 600 ff.

[15] *Fröhler*, S. 10.

[16] Der Begriff der Daseinsvorsorge stammt von *Forsthoff* (Verwaltung), vgl. auch: ders., Daseinsvorsorge.

gegenüber erhebt der Bürger Anspruch auf Bildung, Krankenpflege, Altersversorgung, Energie- und Wasserversorgung, Abwässerbeseitigung, günstige Verkehrsmittel und Straßen. Dabei bleibt unberücksichtigt, ob es sich um eine leistungsfähige Industriestadt oder um eine ländliche Gemeinde handelt. Voraussetzung für diese Leistungen der Daseinsvorsorge ist jedoch eine *Finanzausstattung*, die nicht nur reichhaltig sein muß, sondern auch so strukturiert, daß sie den wechselnden wirtschaftlichen und sozialen Erfordernissen gerecht wird. Mit dem Anwachsen der Ansprüche des einzelnen an die Gemeinde nimmt der kommunale Finanzbedarf und damit zumeist die finanzielle Abhängigkeit der Gemeinde vom Staat zu. Die im modernen Sozialstaat unausweichliche Forderung nach möglichst gleichen kommunalen Leistungen bei möglichst geringen örtlichen Belastungsunterschieden[17] steht immer im Gegensatz zu dem Prinzip der örtlichen Selbstverwaltung, das eine *Selbstverantwortung* auch für das Aufbringen der Deckungsmittel einschließen muß. Hierin liegt das spezifische Problem des kommunalen Finanzausgleichs[18].

Die Verwirklichung des Rechts der Gemeinden auf kommunale Selbstverwaltung — in Deutschland seit über hundert Jahren verfassungsmäßig garantiert — ist stets von der *Finanzkraft* der Gemeinden abhängig[19]. Obgleich das Selbstverwaltungsrecht ohne Sicherung der finanziellen Voraussetzungen wertlos ist, hat diese Erkenntnis erst in jüngster Zeit dazu geführt[20], den Gemeinden auch verfassungsrechtlich *Steuergarantien* einzuräumen. Fehlen solche Garantien als Grundlage einer eigenverantwortlichen Finanzpolitik der Gemeinden, so sind diese auf Zuschüsse des Staates angewiesen und damit von diesem abhängig.

Die vorliegende Arbeit gliedert sich in drei Teile. Ausgehend von der historischen Entwicklung des Selbstverwaltungsrechts, seiner verfassungsrechtlichen Gewährleistung und seiner heutigen Deutung in der modernen Industriegesellschaft (1. Abschn.) verbunden mit der Darstellung des Instrumentariums des Finanzausgleichs zur Ausstattung der Gemeinden mit finanziellen Mitteln (2. Abschn.) im *ersten Teil* soll diese Arbeit in den beiden folgenden Teilen die Auswirkungen der unterschiedlichen Regelungen des Finanzausgleichs auf die Autonomie der Gemeinden und damit die Verwirklichungsmöglichkeiten der kom-

---

[17] Vgl. *Albers*, Kommunale Finanzreform, S. 63 ff. (64).

[18] *Patzig*, Kommentar, Teil B, I, 7.

[19] Vgl. Finanzreform-Gutachten, S. 3. Die Bundesregierung spricht in der Begründung zum Finanzreformgesetz von „ausreichender finanzwirtschaftlicher Selbständigkeit", BR-Drs. 138/68, S. 11, Ziff. 11.

[20] Vgl. Art. 106 Abs. 5, 6 und 7 GG i. d. F. des 21. Änd. G. v. 12. 5. 1969 (BGBl. I S. 359).

munalen Selbstverwaltung in der deutschen Geschichte von 1919 bis zur Gegenwart aufzeigen. Dazu bietet sich für diese Untersuchung neben dem Reich als Beispiel der Freistaat Preußen als stärkstes Land in der Weimarer Republik *(zweiter Teil)* und als eines seiner Nachfolgeländer in der Bundesrepublik *(dritter Teil)* neben dem Bund das Land Schleswig-Holstein an[21]. Schleswig-Holstein gehörte bereits als preußische Provinz und gehört heute ebenso wegen seiner vorwiegend agrarischen Struktur zu den Ländern, die beim Länderfinanzausgleich traditionell auf der Nehmerseite stehen[22], und deren Gemeinden nur wenig eigene finanzielle Mittel zur Verfügung haben. Sie sind auf einen sinnvollen Finanzausgleich zwischen Staat und Gemeinden besonders angewiesen[23].

Bei der Behandlung des gestellten Themas sind über den Bereich des öffentlichen Rechts hinausgreifende Überlegungen unerläßlich, wie sich überhaupt bei der Behandlung kommunalwissenschaftlicher Probleme das Zusammenwirken verschiedener Wissenschaftszweige als notwendig erweist[24].

---

[21] Eine Darstellung der Finanzausgleichsgesetzgebung aller Nachfolgeländer Preußens auch nur in der BRD hätte den Rahmen dieser Arbeit bei weitem gesprengt.

[22] Von insgesamt 1 555,7 Mill. DM im Jahre 1972 (1973 geschätzt 1 786,5) für alle 6 ausgleichsberechtigten Länder zusammen erhielt Schleswig-Holstein 1972 246,9 (1973 geschätzt 276,8) Mill. DM (Finanzbericht 1974, Tz. 4,3).

[23] Schleswig-Holstein ist daher auch, vor allem was die Einführung des Steuerverbundes betrifft, einer der Schrittmacher des kommunalen Finanzausgleichs gewesen.

[24] Neben der Rechtswissenschaft befassen sich mit den genannten Problemen etwa die Politikwissenschaft, Volkswirtschaftslehre, Finanzwissenschaft, Betriebswirtschaftslehre, Soziologie und Raumordnung.

ERSTER TEIL

Die Bedeutung des kommunalen Finanzausgleichs für das Recht der Gemeinden auf Selbstverwaltung

Wie wichtig der kommunale Finanzausgleich für die Finanzwirtschaft der Gemeinden und damit mittelbar für ihr Recht auf Selbstverwaltung ist, zeigt ein Widerspruch, der von Jahr zu Jahr deutlicher wird. Einerseits tätigen die Gemeinden zwei Drittel aller öffentlichen Investitionen[1], andererseits ist aber der Anteil der gemeindeeigenen Steuern am Gesamtsteueraufkommen in den letzten 60 Jahren stetig gefallen[2]. Kaum die Hälfte der Ausgaben der Gemeinden können von eigenen Einnahmen gedeckt werden, so daß neben den Mitteln aus Kreditaufnahmen[3] ein beträchtlicher Teil durch Finanzzuweisungen von allen Regierungsebenen aufgebracht werden muß[4]. Von der Höhe und der Beschaffenheit dieser Finanzzuweisungen innerhalb des kommunalen Finanzausgleichs hängt es wesentlich ab[5], ob den Gemeinden ein ausreichender finanzpolitischer Spielraum zur Verwirklichung ihres Selbstverwaltungsrechts bleibt, oder ob die Erfüllung der Auftragsangelegenheiten und der Pflichtaufgaben bereits alle Mittel und Energien bindet, so daß für die freien Aufgaben der Selbstverwaltung nichts mehr übrig bleibt[6].

---

[1] Vgl. Finanzbericht 1974, Tz. 4.5, S. 178. Im Rj. 1971 wurden 65,7 % der gesamten öffentlichen Sachinvestitionen von den Gemeinden getragen, Zahlen nach: St. u. GemB. 1973, S. 124.

[2] 1913 = 37,2 %; 1932 = 25,2 %; 1959 = 13,5 %; 1965 = 12,5 %; 1971 = 13 %. Zahlen nach *Krummsiek / Lenz / Wimmer*, Kommunaler Investitionsbedarf 1971 bis 1980, in: Neue Schriften des Dt. Städtetages, H. 27 und nach: St. u. GemB. 1973, S. 124.

[3] Die Schuldenzunahme gegenüber dem Vorjahr stieg von 1967 = 8 % auf 1970 = 9 %; die Höhe der Schulden stieg von 1967 = 36,1 Mrd. DM auf 1970 = 45,5 Mrd. DM (Jahresberichte des Statistischen Bundesamtes für 1967 bis 1971). Allerdings ist der Umfang der Kreditaufnahmen heute i. d. R. gesetzlich begrenzt, vgl. die „VO über die Begrenzung der Kreditaufnahme durch Bund, Länder, Gemeinden u. Gemeindeverbände im Haushaltsjahr 1973" v. 1. 6. 1973 (BGBl. I S. 504), die allerdings bereits wieder außer Kraft gesetzt worden ist. Vgl. hierzu: *R. Voigt*, Die Verwaltung, 1974, S. 335 ff.

[4] Gemeint sind die Regierungsebenen Bund - Gemeinden; Land - Gemeinden.

[5] In diesem Zusammenhang ist es vor allem von Bedeutung, ob freie oder zweckgebundene Zuschüsse gewährt werden.

[6] Zur Terminologie s. § 4.

Erster Abschnitt

Das Selbstverwaltungsrecht der Gemeinden

Durch das Selbstverwaltungsrecht wird den Gemeinden die Befugnis eingeräumt, die sie betreffenden örtlichen Aufgaben unter eigener Verantwortung zu regeln[1]. Die dieser Gewährleistung zugrunde liegende Idee der Selbstverwaltung hat mehrere Wurzeln, die zum Teil bis ins Mittelalter zurückreichen; sie fand ihre heutige Ausgestaltung allerdings erst durch die Kommunalgesetze des 20. Jahrhunderts[2]. Neben der ursprünglichen *deutschrechtlichen* Vorstellung von der gemeinsamen Herrschaft der Rechtsgenossen über die Mark waren vor allem die Ideen des *Liberalismus* im 19. Jahrhundert für die Ausprägung des Selbstverwaltungsprinzips entscheidend[3]. Zu dieser Zeit entstand als Folge der Vorstellung von der Unabhängigkeit der Gemeinden von der Staatsverwaltung ein *Dualismus der Aufgabenerfüllung*[4], der in dem Nebeneinander von weisungsfreier und weisungsgebundener Verwaltung öffentlicher Angelegenheiten bis heute fortbesteht[5].

§ 2 Ursprung und Entwicklung der gemeindlichen Selbstverwaltung

Ohne damit eine verbindliche Entscheidung für die Gegenwart treffen zu wollen, erscheint es doch nützlich, den historischen Ursprung und die Entwicklung der Gemeinden und ihrer Selbstverwaltung in der

---

[1] Das Selbstverwaltungsrecht der Gemeinden ist heute sowohl auf *Bundesebene* (Art. 28 Abs. 2 GG) wie auch auf *Länderebene* (Art. 71 Abs. 1 u. 2 d. Verf. d. Landes Baden-Württemberg v. 11. 11. 1953 (GBl. S. 173); Art. 11 Abs. 2 u. 4, Art. 83 Abs. 1 der Verf. des Freistaates Bayern v. 2. 12. 1946 (GVOBl. S. 333); Art. 50 Abs. 2 der Verf. v. Berlin v. 1. 9. 1950 i. d. F. v. 28. 3. 1953 (VOBl. S. 433); Art. 124 der Landesverf. der Freien Hansestadt Bremen v. 31. 10. 1947 (GBl. S. 251); Art. 4 Abs. 2 der Verf. der Freien u. Hansestadt Hamburg v. 6. 6. 1952 (GVOBl. S. 117); Art 137 der Verf. des Landes Hessen v. 1. 12. 1946 i. d. F. v. 22. 7. 1950 (GVOBl. S. 229); Art. 44 Abs. 1 u. 3 der Vorläuf. Niedersächsischen Verf. v. 13. 4. 1951 i. d. F. v. 7. 7. 1960 (GVOBl. S. 103); Art. 78 Abs. 1 u. 2. der Verf. für das Land NRW v. 28. 6. 1950 i. d. F. v. 11. 5. 1954 (GVOBl. S. 127); Art. 49 Abs. 1 bis 3 der Verf. für RhPf v. 18. 5. 1947 i. d. F. v. 7. 12. 1960 (VOBl. S. 209); Art. 122, 123 der Verf. des Saarlandes v. 15. 12. 1947 i. d. F. v. 29. 9. 1960 (Amtsbl. S. 1077); Art. 39 Abs. 1 LS für SH v. 13. 12. 1949 (GVOBl. 1950, S. 3) i. d. F. v. 1. 3. 1958) verfassungsrechtlich garantiert.

[2] *F. Mayer*, S. 327.

[3] Auf den Einfluß der Ideen *Rudolf von Gneists, Otto von Gierkes* und *Lorenz von Steins* soll an anderer Stelle eingegangen werden.

[4] Dieser Dualismus spiegelt den Gegensatz von Staat und Gesellschaft in der konstitutionellen Monarchie wider.

[5] Dies sind nach alter Terminologie die sogenannten Auftragsangelegenheiten; Lit. hierzu besonders: *Dehmel*.

Geschichte einer näheren Betrachtung zu unterziehen, lassen sich hieraus doch wertvolle Rückschlüsse darauf ziehen, was heute zum Bestand der Selbstverwaltung gehört[6].

A. Der Ursprung der heutigen Gemeinden

Der entscheidende Ursprung raumgebundener und raumbezogener Gemeinwesen — und damit eine der Wurzeln der Selbstverwaltung — liegt bereits im genossenschaftlichen Rechtssystem des frühen Mittelalters begründet[7]. Aus der räumlichen Verbundenheit bedingt durch die örtliche Nachbarschaft[8] mit ihren gegenseitigen Beistands- und Duldungspflichten und aus der genossenschaftlichen Agrarwirtschaftsstruktur der Gemeinden[9] entstand eine *Gemeinsamkeit der Interessenlage*, die zur Bildung von Dorf- und Markgenossenschaften führte. Bei diesen handelte es sich allerdings nicht lediglich um wirtschaftliche Interessengemeinschaften, sondern vielmehr um politisch-soziale Gemeinwesen[10], deren Recht zur Gestaltung der Aufgaben der örtlichen Gemeinschaft bereits die primitivsten Anfänge der heutigen öffentlichen Verwaltung umfaßte[11]. Mitglieder der Genossenschaft und damit Gemeindemitglieder waren diejenigen Genossen, die über das volle Bürgerrecht in politischer und wirtschaftlicher Hinsicht verfügten[12]. Ursprünglich auf ein Gebiet bezogen, an dem eine Gruppe von Personen gemeinsame Rechte und Pflichten besaß[13], bildete die Gemeinde dieser Zeit bereits eine funktionsfähige Wirtschafts- und Lebensgemeinschaft.

---

[6] Seither läßt sich eine Untersuchung der Gemeindeautonomie von der Verfassung des Staates nicht mehr trennen. Zur Abhängigkeit der Selbstverwaltung vom Staatscharakter: *Fröhler*. Zur Gemeindeautonomie: BVerfGE 1, 167 (178); 7, 358 (364); 8, 332 (359); 9, 268 (290); 11, 266 (274); 17, 172 (182); 22, 180 (205); 23, 353 (365); VerfGH NRW in: OVGE 9, 74 (83); 10, 282 (286) und 11, 149 (150).

[7] Vgl. *v. Gierke*, GenossenschaftsR. I, S. 14 ff., 53 ff., 162 ff., 202 ff.; *Preuß*, Städtewesen I, S. 9 ff.; *Becker*, Gemeindl. Selbstverwaltung, S. 33 ff., 43 ff.; *v. Unruh*, GemeindeR, S. 83 ff. (88).

[8] *v. Gierke*, GenossenschaftsR I, S. 70 ff.; nach *König* (HKWP I, S. 18 ff., 24) ist die „örtliche Nachbarschaft" ein Grundprinzip der Vergesellung (oder Vergemeinschaftung) überhaupt.

[9] Vgl. etwa die Allmendeordnung, nach deren Regeln die Dorfgenossen gemeinsam die in Wald, Weide, Wegen, Gewässern, Steinbrüchen und dgl. bestehende Allmende nutzten.

[10] *Becker*, HKWP I, S. 62 ff. (63).

[11] *Pagenkopf*, Einführung, S. 12.

[12] Neben den Vollgenossen, den Bauern und Nachbarn gab es außerdem Halbspänner (Genossen minderen Rechts) und Schutzgenossen (Beisassen, Hintersassen, Tagelöhner, Handwerker usw.).

[13] Zu den *Rechten* gehörte die Teilnahme an der Feldmark, die Mitgestaltung der örtlichen Angelegenheiten und der Anspruch auf Unterstützung bzw. Hilfeleistung; zu den *Pflichten* („communis" hängt mit „munia" (Lasten)

Neben den Dorf- und Markgenossenschaften entwickelten sich seit dem 12. Jahrhundert Gemeinwesen besonderer Art, die *Städte*. Ihre Wurzeln liegen einerseits in den „Wiken", Kaufmannssiedlungen, in denen die Herrschaftsordnung des Königs galt, zum anderen in den „Märkten", in denen der Königsbann den Marktfrieden sicherte. Hinzu kam die Entstehung von *Eidgenossenschaften,* Gilden und Zünften, in denen sich Kaufleute und Handwerker, die jetzt ähnliche wirtschaftliche und politische Interessen vertraten, zusammenschlossen, um ihre Rechte gegen den Landesherrn zu verteidigen[14]. Die mit Marktprivilegien ausgestatteten Orte wurden als Mittelpunkte von Handel und Verkehr wohlhabend. Ihre Macht wuchs, und es gelang ihnen, neue Privilegien und Konzessionen und schließlich das *Stadtrecht* zu erhalten[15]. Im 13. und 14. Jahrhundert drängten die Städte die Kompetenzen der Landesherren zurück. In relativer Rechtsautonomie erließen sie Statute, die zumeist allerdings nur für den Stadtbereich galten und noch der Bestätigung durch den Landesherrn bedurften. Auch die Gerichtsbarkeit ging jetzt auf den von der Bürgerschaft gewählten *Stadtrat* über[16]. Unter geschickter Ausnutzung finanzieller Notlagen des Landesherrn zogen die Städte im Laufe der Zeit viele Aufgaben an sich, die heute staatliche Behörden erfüllen[17]. Am rücksichtslosesten nutzten sie ihre Autonomie auf dem Gebiet der *Wirtschaftspolitik* aus. Zur Deckung ihrer Ausgaben erhoben sie von ihren Bürgern direkte und indirekte Steuern[18]. Die Landesherren verzichteten auf die Besteuerung des einzelnen Bürgers, als Steuergläubiger trat dem Bürger nur noch die Stadt gegenüber. Diese hatte ihrerseits *Kontributionen* an den Landesherrn zu erbringen[19]. Die Steuersumme wurde pauschal festgesetzt, so daß die Städte über die darüber hinaus erzielten Steuererträge frei verfügen konnten. Damit waren die Voraus-

---

zusammen, vgl. *v. Unruh,* GemeindeR, S. 83 ff., 86) gehörte die Mithilfe bei Ausbau und Unterhaltung von Weg und Steg, bei Brunnenreinigung und Dorfverteidigung.

[14] Vgl. hierzu: *Pagenkopf,* Einführung, S. 23; *Becker,* HKWP I, S. 62 ff. (69).

[15] Nicht alle Märkte entwickelten sich auch zu Städten. Vgl. zur Stadtentwicklung: *Pagenkopf,* Einführung, S. 19 ff.; *Becker,* HKWP I, S. 62 ff. (67 f.); *v. Unruh,* GemeindeR, S. 83 ff. (88 f.).

[16] Zu den städtischen Aufgaben gehörten auch die polizeilichen Ortsaufgaben, wie die Überwachung des Lebensmittelhandels, der Maße und Gewichte.

[17] Zu diesen Aufgaben gehörten z. B. Schutz des wirtschaftlichen Lebens und Verteidigung der städtischen Freiheit.

[18] Direkte Steuern wurden vom beweglichen und unbeweglichen Vermögen erhoben, wie „Herdschosse und Giebelschosse", eine indirekte Steuer war z. B. das Ungelt von Getränken (Höhepunkt im 14. Jh.).

[19] Das waren Abgaben, die aus einer gemeinsamen Kasse der Städte an den Landesherrn geleistet wurden, bzw. an den Kaiser, wenn die Städte reichsfrei waren.

setzungen für eine Entwicklung der Städte zu politisch und finanziell selbständigen Körperschaften geschaffen[20].

B. Vom genossenschaftlichen Bürgerverband zur juristisch-korporativen Verbandsperson

Seit dem 16. Jahrhundert wandelte sich die Gemeinde vom genossenschaftlichen Bürgerverband zur juristisch-korporativen Verbandsperson[21]. An die Stelle des genossenschaftlichen Prinzips trat das der „Herrschaft"[22]. Die Ursachen hierfür lagen zum Teil in den Gemeinden selbst begründet; vor allem sind sie aber auch im Wandel des Staatsverständnisses zu suchen, dem der Gedanke politischer Autonomie der Städte fremd zu werden begann. Einerseits gaben die *Zersetzungserscheinungen der örtlichen Gemeinschaft*[23], das Anwachsen der Zahl der Minderberechtigten und Nichtberechtigten und die Zunahme der Privilegierung der Alteingesessenen, den Landesherren oft willkommenen Anlaß zum Eingreifen. Das politische Verhalten der Städte war durch eine Beschränkung auf die lokalen Belange gekennzeichnet. Andererseits entwickelte sich das Territorium des Mittelalters in dieser Zeit zum souveränen *Fürstenstaat*. Grundlage hierfür war die absolutistische Staatsidee vom alleinigen und universellen Machtanspruch des Staates; als Instrument zur Durchsetzung dieses Anspruchs diente das Römische Recht[24]. Die Städte mußten sich der Territorialhoheit beugen und auf den größten Teil ihrer politischen Unabhängigkeit verzichten[25]. Der Stadtrat, dem nun juristisch geschulte Berufsbeamte angehörten, wurde zu einer Behörde im technischen Sinne umgebildet[26]. Die Gemeinden wurden in den staatlichen Verwaltungsorganismus eingegliedert und damit zu *staatlichen Verwaltungseinheiten*[27].

Auch das städtische Finanzsystem verfiel[28], da die Gemeinden infolge des 30jährigen Krieges verarmten. Die Städte gerieten in finan-

---

[20] *Raacke*, S. 1.

[21] *v. Gierke*, GenossenschaftsR I., S. 70 ff.

[22] *v. Unruh*, GemeindeR, S. 83 ff. (85 f.).

[23] *Becker*, HKWP I, S. 62 ff. (65).

[24] Eine besondere Rolle spielte vor allem die römisch-kanonische Korporationslehre, vgl. dazu: *Rosin*, S. 29 ff.

[25] Diese Entwicklung darf allerdings nicht zu sehr verallgemeinert werden, da sich in manchen Gegenden die städtische Autonomie weit länger halten konnte.

[26] In Preußen ersetzte König Friedrich-Wilhelm I (1730 - 1740), der Soldatenkönig, die von der Bürgerschaft gewählten Vertreter durch von ihm ernannte Beamte auf Lebenszeit und erklärte das Stadtvermögen zum Staatsgut.

[27] *Preuß*, Städtewesen, S. 146 ff.

[28] *Becker*, Gemeindl. Selbstverwaltung, S. 131.

zielle Abhängigkeit von ihren Landesherren, für die sie immer umfangreichere Kontributionen aufzubringen hatten[29]. Zur Zeit des *Merkantilismus* wurde den Städten dann der letzte Rest politischer und wirtschaftlicher Autonomie genommen. Der Landesherr ließ jetzt die Städte zu seinen Gunsten die *Akzise* erheben, die ihm erhebliche Mehreinnahmen erbrachte[30]. Bald wurde aber auch die Mitarbeit der Städte bei der Steuererhebung nicht mehr benötigt; landesfürstliche Steuerkommissare traten an die Stelle städtischer Organe[31]. Die eigenen Einnahmen der Städte und damit ihre Selbständigkeit verkümmerten. Hatten im Mittelalter die Städte noch dem Fürsten Geldzahlungen in Form der Kontributionen erbringen können, so machte nun die Finanzknappheit der Städte die Hilfe des Landesherrn erforderlich. Er konnte nach seinem Gutdünken den Städten Einzelzuweisungen zukommen lassen. Lediglich *privatrechtlich* wurde die Gemeinde als Korporation anerkannt. In dieser Funktion standen ihr gewisse Selbstverwaltungsrechte als vom Staat (d. h. vom Landesherrn) verliehene Privilegien zu. Die Gemeinde war zum *gesellschaftlichen Privatrechtsubjekt* geworden[32], dem in „Ansehung ihres Kämmereivermögens" lediglich „die Rechte der Minderjährigen" zustanden[33]. An die Stelle kommunaler Selbständigkeit war die unmittelbare Staatsverwaltung getreten.

C. Vom staatsfremden Gesellschaftsprinzip zum staatsgestaltenden Aufbauprinzip

Bis Anfang des 19. Jahrhunderts hatte sich das Besitzbürgertum bewußt vom (Obrigkeits-)Staat zurückgezogen und in der Gemeinde einen neuen Bereich kollektiver Freiheit gefunden[34], der ihm zur selbstverantwortlichen Verwaltung überlassen wurde. Die Gemeinde sah man als organisches vom Staat unabhängiges Eigengebilde an, dem bestimmte durch den Staat unantastbare Rechte und ein eigener Wirkungsbereich zustanden[35]. Die kommunale Selbstverwaltung wurde als

---

[29] Die Fürsten benötigten vor allem für ihre kostspieligen stehenden Heere (in Preußen seit 1644) immer höhere Einnahmen.

[30] Die Akzise war ein System von indirekten Konsumsteuern. Die Einnahmen aus der Akzise lagen sehr viel höher als die aus den Kontributionen.

[31] Diese Steuerkommissare waren in Preußen vielfach ausgediente Offiziere und Unteroffiziere, die sogenannten Steuerräte oder commissarii loci, die neben der Polizeiverwaltung auch die Wirtschafts- und Finanzverwaltung beaufsichtigten. Zu dieser Zeit entstand eine zentralisierte landesfürstliche Finanzbürokratie, die vorerst lediglich Steuern erhob, später aber zum Träger der merkantilistischen Wirtschaftspolitik wurde.

[32] *Preuß*, Städtewesen, S. 188 ff.

[33] §§ 108 und 157 Abs. 2 ALR. Die Bedeutung des Allgemeinen Landrechts für die Preußischen Staaten bestand in diesem Zusammenhang vor allem darin, daß ein für ganz Preußen einheitliches Städterecht geschaffen wurde.

[34] *Heffter*, S. 180 ff., 268 ff.; *Dehmel*, S. 16.

gesellschaftliche Verwaltung praktiziert[36] und war damit zum staatsfremden Gesellschaftsprinzip geworden. Ähnlich dem Verhältnis von Staat und Untertan wurde die bisher einheitliche Verwaltung des Staates aufgespalten in eine staatliche *Beamtenverwaltung* und eine bürgerliche *Selbstverwaltung*[37]. Die Gemeinden verstanden sich nicht mehr als Teil der Staatsverwaltung. Als gesellschaftliche Institutionen beanspruchten sie eine Sonderstellung für sich, die sie aus der Tatsache herleiteten, daß ihnen zur Verwirklichung der Selbstverwaltungsaufgaben genügend eigene Mittel aus den örtlichen Steuerquellen zur Verfügung standen.

Nach den napoleonischen Kriegen erhielt der Selbstverwaltungsgedanke zu Beginn des 19. Jahrhunderts neuen Auftrieb. „Den Bürger an der Selbstverwaltung zu beteiligen" war das Ziel des *Freiherrn vom Stein*. Bereits in der Nassauer Denkschrift von 1807 sprach er sich dafür aus, die Gemeinden wieder in den (preußischen) Staat zu integrieren[38]. Dadurch wollte er das bürgerliche Element enger mit dem Staat verbinden und den Gegensatz zwischen Obrigkeit und Untertan mildern, um den Gemeinsinn und das politische Interesse der Bürger zum Leben zu erwecken[39]. Indem er die Gemeinden von der weitgehenden Bevormundung des Staates befreite, versuchte er zur Durchführung der Staatsaufgaben sich der wirkungsvollen Kräfte zu bedienen, die die Selbstverwaltung zur Verfügung stellen konnte. Unter Aufsicht der Staatsbehörden sollten die Gemeinden öffentliche Aufgaben in eigener Verantwortung wahrnehmen. In der *Städteordnung* vom 19. Januar 1808[40] löste Stein einen großen Teil der Aufgaben, die bisher der Staat in alleiniger Verantwortung erfüllt hatte, aus der staatlichen Verwaltung heraus und wies sie den Kommunalverbänden zur *Selbstverwaltung unter eigener Verantwortung* zu[41]. Zugleich übertrug er aber auch

---

[35] *Fröhler*, S. 13.

[36] *v. Unruh*, Der Kreis, S. 15.

[37] Auf der einen Seite stand der überkommene obrigkeitliche Militär- und Beamtenstaat, auf der anderen Seite gesellschaftliche Gruppen, die ein politisches Mitbestimmungsrecht forderten; vgl. *Köttgen*, HDSW IV, S. 220 ff. (220, 2. Sp.).

[38] *Freih. v. Stein*, S. 28/29.

[39] Vorspruch zur StO v. 1808, s. hierzu: *Pagenkopf*, Einführung, S. 34. Als politisch verantwortliche Bürger sah Stein freilich nur die Grundeigentümer und die selbständigen Gewerbetreibenden an, vgl. *v. Unruh*, Kommunale Selbstverwaltung, S. 91 ff. (92).

[40] GS S. 324. Die StO stellte den Anfang einer Reorganisation des Staates dar, die jedoch unvollendet blieb, da weder Kreis- und GemeindeO, noch Provinzialordnung und vor allem nicht die alles verbindende Staatsverfassung folgten.

[41] Dabei stand die Stadt unter der „obersten Aufsicht des Staates", vgl. Titel 1 der StO.

die Exekutive in den staatlich gebliebenen Aufgaben den Behörden der Kommunalverbände als Auftragsangelegenheiten[42]. Damit wollte er das Nebeneinander von staatlichen und kommunalen Behörden auf derselben Instanzenebene beseitigen. Diese Auftragsangelegenheiten hatten die Kommunalbehörden dann nach den Weisungen der staatlichen Oberbehörde zu erledigen.

Durch *Steins* Reformen wurde der kommunale Genossenschafts- und Nachbarschaftsgedanke wiederbelebt und zugleich die kommunale Selbstverwaltung zum *staatsgestaltenden Aufbauprinzip* erhoben[43]. Dieses Prinzip erforderte allerdings auch eigene Einnahmen der Städte, die erst die Entfaltung eines kommunalen Gemeinschaftslebens ermöglichten. § 59 StO verlieh daher den Städten das Recht und die Pflicht, alles „was zur Befriedigung des öffentlichen Bedürfnisses der Stadt erfordert wird und aus dem Gemeindeeinkommen nicht bestritten werden kann, auf die Stadteinwohner zu verteilen und aufzubringen". Diese *Steuerautonomie* der städtischen Gemeinden wurde erst 1820 wieder erheblich eingeschränkt[44]. Der Erfolg der Stein'schen Reformen hat weit über Preußen hinausgewirkt, sie wurden zum Ausgangspunkt für die moderne Selbstverwaltung.

D. Vom Grundrecht zur institutionellen Garantie

Als in vielen Staaten nach 1815 die Restauration wieder auflebte[45], wurde das Selbstverwaltungsrecht unter dem Einfluß des Liberalismus immer mehr als *Grundrecht* verstanden[46], das die Freiheit *vom Staate* garantieren sollte[47]. Das aufstrebende Bürgertum benutzte die Selbstverwaltung der Gemeinden als politische Waffe gegen den Staat

---

[42] Solche Aufgaben waren z. B. das Gesundheits-, Armen- und Schulwesen.

[43] *Heffter*, S. 270; *Preuß*, Städtewesen, S. 232, 317. Die Stadt schied aus der bisher zentralistischen preuß. Staatsverwaltung aus. Vgl. zu der in den Ländern des Dt. Reiches z. T. unterschiedlich verlaufenden Entwicklung: *Fachinger*.

[44] Dies geschah durch das G. zur Einrichtung des Abgabenwesens v. 30. 5. 1820 (GS S. 134).

[45] Vgl. den Bruch des Verfassungsversprechens in Preußen und die revidierte StO v. 12. 3. 1831 (GS S. 10).

[46] Vgl. Art. 31, 108 der Belgischen Verf. v. 1831; Art. XI § 184 der Paulskirchen-Verf. v. 1849; Art. 33 der Österreichischen Verf. und Art. 4 des Österreichischen GemeindeG. v. 1849; Art. 104 der Preuß. Verf. v. 5. 12. 1848 (GS S. 375).

[47] *v. Unruh*, Der Staat, 1965, S. 441 ff. (444); ders., Kommunale Selbstverwaltung, S. 91 ff. (92); *Laux* (AfK 1970, S. 217 ff., *220*) bezeichnet in diesem Zusammenhang das Selbstverwaltungsrecht als „Kampfparole gegen den Apparat der konstitutionellen Monarchie und das mit ihm verbundene gesellschaftliche System". So verstand der Liberalismus dieser Zeit die Gemeinde als „Staat im Kleinen", vgl. *v. Rotteck* unter dem Stichwort „Gemeindeverfassung, in: Staatslexikon VI, 1838, S. 428.

und forderte eine Bindung der Staatsaufsicht an die Kontrolle der Gesetzmäßigkeit der kommunalen Verwaltung. Erst als sich um die Mitte des 19. Jahrhunderts die Bürger im Zuge des Konstitutionalismus einigen Einfluß auf das staatliche Geschehen gesichert hatten, verlor der Gegensatz zwischen Obrigkeitsstaat und Selbstverwaltung an Schärfe. Die Auflösung der traditionellen Gemeinschaften in der liberalen Gesellschaft trug jedoch bereits den Kern neuer Konflikte in sich[48].

In der demokratischen Staatsordnung der Weimarer Republik war kein Platz mehr für den Gegensatz zwischen monarchischem Staat und „freier" Gesellschaft[49]. Der ursprüngliche Sinn des liberalen Selbstverwaltungsprinzips, Verkörperung des bürgerlichen Freiheitsideals gegenüber der obrigkeitlichen Verwaltung zu sein, hatte sich überlebt[50]. Das monarchische Prinzip war von dem Grundsatz der *Volkssouveränität* abgelöst worden[51]. Auch für den Staat galt nun die politische Aussage des Selbstverwaltungsprinzips[52], denn Staat und Gemeinde waren lediglich zwei Erscheinungsformen des sich selbst regierenden Gemeinwesens[53]. Diesen neuen Anforderungen wurde Art. 127 WRV, der noch an die im 19. Jahrhundert entwickelte Konzeption der Selbstverwaltung anknüpfte, nicht gerecht[54]. Als Ausdruck der autonomen bürgerlichen Gesellschaft garantierte er den Gemeinden das Recht der Selbstverwaltung als „staatsgerichtetes Grundrecht"[55]. Die um ihre Staatsqualität besorgten Länder stemmten sich ebenfalls der neuen Entwicklung entgegen[56], obgleich das eben installierte demokratische Sy-

---

[48] Vgl. *Hofmann*, AfK 1965, S. 264 ff. (266).

[49] Gleichwohl wurde die Selbstverwaltung als reichsrechtliches Problem z. Zt. der Schaffung der WRV in seiner vollen Bedeutung noch nicht erkannt, zu sehr wirkte die traditionelle Kompetenz der Länder für alle Fragen der kommunalen Selbstverwaltung nach.

[50] *Peters*, Grenzen, S. 43 f. Einen Versuch, diesen Dualismus zu überwinden, stellte die in den 20er Jahren entwickelte Lehre von der mittelbaren Staatsverwaltung dar, die sich jedoch nicht endgültig durchsetzen konnte.

[51] *Dehmel*, S. 17; *Forsthoff*, Gemeindeverwaltung, S. 18 ff.

[52] *Upmeier*, S. 19 ff. (20/21).

[53] *Preuß*, Staat u. Stadt, S. 70 ff.

[54] Dabei zeigte sich, daß der geistige Standort der Selbstverwaltung weder zu Beginn des 20. Jh. noch in dessen weiterem Verlauf wesentlich weiterentwickelt worden wäre. Die Durchführung der als vorgegeben angesehenen Institution stand im Vordergrund, nicht deren politische Begründung, vgl. *Laux*, AfK 1970, S. 217 ff. (218).

[55] *Stier-Somlo* (AöR 1929, S. 1 ff.) bezeichnete das Selbstverwaltungsrecht einerseits als Grundrecht, zugleich aber auch als subjektiv-öffentliches Recht. Vgl. auch die Stellung in der Verfassung (2. Hauptteil: Grundrechte und Grundpflichten der Deutschen).

[56] *Matzerath*, S. 22; *Wysocki*, S. 23 ff. (25). Im Laufe der Verhandlungen geriet das Selbstverwaltungsrecht der Gemeinden sogar in Gefahr, zugunsten

stem die Selbstverwaltung brauchte, um einen Teil der Verantwortung vom Zentrum fort an die Peripherie delegieren zu können. Als Grundrecht des einzelnen gegenüber dem Staat erschien Art. 127 WRV bald als „praktisch bedeutungslos“[57]. Die Gemeinde wurde als „eine mit dem Recht der Selbstverwaltung und mit vom Staat abgeleiteter Herrschaftsmacht über ein bestimmtes Gebiet ausgestattete öffentlich-rechtliche Körperschaft“ angesehen[58], die entsprechend ihren Kräften sämtliche Aufgaben innerhalb ihres Gebietes zu erledigen hatte, „die von keiner anderen Stelle erfüllt“ wurden. Die Selbstverwaltung war zu einem *„Essentiale des Staatsaufbaus“* geworden[59], ohne daß jedoch die Gemeinden verfassungsrechtlich als unterste demokratisch legitimierte Ebene eines dreistufigen Verwaltungsaufbaus anerkannt worden wären[60].

Carl Schmitt bezeichnete die in Art. 127 WRV ausgesprochene Gewährleistung des Rechts der gemeindlichen Selbstverwaltung als *„institutionelle Garantie“*[61]. Die Begründung hierfür ergibt sich daraus, daß ein demokratisch und parlamentarisch verfaßter Staat die Selbstverwaltung nur als Organisationsprinzip verstehen kann, das die parlamentarische Regierungsform des Zentralstaates und der Einzelstaaten ergänzt, und das die öffentliche Gewalt ebenso wie der Staat vom Volke ableitet. Die Einführung der allgemeinen, gleichen und geheimen Wahl hatte den Weg frei gemacht von der Honoratiorenverwaltung[62] zur demokratisch legitimierten Wahrnehmung der öffentlichen Aufgaben in eigener Verantwortung[63].

---

desjenigen der Provinzen aus dem Verfassungstext ganz entfernt zu werden, vgl. Zentralstelle des Dt. Städtetages, Bd. 8 (1921, S. 5 f.).

[57] *Lassar*, RuPrVBl. 50, S. 524; *Anschütz* (Reichsverfassung) nannte Art. 127 ein „leerlaufendes Grundrecht“, da nach seiner Ansicht kein deutscher Gesetzgeber daran denken würde, die Selbstverwaltung als solche aufzuheben.

[58] *Peters*, Grenzen, S. 54.

[59] *Köttgen*, Krise, S. 27 u. 47.

[60] Vgl. den Entwurf von Hugo Preuß zur WRV bei *Triepel*, S. 6 ff., dazu auch: *Preuß*, Reich u. Länder, S. 135 ff. Man sah zu dieser Zeit die Selbstverwaltung zum großen Teil noch als „unpolitische Verwaltung“ an, vgl. *Herzfeld*, S. 36.

[61] C. *Schmitt*, Verfassungslehre, S. 170 ff.; ders., HBStR II, S. 595; ders., Freiheitsrechte, S. 143 f. Eine grundrechtliche Sicherung der kommunalen Selbstverwaltung hielt C. Schmitt vor allem wegen des damit zugleich geschützten Pluralismus in den Gemeinden für schädlich.

[62] Vgl. hierzu: *Croon*, S. 15 ff.

[63] In einer Vormachtstellung der Parteien sahen viele namhafte Staatsrechtler dieser Zeit die Wurzel allen Übels und das eigentliche Problem der kommunalen Selbstverwaltung.

E. Die Krise der kommunalen Selbstverwaltung

Die Politisierung der Gemeinden wurde jedoch überwiegend negativ beurteilt, zum Teil sogar der politische Inhalt des Selbstverwaltungsgedankens grundsätzlich bestritten[64]. Die staatsrechtliche Kritik gipfelte in der Feststellung, daß „Demokratie und Selbstverwaltung Gegensätze" seien[65]. *Köttgen*[66] sah darin einen „pluralistischen Sprengkörper im Gefüge des Staates" und *Forsthoff*[67], für den die Selbstverwaltung in erster Linie eine verwaltungstechnische Aufgabe hatte, die „Gefahr einer pluralistischen Zersetzung des Staates". Auch *Carl Schmitt*[68], der sich anfangs lediglich gegen die notwendige Verknüpfung von demokratischem Prinzip und kommunaler Selbstverwaltung gewandt hatte, erhob später den Vorwurf gegen die Gemeinden, „Stützpunkte einer pluralistischen Polykratie" und damit für den Staat gefährlich geworden zu sein[69].

Tatsächlich waren an die Stelle der althergebrachten Gemeinschaften die Parteien und Verbände getreten. Aus der liberalen Gesellschaft des 19. Jahrhunderts war die „organisierte Massengesellschaft" geworden[70]. Eine Politisierung der Gemeinden war die zwangsläufige Folge. Damit mußten sie jedoch in Widerspruch zu der in der Weimarer Verfassung angelegten Forderung nach einem unpolitischen Selbstverständnis der Gemeinde geraten[71]. Dieses neue Spannungsverhältnis zwischen parlamentarischer Demokratie und kommunaler Selbstverwaltung verschärfte sich noch bis zum Ende der Weimarer Republik. Die *„Krise der kommunalen Selbstverwaltung"*[72] führte 1931 schließlich dazu, daß in großer Zahl Staatskommissare in den Gemeinden eingesetzt wurden[73], die dort die Selbstverwaltungsorgane ablösten. Gleichzeitig wurden die Genehmigungsvorbehalte vermehrt und Zwangseingemeindungen durchgeführt. Die Länderregierungen unterwarfen die kommunale

---

64 Brief des Geschäftsführers des Preuß. Städtetages, Dr. *Luther*, an den Oberbürgermeister von Elberfeld vom 16. 10. 1917, erwähnt bei *Hofmann*, Städtetag.

65 *Forsthoff*, Gemeindeverwaltung, S. 57.

66 *Köttgen*, Krise, S. 26.

67 *Forsthoff*, ebd., S. 21.

68 *C. Schmitt*, Verfassungslehre, S. 273.

69 *C. Schmitt*, Hüter, S. 92/93.

70 *Hofmann*, AfK 1966, S. 264 ff. (266).

71 Vgl. *Ziebill*, Parteien.

72 *Köttgen*, Krise. Neben dem aufgezeigten Gegensatz war Ursache der Krise auch das Anwachsen einer Politik der Sonderinteressen und eine katastrophale Verschuldung der Gemeinden.

73 z. B. in Preußen waren es 1931 etwa 550 Staatskommissare; s. *Becker*, HKWP I, S. 113 ff. (114). Kritisch hierzu: *Haus*, Städtetag, 1956, S. 96 ff., der feststellt, daß es sich bei den Staatskommissaren zumeist lediglich um Steuerkommissare gehandelt hat.

Selbstverwaltung einer zentralen Kontrolle, ihr Bestand war in höchstem Grade gefährdet.

F. Gelenkte Selbstverwaltung und Führerprinzip

Der nationalsozialistische Staat erhob den Anspruch, das liberale Streitverhältnis zwischen Staat und Gemeinden durch ein organisches Einordnungsverhältnis zu überwinden[74]. Er behauptete, die Selbstverwaltung nicht nur übernommen, sondern sogar wieder hergestellt zu haben[75]. Als im Jahre 1935 die *Deutsche Gemeindeordnung* erlassen wurde, fand das neue Gesetz in der deutschen Öffentlichkeit zunächst überwiegende Zustimmung, da es an die Tradition des kommunalen Selbstverwaltungsrechts in Deutschland anknüpfte[76]. Es sollte für alle deutschen Gemeinden gelten, so daß zum ersten Male ein einheitliches reichsrechtliches Kommunalverfassungsrecht für ganz Deutschland bestand[77]. Doch bald schon wurde die eigentliche Zielrichtung nationalsozialistischer Kommunalpolitik sichtbar.

Die Gemeinden sollten in der *„gelenkten Selbstverwaltung"* in die mittelbare Staatsverwaltung einbezogen werden, um sie zu Werkzeugen des totalen Staates umzuformen und gleichzuschalten. Die Selbstverwaltung wurde auf den nationalsozialistischen Staat und seine Ideologie, letztlich auf die Partei und den „Führer" hin ausgerichtet[78]. Nur in Übereinstimmung mit dieser Gesellschafts- und Staatsauffassung sollten Gemeinde und gemeindliche Selbstverwaltung ihre Daseinsberechtigung behalten[79]. Die Selbstverwaltung wurde ihrer Substanz beraubt und zu einer bloßen Verwaltungsform des zentralistisch gesteuerten Einheitsstaates gemacht. An die Stelle des gewählten Gemeindeorgans trat nach dem *Führerprinzip* der ernannte Amtsträger, der nach dem Grundsatz „Autorität jedes Führers nach unten, Verantwortlichkeit nach oben" zu handeln hatte[80].

---

[74] Vgl. den Vorspruch und die amtl. Begründung zur DGO. *Huber* (VerfassungsR, S. 466) sprach von einer „Agonie des parteienstaatlichen Systems", die für die Krise der Selbstverwaltung verantwortlich sei.

[75] *Matzerath*, S. 9. Auch das gemeindliche Finanzsystem sollte neu geordnet werden.

[76] Vgl. *Weidemann*, JbdAfDtR, Jg. 2, S. 91. Die Prinzipien der DGO v. 30. 1. 1935 (RGBl. I S. 49) waren bereits vor 1933 konzipiert worden. Die DGO galt unmittelbar nach 1945 noch eine Zeit lang als (entnazifizierte) „revidierte Deutsche Gemeindeordnung" in den deutschen Ländern weiter.

[77] Für Preußen war die „innere Erneuerung" bereits durch das GemeindeverfassungsG v. 15. 12. 1933 vorgenommen worden.

[78] *Matzerath*, S. 161.

[79] *Jeserich*, JfK 1934 I, S. 1 ff. (2 f.).

[80] *Hitler*, S. 501, vgl. § 32 DGO; ausführlich zum Führergrundsatz in der Gemeindeverwaltung: *Rehn*, Reich u. Länder, 1937, S. 220 ff. Damit wurde die

G. Die „institutionelle" Synthese im Grundgesetz

Das Grundgesetz geht von der Gemeinde als einer gesellschaftlichen Einrichtung aus. Dementsprechend sollte die Trennung zwischen Staat und Gemeinde durch eine „institutionelle Synthese" überwunden werden[81]. Dieser hohe Anspruch wurde jedoch nicht erfüllt. Vielmehr wurde die Selbstverwaltung in der Hauptsache in ihrer aus der Weimarer Republik übernommenen historischen Konzeption restauriert, die wenig geeignet ist, dem Wandel der gesellschaftlichen Verhältnisse und der Funktion der Gemeinde im Sozialstaat gerecht zu werden[82]. Zwar wurde in Art. 28 Abs. 2 GG die kommunale Selbstverwaltung als *institutionelle Garantie* aufgenommen[83], ein wesentlicher Ausdruck des historisch überkommenen Dualismus zwischen Staat und Gesellschaft blieb jedoch bestehen, die Zweiteilung in Selbstverwaltungs- und Auftragsangelegenheiten[84]. Das Gedankengut des *Weinheimer Entwurfs* konnte sich nicht endgültig durchsetzen[85]. Andererseits ist die kommunale Selbstverwaltung nunmehr ein verfassungsrechtlich gesicherter Bestandteil der demokratischen Grundordnung der Bundesrepublik[86]. Als Glieder des Staates nehmen die Gemeinden heute selbstverständlich an der sozialrechtsstaatlichen Staatszielbestimmung des Grundgesetzes teil[87].

H. Die Selbstverwaltung als unterste Stufe bürgerschaftlicher Mitverantwortung

Zusammenfassend läßt sich feststellen, daß die Herrschaftsgewalt der Gemeinde vom Staat abgeleitete Gewalt ist. Zur Zeit der Markgenossenschaften hatten die Gemeinden zwar bereits die Befugnis zur Ordnung ihrer eigenen, sich aus dem Zusammenleben ergebenden Angelegenheiten besessen. In einem sich schrittweise vollziehenden Prozeß, der im

---

demokratische Komponente des Selbstverwaltungsbegriffs beseitigt, vgl. *Dehmel*, S. 15.

[81] *Köttgen*, Die Gemeinde, S. 15.

[82] Vgl. *Scheuner*, AfK 1973, S. 1 ff. (1).

[83] Die Lehre C. Schmitts findet ihren verfassungssystematischen Abschluß darin, daß die kommunale Selbstverwaltung nun als „Einrichtung" im 2. Abschnitt („Der Bund und die Länder") des Grundgesetzes untergebracht wurde.

[84] Zu Selbstverwaltungs-, Pflicht- und Auftragsangelegenheiten s. o. § 4, A.

[85] Der Weinheimer Entwurf ist das Ergebnis der Tagung kommunaler Spitzenverbände und der Innenminister fast aller Länder am 2. u. 3. 7. 1948 in Weinheim an der Bergstraße.

[86] *Becker*, Grundrechte IV/2, S. 686 ff.; *Gönnenwein*, GemeindeR, S. 32 u. 65; *Stern*, BK, Art. 28 Rdnrn. 46, 75; *Peters*, Staatsbürger u. Staatsgewalt II, S. 203; vgl. auch § 1 Abs. 1 Satz 1 der schlh. GO u. die entspr. Vorschriften der Gemeindeordnungen der übrigen Länder.

[87] *Korte*, VerwArch 1970, S. 3 ff. (6/7); beachte zur Abgrenzung auch Art. 41 DDR-Verf., in dem die Gemeinden (und GV) als „eigenverantwortliche Gemeinschaften" bezeichnet werden.

Zeitalter des Absolutismus kulminierte, verlor jedoch diese frühe Form der Selbstverwaltung an Bedeutung, wenn sie auch nicht völlig zum Erlöschen kam. Ein Regenerationsprozeß, wie er in der Neuzeit in England einsetzte, begann in Deutschland jedoch nicht. Vielmehr wurde die Erneuerung zuerst in Preußen von seiten der Obrigkeit eingeleitet[88]. Seither sind die Gemeinden in rechtlicher Hinsicht als Schöpfung des Staates anzusehen, von dem ihre hoheitliche Gewalt abgeleitet ist[89]. Die Gemeinden bilden besondere Organismen im Gefüge des Staates. Sie sind Glieder eines durch Art. 28 Abs. 1 Satz 2 und Abs. 2 GG garantierten Systems *dezentralisierter Verwaltung* und bilden innerhalb des Staates „örtliche Verwaltungsschwerpunkte, die auf einer eigenen legitimierenden Mitwirkung der Bevölkerung beruhen“[90]. Als solche fungieren die Gemeinden als unentbehrliche untere „Umsetzungsebene“ der Verwaltung[91], sie sind befugt, eigenverantwortliche Entscheidungen auf örtlicher Ebene zu treffen. Hierdurch wird die Selbstverwaltung zugleich zu einer untersten Stufe *bürgerschaftlicher Mitverantwortung* am öffentlichen Leben und damit zu einem eminent politischen Recht[92].

J. Eigene Interpretation des Selbstverwaltungsprinzips

Die das 19. Jahrhundert beherrschende Spannungslage zwischen Staat und Gesellschaft, die ihren Ausdruck in der Trennung von Staats- und Selbstverwaltung fand, besteht heute in der alten Form nicht mehr. Da ein qualitativer Unterschied zwischen Staat und Gemeinde hinsichtlich der demokratischen Legitimation nicht mehr besteht[93], ist auch die Notwendigkeit für die Gemeinde entfallen, ein Bereich staatsfreier gesellschaftlicher Freiheit zu sein. Ihre Aufgabe besteht vielmehr darin, als Zentrum originärer Initiative und dezentraler Entscheidung eine selbständige politische Willensbildung auf örtlicher Ebene zu ermöglichen und ihre Aufgaben in engem Kontakt mit den Bürgern zu erfüllen[94]. Der einzelne muß die Möglichkeit erhalten, auf der untersten Ebene des Staatsaufbaus, der Gemeinde, schöpferisch an der Gestaltung seiner Lebensverhältnisse und seiner Umwelt teilzunehmen[95]. Dementsprechend muß die Gemeinde für diejenigen Bereiche zuständig

---

88 *v. Unruh*, Der Kreis, S. 298; ebenso *Scheuner*, AfK 1962, S. 149 ff. (157).

89 *Dehmel*, S. 45; vgl. für den süddeutschen Rechtskreis: *Knemeyer*, S. 118 ff.

90 *Scheuner* (AfK 1973, S. 1 ff., 9) spricht von der Bedeutung der Gemeinden als „dezentrale Zentren der Initiative und Entscheidung“; vgl. auch ders., AfK 1962, S. 149 ff. (158).

91 *Laux*, AfK 1970, S. 217 ff. (223).

92 *Scheuner*, AfK 1962, S. 149 ff. (159).

93 *Scheuner*, AfK 1973, S. 1 ff. (6).

94 *Scheuner*, ebd., S. 6.

95 *We. Ernst*, S. 27 ff. (37).

sein, die die Nähe zur Sache und zu den Beteiligten erfordern[96]. Nur so kann die kommunale Selbstverwaltung ihrer Aufgabe gerecht werden, die Bürger im Sinne einer bürgerschaftlichen Mitverantwortung zu aktivieren[97]. Auf diese Weise ist das Selbstverwaltungsprinzip geeignet, einer anderen Spannungslage entgegenzuwirken, die sich zunehmend verschärft.

An die Stelle der alten Obrigkeit ist ein Verwaltungsapparat getreten, der ständig wächst[98], und dem sich der einzelne mehr und mehr hilflos ausgeliefert sieht. Als *Bürokratisierung* und *Zentralismus* lassen sich die Gegenkräfte der Selbstverwaltung charakterisieren. Im Zeitalter der automatischen Datenverarbeitung wird die Individualität des einzelnen im Umgang mit der Verwaltung zur bloßen Anhäufung anonymer speicherbarer Daten. Vom „beteiligten Subjekt" wird der Bürger so allzuleicht zum „unbeteiligten Objekt"[99]. Diesem Trend entgegenzuwirken und den Mißbrauch der Staatsgewalt zu verhindern, erscheint als neues Betätigungsfeld der Selbstverwaltung[100]. Denn wird die Möglichkeit der Aktivierung des Bürgers für seine Angelegenheiten auf der Gemeindeebene versäumt[101], so fühlt er sich bald den immer komplexer werdenden gesellschaftlichen Zusammenhängen gegenüber machtlos. Resigniert überläßt der Bürger die Entscheidung zentralen Instanzen. Bei fortschreitender Zentralisierung gerät dann die Entscheidungsbefugnis immer mehr in die Hände weniger — aus dem Blickfeld des Gemeindebürgers anonymer — Spezialisten. Eine der wesentlichen politischen Aufgaben der kommunalen Selbstverwaltung ist daher der Kampf gegen die Resignation der Bürger auf der einen Seite und gegen die Zentralisierungs- und Bürokratisierungstendenzen des Staates auf der anderen Seite.

§ 3 Begriffsbildung

Nach Abschluß der historischen Betrachtung des Selbstverwaltungsprinzips ist zu klären, welcher *Selbstverwaltungsbegriff* der Unter-

[96] Dabei bleibt allerdings zu bedenken, daß die politischen Grenzen der Gemeinden selten identisch sind mit den soziologischen (vgl. *König*, HKWP I, S. 18 ff., *32*). Dieser Gesichtspunkt muß jedoch im Rahmen der vorliegenden Arbeit unberücksichtigt bleiben.

[97] Vgl. BVerfGE 5, 204: „Der einzelne soll ... in möglichst weitem Umfang verantwortlich auch an den Entscheidungen für die Gesamtheit mitwirken."

[98] Parkinsons Gesetz, 1958.

[99] Vgl. *Köttgen*, HDSW IX, S. 220 ff. (221, 2. Sp.).

[100] *Korte* (VerwArch 1970, S. 3 ff., *10*) nennt diesen Aspekt anschaulich „Staatsabsolutismus", vgl. auch: *Peters*, Grenzen, S. 24, 27; *F. Mayer*, S. 328.

[101] Auf die Abhängigkeit von anderen als staatlichen Stellen (z. B. bürgerlicher Konvention oder wirtschaftlicher Machtmonopole) soll an dieser Stelle nicht eingegangen werden.

suchung zugrunde gelegt werden soll. Zwar wurde in neuerer Zeit die von *Peters*[1] 1926 getroffene Unterscheidung in einen juristischen und einen politischen Selbstverwaltungsbegriff[2] durch eine Vereinigung der Elemente beider Begriffe abgelöst[3]. Für die Untersuchung der Selbstverwaltung in der Weimarer Republik ergibt sich jedoch die Notwendigkeit, den Ursprüngen beider Begriffe nachzugehen. Bei der Bildung dieser Begriffe im 19. Jahrhundert haben vor allem drei Wissenschaftler entscheidenden Einfluß gehabt: Rudolf von Gneist, Otto von Gierke und Lorenz von Stein.

A. Der juristische Selbstverwaltungsbegriff

Der Begriff der Selbstverwaltung im juristischen Sinne hebt die Selbständigkeit der Institutionen hervor[4]. Dabei werden teils der *Träger der Verwaltung* (O. v. Gierke), teils die *Aufgaben* (H. Preuß) als vorrangig angesehen. Man versteht unter diesem Rechtsbegriff die Verwaltung der Gemeinde durch ihre eigenen Organe unter eigener Willensbildung[5].

Entscheidend für die Entstehung des juristischen Selbstverwaltungsbegriffs war die *Organtheorie Otto von Gierkes*. Nach Gierkes Auffassung ist der Staat eine organische Zusammenfassung von Genossenschaften. Neben dem Staat, den Provinzen und Kreisen sah er auch die Gemeinden als solche Genossenschaften an. Diese besitzen nach seiner Ansicht eigene *öffentlich-rechtliche Staatsfunktionen*, d. h. sie haben eigene Aufgaben. Zwar sei die Gemeinde als Ganzes ein Organ des Staates, die Gemeindeorgane könnten jedoch unmöglich zugleich Organe der örtlichen Staatsverwaltung sein und damit den größeren Teil ihrer öffentlichen Gewalt auf staatliche Verleihung zurückführen[6]. Viel-

---

[1] *Peters*, Grenzen, S. 18 ff.

[2] Der Ursprung des Selbstverwaltungsbegriffs liegt in der Zeit des Merkantilismus. Gemeint ist nur die gemeindliche, nicht die wirtschaftliche, kulturelle oder berufsständische Selbstverwaltung. Der politische Selbstverwaltungsbegriff wurde ursprüngl. zu Beginn des 19. Jh. von den Physiokraten als Gegensatz zu der staatlichen Leitung der gesamten Volkswirtschaft gebraucht. Die ursprüngl. Unterscheidung zwischen einem staatsrechtlichen und einem politischen Selbstverwaltungsbegriff stammt von Rosin aus dem Jahre 1886.

[3] *Forsthoff*, VerwaltungsR, S. 441.

[4] Die Selbstverwaltung im juristischen Sinne wird auch körperschaftliche Selbstverwaltung genannt.

[5] So verstand *Laband* (S. 103 f.) unter Selbstverwaltung eine vom Staat delegierte unter staatlicher Aufsicht stehende Verwaltung staatlicher Aufgaben. Der Staat sollte also die „Normen für die Ausübung seiner Hoheitsrechte“ aufstellen und beaufsichtigen, „während die Durchführung selbst ihm untergeordneten politischen Körpern übertragen und überlassen“ ist.

[6] *v. Gierke*, GenossenschaftsR I, S. 761.

mehr seien sie Ausdruck dessen, daß „wenigstens in der Gemeinde" der „Ursprung der öffentlichen Gewalt im Volke" liege. Gierkes Vorstellungen mußten daher zu einer Trennung von Staat und Gesellschaft führen. Damit hatte er sich ganz von den Grundsätzen des *Freiherrn vom Stein* gelöst. Unter Selbstverwaltung verstand Gierke die Verwaltung der eigenen Angelegenheiten der Verbandsperson[7]. Dazu zählte er nicht nur das Haushaltsrecht, sondern auch das Selbstbesteuerungsrecht der Gemeinden[8].

In ähnlicher Weise beschrieb später *Hugo Preuß* in Anlehnung an Gierke die Gemeinde als einen „genossenschaftlichen Körper", der dem Staat gegenübertreten sollte, um so das Grundrecht einer originären Gemeinschaft örtlicher Art zu verwirklichen[9]. Allerdings hielt Preuß dieses Ziel erst nach der Beseitigung der „übergeordneten Macht bürokratischer Obrigkeit", also erst unter einer demokratischen Regierungsform, für verwirklichbar[10]. Auch er verstand die Gemeinde als Träger eines dem monarchischen Staat entgegengesetzten, ihm gegenüber selbständigen Elements der Verwaltung aus dem Volk.

Entscheidend für die Begriffsbestimmung der Selbstverwaltung als „freie Verwaltung" ist die Lehre *Lorenz von Steins* geworden[11]. Dem Begriff der Selbstverwaltung im weiteren Sinne, einer Verwaltung, die aus der Selbständigkeit der freien Staatsbürger abgeleitet ist, fügte er den der Selbstverwaltung im eigentlichen Sinne hinzu. Darunter verstand er die Verwaltung gemeinsamer Interessen durch öffentlichrechtliche Körperschaften. Die Gemeinden stellte er als Träger *staatsfreier Verwaltung* neben die Vereine[12]. Als Inhaber einer vom Staat abgeleiteten Herrschaftsmacht sollten die Gemeinden selbständig ihre eigenen Interessen verwalten. Als solche sollten sie insoweit dem Staate eingegliedert werden, als sie neben ihren eigenen Angelegenheiten

---

[7] Zu den namhaften Vertretern dieser Ansicht Gierkes gehören u. a.: *Bühler*, Rechte, S. 253 und *Helfritz*, S. 5 ff.

[8] *v. Gierke* gestand den Gemeinden dazu nicht allein das Recht der Gesetzgebung, sondern auch das der Gerichtsbarkeit zu.

[9] *Preuß*, Selbstverwaltung, S. 197 ff. Im übrigen kritisierte Preuß die preuß. Selbstverwaltung heftig. Er hielt die ganze Verwaltungsorganisation für „dauernd reformbedürftig" (*Preuß*, HBP I, 1920, S. 268 ff., *278*).

[10] *Preuß*, HBP I, 1918, S. 198 ff. Der liberale Staatsrechtslehrer Preuß hatte maßgebenden Einfluß auf die Gestaltung der Weimarer Verfassung.

[11] *L. v. Stein*, Handbuch. *v. Stein* (Verwaltungslehre I, S. 227 ff.) betonte besonders den korporativen und institutionellen Charakter der Selbstverwaltung. Auf seinen Gedanken beruht noch heute zum großen Teil das Verständnis der kommunalen Selbstverwaltung.

[12] *L. v. Stein*, Verwaltungslehre I, S. 228; vgl. auch die unmittelbare Nachbarschaft von Art. 123 WRV (Vereinsfreiheit) zu Art. 127 WRV (Selbstverwaltungsrecht der Gemeinden).

staatliche Auftragsangelegenheiten in eigener Verantwortung ausführten[13].

B. Der politische Selbstverwaltungsbegriff

Ausgangspunkt für die Begriffsbildung der politischen Selbstverwaltung ist die besondere Art des Vollzuges öffentlicher Aufgaben[14]. Man versteht darunter die Verwaltung durch *ehrenamtliche Kräfte aus der Bevölkerung*[15]. *Rudolf von Gneist,* auf den der politische Selbstverwaltungsbegriff zurückgeht, sah darin „die Wahrnehmung von Funktionen der inneren Landesverwaltung der Kreise und Ortsgemeinden nach den Gesetzen des Landes durch persönliche Ehrenämter, unter Aufbringung der Kosten durch communale Steuern"[16]. Selbstverwaltung wollte er lediglich als die Form der Staatsgewalt verstanden wissen, die sich auf örtlicher Ebene betätigt. Dementsprechend sah er die örtliche Verwaltung durch „Ehrenämter der höheren und Mittelstände" lediglich als Erziehung des einzelnen Bürgers zum Staate an, sein politisches Ziel war die *Überbrückung des Gegensatzes von Staat und Gesellschaft*[17]. Nicht der Gemeinde sollte daher das Recht auf Selbstverwaltung zustehen, sondern den von der Staatsgewalt unabhängigen Ehrenbeamten[18]. Die Gemeinde sah Gneist vielmehr als Pflichtverband zur Aufbringung der Mittel für die Kosten der lokalen Verwaltung an, die zu diesem Zweck die Kommunalgrundsteuern verwalten sollte[19]. Ein Erfolg der Gneist'schen Bestrebungen war die klare Fassung des Selbstverwaltungsgedankens in Art. 105 § 3 der Preußischen Verfassungsurkunde vom 31. Januar 1850: „Den Gemeinden insbesondere steht die selbständige Verwaltung ihrer Gemeindeangelegenheiten unter gesetzlicher Oberaufsicht des Staates zu[20]." Auch die Reformen

---

[13] Die bekanntesten Vertreter dieser Meinung sind neben L. v. Stein: Inama-Sternegg, Caupp, Rümelin und Hänel.

[14] Die politische Selbstverwaltung wird auch bürgerschaftliche oder staatsbürgerliche (O. Bühler) Selbstverwaltung genannt.

[15] Zur ehrenamtlichen Verwaltung gehört auch die Tätigkeit der Geschworenen und Schöffen und der ehrenamtlichen Beisitzer der Verwaltungsgerichte. Der Gegensatz zu der bürgerschaftlichen Selbstverwaltung ist die Verwaltung durch Berufsbeamte bzw. heute vielfach durch Angestellte im öffentlichen Dienst.

[16] *v. Gneist,* Self-Government, S. 882; ders., Verwaltung, S. 101; ders., Rechtsstaat, S. 278 ff., 286 ff.

[17] *v. Gneist,* Verwaltung, S. 33 - 37; v. Gierke sah darin in diesem Zusammenhang ein Mittel zur Versöhnung zwischen Staat und Gesellschaft (*v. Gierke,* Gedächtnisrede auf v. Gneist, S. 28 ff.).

[18] Diese Vorstellung ist zeitgebunden an die liberale „Honoratiorenverwaltung" und setzt eine Bevölkerungsschicht voraus, die die erforderlichen Mittel und die nötige Zeit zur Verfügung hat.

[19] *v. Gneist,* Geschichte II, S. 1211.

[20] Vgl. dazu auch § 6 der GO v. 11 5. 1850: „Die Gemeinden sind Korporationen. Jeder Gemeinde steht die Selbstverwaltung ihrer Angelegenheiten zu."

der Jahre nach 1870 waren praktisches Ergebnis der Gneist'schen Ideen[21]. Diese fanden in der Folgezeit viele bedeutende Anhänger, setzten sich jedoch nicht endgültig durch[22]. Seine Idealisierung des englischen Self-Government-Bildes war nach rückwärts gewandt und übersah die *politische Natur* der kommunalen Selbstverwaltung[23]. So kam es zu einer unreflektierten Einordnung der Selbstverwaltung in das obrigkeitlich organisierte Staatsgefüge Deutschlands[24].

Dieser politische Selbstverwaltungsbegriff *Gneist'scher* Prägung wurde gegen Ende der Weimarer Republik von dem juristischen Begriff verdrängt. Erst in jüngster Zeit wird im Zeichen der Bürgerinitiativen und im Anschluß an die amerikanische „Community Power"-Forschung der politische Gehalt der Selbstverwaltung wieder stärker in den Vordergrund gerückt[25].

C. Die Begriffsbestimmung Beckers als Grundlage der Untersuchung

In der Vergangenheit überwog im Begriffsverständnis der Selbstverwaltung die im Zuge der liberalen Doktrin — gefördert durch *Gierke* und *Preuß* — entstandene antinomische Vorstellung eines Gegensatzes zwischen Staat und Gemeinde, der im Widerspruch zu den Vorstellungen des *Freiherrn vom Stein* und *Lorenz von Steins* stand[26]. Diese dualistischen Vorstellungen haben bis weit in die Gegenwart hinein, vor allem aber in den ersten Jahren der Republik fortgewirkt. Deshalb ist es sehr schwierig, für den Zeitraum danach eine Definition zu finden, in der sich die herrschenden Anschauungen bündeln lassen.

Eine der treffendsten Definitionen gibt *Becker*[27], der die kommunale Selbstverwaltung als „eigenverantwortliche Erfüllung gemeinschaftlicher öffentlicher Aufgaben im eigenen Namen durch dem Staat eingegliederte rechtsfähige öffentliche Verbände mit eigenen gewählten Organen unter Aufsicht des Staates" ansieht[28]. Den eigentlichen Sinn

---

[21] Vgl. etwa die Preuß. KreisO v. 1872, nach deren Vorbild zu dieser Zeit fast alle Länder des Dt. Reiches die überörtliche Selbstverwaltung gestalteten.

[22] u. a. *Sarwey*, Allg. Verwaltungslehre, S. 100 ff.; *Löning*, S. 34 ff.; *Meyer / Anschütz*, S. 385 ff.; *Bornhak*, S. 97 ff. u. 109 ff.; *Neukamp*, AöR 1889, S. 377 ff. u. 525 ff.; *Arndt*, S. 210 f.; *O. Mayer*, S. 357, Anm. 11.

[23] Mit Self-Government ist die ehrenamtliche Verwaltung der Grafschaften und Städte in England gemeint, die Gneist als „Zwischenbau" zwischen Parlament und Staatsverwaltung ansah; vgl. *F. Voigt*, S. 149.

[24] *Haus*, Kommunalwissenschaften, S. 34.

[25] Siehe hierzu: *Grauhan*, AfK 1965, S. 67 ff.; ders., PVS 1966, S. 392 ff.; *Gude*, S. 19 ff.; *Laux*, AfK 1970, S. 217 ff.; *Scheuner*, AfK 1973, S. 1 ff.

[26] *L. v. Stein*, Verwaltungslehre I, S. 227 ff.

[27] *Becker*, HKWP I, S. 113 ff. (121); ders., Finanzausgleich, S. 20 ff. (26).

[28] Diese Aufsicht des Staates wird als Rechtsaufsicht in Form der Kommunalaufsicht durch hierfür bestimmte Organe wahrgenommen.

der Selbstverwaltung jedoch macht *Peters* deutlich[29], indem er ausführt, daß die Selbstverwaltung der „Aktivierung der Beteiligten für ihre eigenen Angelegenheiten" dient, „die die in der örtlichen Gemeinschaft lebendigen Kräfte des Volkes zur eigenverantwortlichen Erfüllung örtlicher Aufgaben der engeren Heimat zusammenschließt mit dem Ziel, das Wohl der Einwohner zu fördern und die geschichtliche und heimatliche Eigenart zu wahren". Diese Aktivierung ist nur dann möglich, wenn durch die Beschlüsse der Beteiligten eine klare Übernahme von Verantwortlichkeiten erfolgt, die in ihrer ökonomischen Wirkung auf die Beschlußfassenden selbst und für alle Gemeindebürger deutlich zu erkennen sind[30]. Im Hinblick auf die hervorgehobene Stellung der *Parteien* im Rahmen der Kommunalpolitik[31] muß der Begriff im Sinne einer „mittelbar-bürgerschaftlichen Verwaltung" erweitert werden[32]. Letztlich ist allerdings der Versuch, einen alle Bereiche umfassenden Selbstverwaltungsbegriff aufzustellen, von vornherein zum Scheitern verurteilt, da die Selbstverwaltung kein starrer Begriff ist. Vielmehr stellt sie einen „Inbegriff historisch entwickelter Beziehungen" dar, „die nach Ort und Zeit wechseln können"[33]. Im übrigen hängt die Auffassung von der Selbstverwaltung weitgehend davon ab, was man unter dem Wesen der Demokratie versteht, so wird etwa in der DDR eine Selbstverwaltung nach unserem Verständnis als dem demokratischen Prinzip wiedersprechend betrachtet und ist deshalb neuerdings praktisch aufgehoben worden[34]. Der Verfassungsgesetzgeber in der Bundesrepublik hat sich demgegenüber durch die Fassung von Art. 28 Abs. 1 GG für die gegliederte Demokratie entschieden, als deren sichernder Bestandteil die Selbstverwaltung *institutionell* garantiert ist.

---

[29] *Peters*, Lehrbuch, S. 292; ihm folgend das BVerfG in E 11, 266 ff. (275); vgl. auch BVerfGE 8, 122 ff. (134).

[30] *Köhler*, S. 14.

[31] Der Begriff der Partei wird hier nicht im strengen Rechtssinn des § 1 des ParteienG v. 24. 7. 1967 i. d. F. v. 22. 7. 1969 (BGBl. I S. 925) gebraucht; gemeint sind auch Wählervereinigungen, sogenannte Rathausparteien. Zu dem Problemkreis „politische Parteien und kommunale Selbstverwaltung" vor allem: *Ziebill*, Parteien; *Lintz*; *Ellwein*, AfK 1971, S. 11 ff.; *Naßmacher*, ÖZfP 1972, S. 39 ff.

[32] *Ziebill*, Parteien, S. 77.

[33] VerwGH in OVGE 9, S. 74 ff. (83).

[34] So wurde noch in der Verf. der DDR v. 7. 10. 1949 (GBl. I S. 505) in Art. 139 den Gemeinden „das Recht der Selbstverwaltung innerhalb der Gesetze der Republik und der Länder" zugestanden. In Art. 139 Abs. 2 folgte eine Definition der Selbstverwaltungsaufgaben. Insgesamt umfaßte der IX. Abschnitt „Selbstverwaltung" 5 Artikel. In der Verf. der DDR v. 6. 4. 1968 (GBl. I S. 199) werden die Gemeinden und Gemeindeverbände in Art. 41 (zusammen mit den sozialistischen Betrieben und den Städten) als eigenverantwortliche Gemeinschaften im Rahmen der zentralen staatlichen Planung und Leitung beschrieben. Vgl. hierzu neuerdings *Roggemann*, ROW 1974, S. 45 ff.

§ 4 Der Wirkungskreis der Gemeinden

Mit dieser Definition *Beckers* ist über den eigentlichen *Gehalt* des Selbstverwaltungsrechts jedoch noch nichts ausgesagt. Zum besseren Verständnis erscheint daher ein näheres Eingehen auf den Wirkungsbereich der Gemeinden erforderlich. Dieser läßt sich grob unterteilen in „eigene" und „übertragene" Angelegenheiten. Im *übertragenen Bereich* bedient sich der Gesetzgeber der vorhandenen Behörden der Selbstverwaltungskörperschaft, um bestimmte Aufgaben nach Auftrag und Weisung im Wege der *Fremdverwaltung* ausführen zu lassen. Zu diesen Angelegenheiten gehört vor allem die Erhaltung der öffentlichen Sicherheit und Ordnung[1]. In den *eigenen Angelegenheiten* hat die Gemeinde dagegen das Recht der Selbstgesetzgebung, darf also alle örtlich anfallenden Aufgaben autonom durch Satzung regeln[2]. Dabei ist sie selbst wiederum dem Gesetz unterworfen[3].

A. Der eigene Wirkungskreis

Die Gemeinden sind bei der Durchführung der Selbstverwaltungsaufgaben in unterschiedlichem Maße gebunden, so daß sich nach dem Grad der Gebundenheit zwischen freien und pflichtigen Selbstverwaltungsaufgaben unterscheiden läßt. *Freie Selbstverwaltung* liegt nur dann vor, wenn die Erfüllung der Gemeindeangelegenheiten auf eigenem Entschluß beruht und der Leistungsträger lediglich hinsichtlich der Rechtmäßigkeit der Aufgabenwahrnehmung beaufsichtigt wird. Diese freiwillig übernommenen Aufgaben müssen als Idealform der kommunalen Selbstverwaltung angesehen werden[4]. Ihr Bereich ist theoretisch unbeschränkt und richtet sich lediglich nach lokalen Bedürfnissen und nach der Leistungsfähigkeit der Gemeinden. *Pflichtaufgaben* sind bestimmte im Sozialstaat unabdingbare Angelegenheiten der örtlichen Gemeinschaft[5], die die Gemeinden unter bestimmten Voraussetzungen nach dem Willen des Gesetzgebers vollziehen müssen[6]. Den Gemeinden

[1] Dies gilt, soweit nicht unmittelbare staatliche Behörden dafür zuständig sind.

[2] Vgl. etwa § 4 Abs. 1 der schlh. GO.

[3] Die Verpflichtung jeder Gemeinde zur Gesetzmäßigkeit ihres Handelns ergibt sich für die Bundesrepublik aus Art. 28 Abs. 3 GG.

[4] Vgl. hierzu: *Becker*, HKWP I, S. 113 ff. (131).

[5] Zu den Pflichtaufgaben der Gemeinden gehören z. B.: die Errichtung und Erhaltung der Volksschulgebäude, das Straßenwesen innerhalb des Gemeindegebietes, Fürsorgeangelegenheiten, die Pflicht zur Aufstellung von Bauleitplänen und die Bereitstellung von Bauland für Wohnungen, best. Aufgaben der Hygiene sowie das Haushalts-, Kassen- und Rechnungswesen. Als weitere Untergruppe ließen sich die genehmigungspflichtigen Aufgaben anführen. Hinzu kommen solche Aufgaben, die trotz ihres überörtlichen Charakters den Gemeinden zur Erfüllung überlassen sind.

[6] *v. Unruh*, GemeindeR, S. 84 ff. (97).

bleibt lediglich die Entscheidung darüber überlassen, wie sie diese Aufgaben selbstverantwortlich durchführen wollen. Dabei unterliegen sie der *Rechtsaufsicht*. Die Zulässigkeit der Pflichtaufgaben leitet sich daraus her, daß die Gemeinden an das materielle *Gerechtigkeitsprinzip* gebunden sind[7].

Die Zahl der Pflichtaufgaben, der genehmigungspflichtigen Aufgaben und der Auftragsangelegenheiten nimmt ständig zu, so daß durch sie der größere Teil der Arbeitsleistung der Gemeindeverwaltung in Anspruch genommen wird. Die freiwillig übernommenen Aufgaben werden zurückgedrängt, für sie bleiben keine ausreichenden sächlichen und persönlichen Mittel übrig. Obgleich sich die verfassungsrechtliche Gewährleistung der kommunalen Selbstverwaltung sowohl auf freiwillige wie auf Pflichtaufgaben erstreckt, ist doch fraglich, ob im sozialen Rechtsstaat die Pflichtaufgaben zur Gruppe der eigentlichen Selbstverwaltung gehören können[8]. Zwar ist auch bei den freiwilligen Aufgaben der Ermessensspielraum der Gemeindeorgane erheblich eingeschränkt, da für die meisten dieser Aufgaben ein öffentliches Bedürfnis besteht[9], bei der Erfüllung von Pflichtaufgaben fehlt jedoch jeglicher Entscheidungsspielraum der Selbstverwaltungsorgane. Durch die Forderung der Bürger nach einer möglichst gleichmäßigen und reichhaltigen Grundausstattung ihrer Stadt- und Landgemeinden ist eine neue verfassungsrechtlich begründete *Pflichtigkeit* der Selbstverwaltungsorgane entstanden. Folgerichtig sind daher etwa in Schleswig-Holstein die Gemeinden generell verpflichtet, im Rahmen ihrer Leistungsfähigkeit zum Wohle ihrer Bürger tätig zu werden[10]. Eine Unterscheidung sollte daher auch nicht nach freiwilligen und Pflichtaufgaben als Selbstverwaltungsaufgaben auf der einen Seite und Auftragsangelegenheiten auf der anderen Seite vorgenommen werden. Vielmehr ist die althergebrachte dualistische Einteilung im Interesse einer klaren Kompetenzabgrenzung für die Gebietskörperschaften hinsichtlich der von ihnen zu erfüllenden Aufgaben und der Finanzierungslast *reformbedürftig*.

Zwei Möglichkeiten bieten sich an. Man könnte die Pflichtaufgaben den Auftragsangelegenheiten zurechnen[11]. Denn optisch vergrößern die

---

[7] *Becker*, HKWP I, S. 113 ff. (125).

[8] *v. Unruh*, Der Staat, 1965, S. 441 ff. (460).

[9] Eine Nichterfüllung solcher Aufgaben wäre daher u. U. ermessensfehlerhaft.

[10] Durch § 2 Abs. 1 der schlh. GO, ebenso § 5 Abs. 1 der saarl. GO.

[11] Ohnehin unterscheiden die Gemeinden in der Praxis organisatorisch eher nach Sachbereichen als zwischen Auftrags- und eigenen Angelegenheiten. Eine Verpflichtung zur Aufrechterhaltung der begrifflichen Trennung in freiwillige und Auftragsangelegenheiten ergibt sich nach Meinung *v. Unruhs* (GemeindeR, S. 100) allerdings aus dem Gesichtspunkt der Einheit der Verwaltung.

Pflichtaufgaben die Zahl der Selbstverwaltungsangelegenheiten[12] und schmälern den ohnehin geringen Finanzspielraum, der den Gemeinden für originäre Initiativen bleibt. Die gesamte Finanzierungslast liegt ohnehin bei den Gemeinden, obwohl sie nur einen vergleichsweise geringen Einfluß auf die Ausgestaltung der Maßnahmen haben. Unter diesem Gesichtspunkt läge es nahe, solche Aufgaben, deren Durchführung nach einheitlichen Grundsätzen notwendig ist, von den Gemeinden im Wege der Auftragsverwaltung durchführen zu lassen. Dabei hätte der Auftraggeber, der Staat, die Finanzierung zum Beispiel durch Zweckzuweisungen zu übernehmen. Die eigenen Einnahmen der Gemeinden könnten ausschließlich für die Aufgaben der freien Selbstverwaltung verwendet werden. Eine solche dogmatische Ausgliederung der Pflichtaufgaben aus dem Bereich der Selbstverwaltungsangelegenheiten ist jedoch mit dem den Gemeinden verfassungsrechtlich gewährleisteten Selbstverwaltungsrecht nicht vereinbar[13]. Als andere Alternative ergäbe sich, alle von den Gemeinden wahrgenommenen Aufgaben als *Selbstverwaltungsangelegenheiten* anzusehen, also auch die Auftragsangelegenheiten[14]. Das hätte zur Folge, daß die Einflußnahme des Staates auf die Aufgabenerledigung der Gemeinden auch hinsichtlich der Auftragsangelegenheiten auf ein Minimum reduziert werden müßte. Die *Einheitlichkeit der Lebensverhältnisse* in der Bundesrepublik wäre unter diesen Umständen kaum noch zu gewährleisten[15]. Um die Verwirklichung des kommunalen Selbstverwaltungsrechts sicherzustellen, müßte ganz auf Zweckzuweisungen des Staates an die Gemeinden verzichtet werden. Die Mittel für die Aufgabenerfüllung müßten dann durch eigene Einnahmen der Gemeinden und durch allgemeine Finanzzuweisungen des Staates erbracht werden[16]. Diese Lösung ist daher in dieser Form kaum durchführbar.

---

[12] *Albers* (AfK 1966, S. 239 ff., 257) nimmt an, daß sich dann die Gemeindeausgaben auf weniger als ein Viertel bis ein Fünftel ihres derzeitigen Umfanges vermindern würden. Das was übrig bliebe, wäre dann Ausdruck eines neuverstandenen Selbstverwaltungsrechts, vgl. auch ders., AfK 1962, S. 65 ff. (83).

[13] Diese Lösung ist wohl auch nicht praktikabel, da die eigenen Einnahmen der Gemeinden kaum für die Durchführung der freien Selbstverwaltung ausreichen würden und die Neigung des Staates zur Hergabe von allg. Finanzzuweisungen in ausreichendem Ausmaß für diesen Zweck als gering eingestuft werden muß.

[14] Ähnlich der im Weinheimer Entwurf vorgeschlagenen Lösung. Dieser strebte eine Rechtsübereinstimmung des Kommunalrechts der Länder an, mit Ausnahme der inneren Gemeindeverfassung.

[15] Eine Verpflichtung hierfür ergibt sich jedoch aus Art. 72 Abs. 2 Ziff. 3 GG für die Bundesrepublik.

[16] In diesem Fall wäre die Neigung des Staates, den Gemeinden ausreichende Mittel zur frei verfügbaren Verwendung zu überlassen, wohl noch geringer als ohnehin schon.

Eine differenziertere Lösungsmöglichkeit bietet sich in der Fortführung des von den Ländern Nordrhein-Westfalen[17], Baden-Württemberg, Hessen und Schleswig-Holstein in ihren Gemeindeordnungen — allerdings in unterschiedlichem Maße — beschrittenen Weges an. Danach ist zu unterscheiden in freiwillige Aufgaben[18], weisungsfreie Pflichtaufgaben und weisungsgebundene Pflichtaufgaben[19]. Während bei den weisungsfreien Pflichtaufgaben nur das „Ob", nicht das „Wie" der freien gemeindlichen Entscheidung entzogen ist, stellen demgegenüber die weisungsgebundenen Pflichtaufgaben eine besondere Art von Selbstverwaltungsaufgaben dar[20], bei denen das Maß der Bindung nur durch Gesetz bestimmt werden kann. Die Gemeinde ist dann nicht mehr — wie im dualistischen System — „verlängerter Arm des Staates" innerhalb eines *Über- und Unterordnungsverhältnisses*[21]. Vielmehr tritt die Gemeinde auch bei den weisungsgebundenen Pflichtaufgaben der Aufsichtsbehörde als *selbständiger Rechtsträger* gegenüber[22]. Die Konsequenz für die Finanzausgleichsregelung muß dann darin bestehen, daß Zweckzuweisungen des Staates in jedem Fall auf den Bereich der weisungsgebundenen Pflichtaufgaben beschränkt bleiben. *Neue Aufgaben* können den Gemeinden nur durch ein Gesetz auferlegt werden, das zugleich die Aufbringung der Mittel regelt. Freiwillige Aufgaben und weisungsfreie Pflichtaufgaben müssen dagegen mit Hilfe der eigenen Steuereinnahmen der Gemeinden sowie allgemeiner Finanzzuweisungen des Staates finanziert werden[23].

B. Die Universalität des Wirkungskreises

Grundsätzlich sind die Gemeinden als Gebietskörperschaften im Bereich des örtlichen Wirkungskreises *allzuständig*[24]. Dieses Prinzip wird

---

[17] § 3 Abs. 2 GO v. NRW; § 2 Abs. 1 u. § 3 GO v. SH.

[18] Diese Aufgaben beträfen stets weisungsfreie Angelegenheiten.

[19] Sog. Pflichtaufgaben zur Erfüllung nach Weisung, vgl. § 3 Abs. 2 GO v. NRW.

[20] *Gellzer* (DVBl. 1958, S. 87 f.) bezeichnet diese als „unechte Selbstverwaltungsaufgaben".

[21] Die Gemeinde wäre in diesem Fall auch keine „Quasi-Staatsbehörde" (*Jesch*, DÖV 1960, S. 741 ff.); *v. Unruh* (GemeindeR, S. 101) sieht in der Differenzierung in Freiwilligkeit und Pflicht allerdings lediglich eine (unbedeutende) Abschwächung der herkömmlichen Unterscheidung vom eigenen und übertragenen Wirkungskreis.

[22] Das wirkt sich besonders auch auf den der Gemeinde zukommenden Rechtsschutz (Anfechtungsrecht) aus, der ihr bei Auftragsangelegenheiten nach dem dualistischen System nicht zusteht, da der Staat nicht gegen sich selbst prozessieren kann.

[23] Zum Problem der „Bundesauftragsangelegenheiten": *Becker*, BayVBl. 1961, S. 65 ff.; *Keßler*, DVBl. 1953, S. 1 ff.; *Köttgen*, Selbstverwaltung, 1951, S. 346 ff.; *Krebsbach*, Städtetag, 1961, S. 7 ff.; *Lerche*, Bay. VBl. 1965, S. 145 ff.; *Hohrmann; Tiemann.*

jedoch durch mehrere Faktoren durchbrochen. Vor allem Subsidiaritätsprinzip und Sozialstaatspostulat, nicht zuletzt aber auch die finanzielle Leistungsfähigkeit, beschränken die Allzuständigkeit der Gemeinden, so daß von dem Grundsatz wenig übrigbleibt.

Die „Zuständigkeitsuniversalität“, d. h. die umfassende sachliche Kompetenz einer Gemeinde für alle Angelegenheiten der örtlichen Gemeinschaft[25], gilt nicht absolut, da die Gemeinde nicht ausschließlicher Träger der öffentlichen Verwaltung in ihrem Raum ist[26]. Die Zuständigkeit der Gemeinden wird daher von der der anderen Gebietskörperschaften mit Hilfe des *Subsidiaritätsprinzips* abgegrenzt[27]. Die Allzuständigkeit des weiteren Verbandes ist gegenüber der des näheren subsidiär[28]. Die Zuständigkeitsvermutung zugunsten der Gemeinde erstreckt sich aber nur insoweit auf alle öffentlichen Angelegenheiten der kommunalen Selbstverwaltung, als nicht eine Begrenzung durch Gesetz, Gewohnheitsrecht oder die Natur der Sache erfolgt ist[29]. Der preußische Grundsatz, daß die Gemeinden alles an sich ziehen können, „was die Wohlfahrt des Ganzen, die materiellen Interessen und die geistige Entwicklung des einzelnen fördert“[30], gilt nur noch bedingt. Er verliert seine Gültigkeit, sobald das Gesetz eine solche Betätigung der Gemeinden ausschließt oder die Aufgabe anderen Trägern öffentlicher Verwaltung zuweist[31]. Das bedeutet andererseits jedoch nicht, daß der gemeindliche Wirkungskreis uneingeschränkt durch staatliche Normen bestimmt würde[32], lediglich die Verteilung der Zuständigkeiten darf der Staat im gewissem Umfang regeln.

Zwar gilt der Grundsatz der Allseitigkeit des Wirkungskreises als eines der Kernstücke der Selbstverwaltung[33], heute kann jedoch nicht

---

[24] Der Grundsatz der Allzuständigkeit findet sich bereits in den ersten Gemeindeordnungen des 19. Jh., vgl. § 108 der Steinschen StO v. 1808, § 3 Abs. 2 Württemberg. Verwaltungsedikt für die Gemeinden, Oberämter u. Stiftungen v. 1. 3. 1882 (RegBl., S. 131).

[25] Die Gemeinden bedürfen nach diesem Prinzip, das auch Unbeschränktheit des Wirkungskreises oder Allzuständigkeit genannt wird, keiner besonderen Aufgabenzuweisung, um eine örtliche Angelegenheit regeln zu können. Seit der preuß. StO v. 1808 gehört dieser Grundsatz zum Begriff der Selbstverwaltung. Zu den Einzelheiten: *v. Unruh*, GemeindeR, S. 84 ff. (95).

[26] Zum Universalitätsprinzip gehört also nicht zugleich auch die Totalität des gemeindlichen Wirkungskreises, dazu: *Elleringmann*, S. 29; *Gönnenwein*, GemeindeR, S. 131.

[27] Als solche anderen Gebietskörperschaften kommen Kreis, Land und Bund in Betracht.

[28] Hierzu: *Korte*, VerwArch 1970, S. 3 ff. (39).

[29] *Becker*, HKWP I, S. 113 ff. (125).

[30] Preuß OVG (E. v. 25. 2. 1885), PrOVGE 12, 158.

[31] *Gönnenwein*, GemeindeR, S. 4; *Peters*, Grenzen, S. 56.

[32] Dagegen sprach sich bereits 1877 im Anschluß an *Beseler* (S. 246) das preuß. OVG Berlin aus (PrOVGE 2, 190; vgl. auch 3, 125; 12, 158; 19, 176; 41, 34.

jede Gemeinde das Maß ihrer Leistungen nach den örtlichen Gegebenheiten und Bedürfnissen bzw. nach den finanziellen Möglichkeiten frei bestimmen[34]. Der allgemeine Anspruch jedes Bürgers auf gleichmäßige Leistungen der Verwaltung auf dem Gebiet der Vor- und Fürsorge engt vielmehr die Entscheidungsfreiheit der Gemeinden erheblich ein. Seine wesentliche Schranke findet das Recht der Gemeinden auf Verwirklichung ihres Selbstverwaltungsrechts jedoch in der eigenen begrenzten *finanziellen Leistungsfähigkeit*[35]. Nur im Rahmen dieser Leistungsfähigkeit können die Gemeinden und Gemeindeverbände von ihrem Recht Gebrauch machen, ihre eigenen örtlichen Angelegenheiten selbstverantwortlich zu regeln. Gerade wegen der Beschränktheit des eigenen Steueraufkommens sind die Gemeinden bei der Aufgabenerfüllung aber in starkem Maße von Finanzzuweisungen des Staates im Rahmen des Finanzausgleichs angewiesen und daher in hohem Maße vom Staat abhängig.

C. Die Angelegenheiten der örtlichen Gemeinschaft

Nach dem Grundsatz der Allseitigkeit des Wirkungskreises haben die Gemeinden bestimmte Aufgaben eigenverantwortlich durch eigene Organe unter der Rechtsaufsicht des Staates zu erfüllen. Diese *eigenen Angelegenheiten* sind dadurch gekennzeichnet, daß sie sich unmittelbar auf den sie wahrnehmenden Verwaltungsträger beziehen und sich aus den sozialen Bedürfnissen der in der Gemeinde siedelnden Menschen als einer örtlichen sozialen Gruppe ergeben[36]. Ihr wesentlichstes Merkmal ist ein spezieller Bezug zur örtlichen Gemeinschaft. Welches diese Angelegenheiten der örtlichen Gemeinschaft sind, läßt sich allerdings nicht allgemeingültig bestimmen[37]. Es handelt sich jedoch in aller Regel um Aufgaben, deren Erfüllung unmittelbare Voraussetzung für die Daseinsgestaltung der Menschen im engeren Gemeinschaftsverband ist, und die sich aus den örtlichen Lebensverhältnissen ergeben[38].

Diese Aufgaben sind zumeist verwaltender und damit öffentlichrechtlicher Art. Ihre Wahrnehmung durch die Gemeinden empfiehlt

---

[33] *Lauritzen*, S. 15.

[34] Dies war allerdings noch bis in die Anfänge des 20. Jh. der Fall.

[35] *Pagenkopf*, Einführung, S. 84.

[36] *Wolff*, I, § 2 III b, § 84 V b; *Forsthoff*, Lehrbuch, S. 415 u. *Wolff*, II, § 72 II b 4.

[37] Auch die begriffliche Abgrenzung von den überörtlichen Aufgaben (zumeist Angelegenheiten, die eine großräumige Aufgabenerledigung erfordern) der Gebietskörperschaften (Kreise) und Bundkörperschaften (Samtgemeinden, Zweckverbände) muß erfolglos bleiben; denn diese stehen ebensowenig fest, da sie von den jeweiligen geographischen, sozialen und anderen Umständen abhängig sind.

[38] *Pagenkopf*, Einführung, S. 115.

sich aus dem Gesichtspunkt, daß in ihrem örtlichen Bereich die Verhältnisse noch *überschaubar* sind und daß auch Dienstleistungen der Gemeinde und die dazu erforderlichen Gegenleistungen für den Bürger in einem erkennbaren Zusammenhang stehen. Hinzu kommt, daß im Gegensatz zu den eher schematisierenden Regelungen einer Zentralinstanz, die das Wohl des ganzen Staates im Auge behalten muß, die Maßnahmen auf der Gemeindeebene elastischer den wechselnden örtlichen Gegebenheiten angepaßt werden können. Zu diesen *eigenen Angelegenheiten* der Gemeinde gehören etwa die Förderung kultureller Angelegenheiten, der wirtschaftlichen Belange der Einwohner, der Gesundheitspflege, des Fürsorgewesens und der Jugendhilfe[39]. Eine abschließende gesetzliche Regelung, die eine genaue Abgrenzung von Umfang und Inhalt dieser Gemeindeangelegenheiten zuließe, fehlt allerdings[40].

Zwei Gesichtspunkte lassen jedoch zumeist auf örtliche Aufgaben und damit auf eigene Angelegenheiten der Gemeinde schließen:

1. Das nachbarschaftliche Zusammenleben von Menschen innerhalb eines gemeinsamen Raumes erfordert die Befriedigung *gemeinschaftlicher Bedürfnisse*[41].
2. Bestimmte Bedürfnisse der Gemeinschaftsmitglieder im Rahmen der Daseinsvorsorge lassen sich nur *durch die Gemeinschaft erfüllen*[42].

Ob eine Aufgabe zu den Angelegenheiten der örtlichen Gemeinschaft gehört, läßt sich jedoch kaum generalisierend entscheiden. Immer sind zugleich auch die tatsächlichen örtlichen Umstände des Einzelfalles von maßgebender Bedeutung[43]. Erschwerend kommt hinzu, daß auch dann,

---

[39] Zu den kulturellen Angelegenheiten gehören z. B. Theater, Museen, Büchereien, Volkshochschulen, Musikpflege; zu den wirtschaftlichen Belangen der Einwohner gehören z. B. Versorgungs- und Verkehrsbetriebe, allg. Wirtschaftsförderung; zum Fürsorgewesen gehören z. B. Krankenhäuser, Sportplätze, Badeanstalten, Jugendherbergen; zur Jugendhilfe gehören z. B. Kinderheime, Waisenhäuser, Säuglingsheime, Kindergärten.

[40] Diese Abgrenzung könnte etwa nach den Kriterien: Zweck, Sozialbezogenheit, Interesse, wirtschaftlich und hoheitlich vorgenommen werden, vgl. *Dehmel*, S. 47. Im übrigen herrscht darüber in den verschiedenen dt. Ländern ebenfalls keine Einigkeit.

[41] *Wolff* (II, § 85 II a) nennt diese Aufgaben „örtlich-integrale" Angelegenheiten. Dazu gehören z. B. die Anlage und Unterhaltung von Verbindungswegen, die örtlichen Verkehrsbetriebe, eine eigene Bedarfs- und Personalverwaltung, die Ortsplanung und — z. B. in Bayern — die örtliche Polizei.

[42] Diese Aufgaben bezeichnet *Wolff* (ebd. § 85 II a 2) als „örtlich-summative" Angelegenheiten. Dazu gehört die Versorgung mit Gas, Wasser und Elektrizität, die Unterhaltung von Krankenhäusern, Schulen, Theatern und Friedhöfen. Gerade diese Aufgaben zeigen jedoch, daß zu ihrer Wahrnehmung häufig nicht mehr die einzelne Gemeinde, sondern nur noch der Kreis in der Lage ist.

wenn im konkreten Einzelfall das Vorliegen einer Gemeindeaufgabe einmal festgestellt wurde, diese Entscheidung nicht als unveränderlich angesehen werden kann. Die in Betracht kommenden Angelegenheiten unterliegen vielmehr im ständigen Wandel der Bedürfnisse einer dynamischen Gesellschaft und der Struktur des Raumes und der Siedlungsverhältnisse einer *dauernden Wandlung*[44]. Technische, planerische und strukturelle Probleme, die nach einer zentralen Entscheidung verlangen, bilden daher häufig auch die Ursache für jenen Prozeß, der allgemein als allmähliche *Aushöhlung* der örtlichen Allzuständigkeit der Gemeinden verstanden wird[45]. Insbesondere auf dem Gebiet des Verkehrs und der Versorgung erfordert die moderne Technik weiträumige Lösungen[46], so daß die einzelne Gemeinde herkömmlicher Größe häufig lediglich mitentscheiden kann, aber nicht mehr allzuständig ist. Langfristige Planungen müssen sich auf Gebiete erstrecken, die größer sind als unsere heutigen Gemeinden, zugleich müssen aber auch die zum Teil überholten Gebietsstrukturen verbessert werden.

Als *Tendenz* läßt sich dabei feststellen, daß die fortschreitende Nivellierung der Bedürfnisse verbunden mit dem Wunsch nach ständig gleich guter Versorgung an jedem Aufenhalts- oder Wohnort zu einer zentral gesteuerten Bedürfnisbefriedigung in der Daseinsfürsorge und -vorsorge führt, bei der die Gemeinden in dieser Funktion für den Bürger als austauschbar erscheinen[47]. Die politische Gemeinde verliert an Bedeutung zugunsten einer reinen *Wohngemeinde*, die der Bürger danach auswählt, ob dort für ihn wünschenswerte Lebensbedingungen herrschen. Für ihn zählt dabei allein die Qualität der öffentlichen Versorgungsleistungen in seiner unmittelbaren Nachbarschaft, nicht so sehr das behördliche System[48]. Er nimmt diese „kommunalen Leistungen"[49], auf die er nach seiner Vorstellung als Entgelt für seine Steuerzahlung Anspruch hat, vielmehr von jedem entgegen, der solche Leistungen anbietet. Daher sind seine Beziehungen zu Verbänden und

---

[43] Als Beispiele hierfür seien nur die Unterschiede in der Struktur von Industriegemeinden und Landgemeinden, von Großstädten und Dörfern, einer Gemeinde im Ruhrgebiet und einer solchen an der Nordseeküste Schleswig-Holsteins genannt.

[44] Vgl. *Krämer*, S. 51; *v. Unruh*, Der Kreis, S. 146.

[45] *Loschelder*, Grundgedanken, S. 18.

[46] *v. Unruh* (Der Kreis und DÖV 1972, S. 16 ff.) bietet als Lösung dieser Probleme die Selbstverwaltungskörperschaft „Kreis" an, vgl. auch *Wagener*, Landkreis, 1966, S. 104.

[47] *Krämer*, S. 52; *Laux*, AfK 1970, S. 217 ff. (225).

[48] Neben Gemeinde und Staat kommen vor allem die Kirchen, die Sozialversicherungsträger, die Betriebe und die freien gemeinnützigen Wohlfahrtsverbände als Träger öffentlicher Leistungen in Betracht.

[49] Diese Leistungen sieht der Bürger als „kommunal" an, auch wenn sie nicht von der Gemeinde erbracht werden.

Vereinen, die besser seinen Interessen dienen, häufig enger als die zu seiner Gemeinde, die er dann als bloßen Aufenthaltsort betrachtet[50].

Ursache dieser Probleme ist neben anderen Faktoren die fortschreitende *Mobilität der Gesellschaft*[51]. Ein großer Teil der Bevölkerung hat durch die vorhandenen Verkehrsbedingungen seine lokalen Bindungen verloren. Das Leben in einer bestimmten Gemeinde hat für den Bürger zumeist seinen daseinsnotwendigen Charakter verloren, denn die Einheit von Wohnung und Arbeitsplatz ist heute nicht mehr selbstverständlich. Der Bürger wohnt, arbeitet und bildet sich an verschiedenen Orten, in verschiedenen Gemeinden. So gehört er als „Pendler" soziologisch u. U. zu zwei oder mehreren Gemeinden. Sein Bezug zu der Arbeits- oder der Wohngemeinde ist weniger eng als der früherer Menschen zu der einen Gemeinde, in der sie geboren wurden, lebten, arbeiteten und schließlich starben. Das ändert jedoch nichts daran, daß es auch heute noch *Lebensgemeinschaften* gibt, deren Zusammenhalt sich aus der nachbarschaftlichen Verbundenheit der Bürger oder doch zumindest als Folge unmittelbaren Nebeneinanderwohnens in einem Siedlungsverband ergibt. Ihre gemeinsamen Interessen fordern eine kommunale Regelung, die eine gemeinsame Sorge für die Sicherung der elementaren Lebensbedürfnisse gewährleistet. Als dauernde Einrichtung zur demokratischen Vertretung dieser Interessen hat sich die Gemeinde nach wie vor bewährt. Sie sorgt dafür, daß der einzelne Bürger die Möglichkeit erhält, am Vollzug der öffentlichen Aufgaben teilzuhaben. Ihr Vorhandensein ist auch heute unumgänglich. Zu fordern ist jedoch, daß jede Gemeinde *leistungsfähig* genug ist, um ihrem Auftrag, der Daseinsvorsorge für ihre Einwohner, gerecht werden zu können.

§ 5 Die Verwirklichung des Selbstverwaltungsrechts

Existentielle Voraussetzung für die Verwirklichung des kommunalen Selbstverwaltungsrechts ist und bleibt daher eine Finanzausstattung, die genügend reichhaltig ist, und über die die Gemeinden frei verfügen können. Zum Wesensgehalt der verfassungsrechtlich gewährleisteten kommunalen Selbstverwaltung gehört daher auch die *finanzielle Eigenverantwortlichkeit* der Gemeinden. Diese kann aber nur durch die Ausstattung mit Mitteln sichergestellt werden, die zum großen Teil aus eigenen frei verfügbaren Steuern und deren Erträgen bestehen[1].

---

[50] Vgl. *Thieme,* AfK 1963, S. 185 ff. (191/192).

[51] *v. Unruh,* DÖV 1972, S. 16 ff.

[1] So auch die Kommission für die Finanzreform: „Je stärker das Gewicht der kommunalen Finanzausstattung auf die eigenbestimmten Steuern gelegt

A. Die gemeindliche Finanzhoheit als Bestandteil des Selbstverwaltungsrechts

Die eigenverantwortliche Aufgabendisposition, die sich aus der Allseitigkeit des Wirkungskreises herleitet, schließt notwendig die *Verfügungsgewalt* über die hierfür erforderlichen Finanzmittel ein. Denn die Einrichtungsgarantie der kommunalen Selbstverwaltung ist nur dann sinnvoll, wenn darunter zugleich auch deren finanzielle Gewährleistung verstanden wird[2]. Diese finanzielle Gewährleistung muß selbstverständlich über ein Minimum der Erfüllung von Pflichtaufgaben hinausgehen[3]. Erst wenn nach der Deckung der Ausgaben für alle anderen Aufgaben den Gemeinden noch ein Spielraum zur Übernahme und Ausgestaltung freier Selbstverwaltungsaufgaben bleibt, kann man von einer ausreichenden finanziellen Gewährleistung des Selbstverwaltungsrechts sprechen[4]. Die *gemeindliche Finanzhoheit* ist daher notwendiger Bestandteil der Selbstverwaltungsgarantie[5]. Sie steht den Gemeinden in Form der Haushaltshoheit, als Einnahmen- oder Ausgabenhoheit zu[6].

I. Haushaltshoheit und Ausgabenhoheit der Gemeinden

Es besteht kein Zweifel darüber, daß zu der Selbstverwaltung der Angelegenheiten der örtlichen Gemeinschaft die *Haushaltshoheit* gehört. Die Gemeinden sind also befugt, das Gemeindevermögen zu verwalten und die mit den Einnahmen und den Ausgaben verbundenen Geldvorgänge selbständig zu tätigen[7]. Das Recht der Verwaltung des eigenen Vermögens gehört zu den begriffsnotwendigen Bestandteilen der Selbstverwaltung[8]. Ebenso verhält es sich mit der *Ausgabenhoheit.* Um sich selbst verwalten zu können, muß die Gemeinde die freie Verfügungsbefugnis über ihre Finanzmittel haben, insbesondere zur Deckung der allgemeinen Verwaltungskosten, der Kosten übernommener Aufgaben und der reinen Subventionen. Allerdings kann der Staat bereits bei diesen Gemeinderechten zur Vermeidung ungesunder Kreditaufnahmen u. U. verfassungsrechtlich oder durch einfache Gesetze regelnd eingreifen[9].

---

werden kann, um so freier wird die Selbstverwaltung nach dem ihr eigenen Gesetz leben können" (Finanzreform-Gutachten, Tz. 335).

[2] Institut „Finanzen und Steuern", H. 80, S. 61; *Zeitel*, Kommunales Steuersystem, S. 174.

[3] Vgl. *Wixforth*, S. 109.

[4] *Becker*, HKWP I, S. 113 ff. (131).

[5] So der Verfassungsgerichtshof von NRW in seinem Urteil v. 7. 7. 1956 in DVBl. 1956, S. 722/DÖV 1956, S. 696; vgl. auch *Pagenkopf*, Einführung, S. 88.

[6] Hierzu vor allem: *H. Meyer*, Finanzverfassung, S. 48/49.

[7] Definition von *H. Meyer* (ebd., S. 49); vgl. auch *Wixforth*, S. 109.

[8] *Schunk*, S. 475 ff. (488).

II. Die Einnahmenhoheit der Gemeinden

Schwieriger verhält es sich mit der *Einnahmenhoheit* der Gemeinden. Streitig ist vor allem, ob diesen das Steuererfindungsrecht zusteht[10], also die Befugnis, ihre Gemeindeeinwohner bzw. die Sachen, die im Hoheitsgebiet der Gemeinde belegen sind, aus eigener Macht durch Satzung zu besteuern. Einerseits trägt der Staat dafür Sorge, daß gemeindliche Steuern nicht in Konkurrenz zu den staatlichen Steuern treten, in dieser Hinsicht beschränkt er also die Finanzhoheit der Gemeinden. Andererseits müssen den Gemeinden aber die nötigen Finanzmittel für die Ausübung ihrer Selbstverwaltungsbefugnisse zur Verfügung stehen, damit sie nicht nur über das „Ob", sondern auch über das „Wie" der kommunalen Aufgabenerfüllung frei entscheiden können. Denn können die Gemeinden überhaupt keine eigenverantwortliche Finanzwirtschaft führen[11], so kann man nicht mehr von einer Erfüllung der Aufgaben des örtlichen Wirkungskreises „in eigener Verantwortung" sprechen. Die gemeindliche Selbstverwaltungsgarantie wäre verletzt.

Zwar müssen die Gemeinden vom Staat weitgehend unabhängige Finanzquellen haben, um ihr verfassungsrechtlich gewährleistetes Selbstverwaltungsrecht verwirklichen zu können. Das besagt jedoch noch nicht, daß den Gemeinden ein uneingeschränktes Steuererfindungsrecht zusteht[12]. Denn nicht die Gesamtheit der Mittel, die für die kommunale Aufgabenerfüllung benötigt werden, wird von der Einnahmenhoheit der Gemeinden erfaßt. Diese bezieht sich vielmehr lediglich auf die Selbstverwaltungsaufgaben. Dementsprechend steht den Gemeinden im Hinblick auf das aufzubringende Finanzvolumen auch keine absolute, sondern lediglich eine *relative Einnahmenhoheit* zu. Weitere Einschränkungen der Einnahmenhoheit ergeben sich daraus, daß das Recht der Steuernormsetzung der Gemeinden den allgemeinen Grenzen des Satzungsrechts unterliegt[13]. Außerdem dürfen die Gemein-

---

[9] Siehe etwa die „VO über die Begrenzung der Kreditaufnahme durch Bund, Länder, Gemeinden u. Gemeindeverbände im Haushaltsjahr 1973" v. 1. 6. 1973 (BGBl. I, S. 504).

[10] Dagegen: *Wixforth*, S. 109; dafür: *H. Meyer*, Finanzverfassung, S. 50 ff. (61).

[11] Das ist auch dann der Fall, wenn den Gemeinden z. B. alle dafür erforderlichen Mittel durch den Staat zugewiesen werden.

[12] Dies ergibt sich auch nicht aus Art. 28 Abs. 2 GG, vgl. *Kölble*, S. 17 f., der davon ausgeht, daß der Katalog des Art. 105 Abs. 1 u. 2 GG erschöpfend ist. Raum für ein Steuererfindungsrecht der Gemeinden bleibt ohnehin letztlich nur bei den Verbrauch- und Aufwandsteuern mit örtlich bedingtem Wirkungskreis; vgl. jetzt Art. 106 Abs. 2 GG und für SH § 3 des KAG von 1970. In der Praxis ist es den Gemeinden ohnehin kaum oder doch nur sehr schwer möglich, irgendeine neue Steuer zu finden, vgl. *Fromm*, KStZ 1972, S. 1 ff.

[13] Vgl. *Raacke*, S. 38. Steuersatzungen bedürfen der Genehmigung durch die Kommunalaufsichtsbehörde, soweit sie von der Mustersatzung abweichen.

den bei der Schaffung von Steuertatbeständen nicht mit Gesetzen des Bundes oder des Landes konkurrieren[14]. Neben dem Bund steht also ein uneingeschränktes Steuererfindungsrecht nur den Ländern zu. Diese können es allerdings auf die Gemeinden übertragen. Als *Schranke* für die Einnahmenhoheit ergibt sich, daß diesen überhaupt Finanzquellen zur Verfügung gestellt werden müssen, die sie in eigener Verantwortung ausschöpfen können, um so ihre Selbstverwaltungsaufgaben zu erfüllen. Die Länder sind ihrerseits gehalten, bei der Ausübung ihrer Gesetzgebungsbefugnisse den Grundsatz der gemeindlichen Selbstverwaltung zu achten und die Beschränkung der Einnahmenhoheit der Gemeinden so klein wie möglich zu halten.

Wie unterschiedlich hier die Auffassungen sind, zeigt die heutige Regelung in den Länderverfassungen[15]. Keineswegs ist für alle verbindlich festgelegt, wie die Einnahmequellen beschaffen sein müssen, um das Recht der Gemeinden auf Einnahmen zur eigenen Verfügung zu verwirklichen. So steht in *Baden-Württemberg* den Gemeinden das Recht zu, eigene Steuern und Abgaben zu erheben, andererseits aber auch eine Beteiligung an den Steuereinnahmen des Landes[16]. Das Land *Hessen* stellt den Gemeinden „für ihre freiwillige öffentliche Tätigkeit in eigener Verantwortung zu verwaltende Einnahmequellen" zur Verfügung[17], gegenübergestellt wird zugleich die Bereitstellung der für die Durchführung „der eigenen und übertragenen Aufgaben erforderlichen Mittel im Wege des Lasten- und Finanzausgleichs". *Niedersachsen* hat „den Gebietskörperschaften die zur Erfüllung ihrer Aufgaben erforderlichen Mittel durch Erschließung eigener Steuerquellen und im Rahmen seiner finanziellen Leistungsfähigkeit durch übergemeindlichen Finanzausgleich zur Verfügung zu stellen"[18]. In *Nordrhein-Westfalen* haben die Gemeinden „zur Erfüllung ihrer Aufgaben das Recht auf Erschließung eigener Steuerquellen"[19]. Allerdings bedarf es eines Landesgesetzes, das den Gemeinden erst die Ermächtigung zum Erlaß entsprechender Steuersatzungen gibt und damit Rechtsetzungsbefugnis gewährt. In *Rheinland-Pfalz* dürfen die Gemeinden Besitz-,

[14] Vgl. § 1 KAG v. SH v. 10. 3. 1970 (GVOBl. S. 245).

[15] Für die preuß. Nachfolgeländer sind daneben noch immer Vorschriften des KAG (§§ 1 u. 13 ff.) für den Umfang der den Gemeinden zugewiesenen Befugnisse von Bedeutung.

[16] Art. 73 Abs. 2 u. 3 der Verf. des Landes Baden-Württemberg v. 11. 11. 1953 (GS S. 173) u. KAG BW v. 18. 2. 1964 (GS S. 71). Näheres regelt ein FAG.

[17] Art. 137 Abs. 5 Satz 2 bzw. Satz 1 der Verf. des Landes Hessen v. 1. 12. 1946 i. d. F. v. 22. 7. 1950 (GVOBl. S. 229).

[18] Art. 45 der Vorl. Niedersächs. Verf. v. 13. 4. 1951 i. d. F. v. 7. 7. 1960 (GVOBl. S. 103).

[19] Art. 79 Abs. 1 der Verf. für das Land NRW v. 28. 6. 1950 i. d. F. v. 11. 5. 1954 (GVOBl. S. 127).

Verkehr- und Verbrauchsteuern mit örtlich bedingtem Wirkungskreis erheben[20]. Es werden ihnen „für ihre freiwillige öffentliche Tätigkeit in eigener Verantwortung zu verwaltende Einnahmequellen zur Verfügung" gestellt[21]. In den übrigen Ländern müssen die Gemeinden lediglich am Ertrag einzelner bestimmter Steuern prozentual beteiligt werden[22]. Die unterschiedliche Ausgestaltung der gemeindlichen Finanzautonomie in den Ländern ergibt sich daraus, daß es „weitgehend in das Ermessen des Gesetzgebers (des einzelnen Landes) gestellt" ist, wie dieser der aus dem Recht auf kommunale Selbstverwaltung hergeleiteten Verpflichtung nachkommt, die finanzielle Leistungsfähigkeit der Gemeinden herzustellen bzw. zu erhalten. *Begrenzt* wird dieses Ermessen des Gesetzgebers lediglich dadurch, daß er nicht die finanzielle Basis der Gemeinden soweit schmälern darf, „daß sie dadurch zur Erfüllung ihrer Aufgaben außerstand gesetzt werden"[23].

B. Der Anspruch der Gemeinden auf eine angemessene Finanzausstattung

Der aus der gemeindlichen Einnahmenhoheit abgeleiteten Forderung der Gemeinden nach der Zuweisung von Steuern, deren Aufkommen entweder örtlich möglichst gleichmäßig verteilt ist, oder die den Bedarfsunterschieden wenigstens grob angepaßt sind[24], steht aus praktischen Gründen zumeist eine Beteiligung der Gemeinden am Gesamtsteueraufkommen des Landes gegenüber. Diese darf jedoch nicht zur einzigen Einnahmequelle der Gemeinden werden. Ein solches Ergebnis ließe sich mit der Selbstverwaltungsgarantie nicht vereinbaren. Zusätzlich zu einer finanziellen Grundausstattung ist allerdings ein *Lastenausgleich* zur Nivellierung der krassen Unterschiede in der Finanzkraft der Gemeinden erforderlich, die durch deren verschiedenartige Wirtschafts- und Sozialstruktur bedingt sind. Dieser läßt sich jedoch nur mit Hilfe von allgemeinen Finanzzuweisungen vornehmen, ohne daß Schaden für das Selbstverwaltungsrecht der Gemeinden entsteht. Zweckzuweisungen sind hierfür ungeeignet. Diese kommen lediglich bei der Erfüllung von weisungsgebundenen Pflichtaufgaben in Betracht.

---

[20] KAG v. RhPf. v. 8. 11. 1954 (GVBl. S. 139).

[21] Art. 49 Abs. 5 b Verf. für RhPf. v. 18. 5. 1947 i. d. F. v. 7. 12. 1960 (GVOBl. S. 209).

[22] Art. 125 Abs. 1 der Verf. des Saarl. v. 15. 12. 1947 i. d. F. v. 29. 6. 1960 (Amts. Bl. S. 1077) gewährleistet die Finanzhoheit der Gemeinden (und GV) im Rahmen der Gesetze.

[23] BVerwG, Urt. v. 12. 6. 1959, in: KStZ 1959, S. 207.

[24] Solche Bedarfsunterschiede ergeben sich etwa aus der unterschiedlichen Größe der Gemeinden oder aus ihrer unterschiedlichen Funktion z. B. als Mittelpunktgemeinde usw.

Zweiter Abschnitt

Der kommunale Finanzausgleich

Aufgabenverteilung und Verfügungsbefugnis über die Finanzquellen sind von entscheidender Bedeutung für die Machtverhältnisse im Staat[1]. Ihre Verteilung zwischen Zentralstaat und Gliedstaaten, zwischen Staat und Gemeinden und der Gemeinden und Gemeindeverbände untereinander[2] wird als Finanzausgleich bezeichnet[3]. Um nachprüfen zu können, in welchem Umfang der Staat von den Anfängen der Weimarer Republik bis heute seinem Verfassungsauftrag, das Recht der Gemeinden auf kommunale Selbstverwaltung zu gewährleisten, im Rahmen seiner Finanzausgleichsgesetzgebung nachgekommen ist, ist daher die Kenntnis des Instrumentariums des Finanzausgleichs unerläßlich.

§ 6 Der Begriff „Finanzausgleich"

Die deutsche Bezeichnung „Finanzausgleich" führt leicht zu einer Fehlinterpretation, indem der Bereich der finanziellen Beziehungen, der damit gemeint ist, lediglich auf die Verteilung der *Einnahmen*, d. h. auf den „aktiven" Finanzausgleich beschränkt wird. Dagegen machen sowohl der englische wie der französische Ausdruck besser deutlich[4], daß nicht nur die Verteilung der Einnahmen Gegenstand des Finanzausgleichs ist, sondern auch und vor allem die Verteilung der *Aufgaben*, der „passive Finanzausgleich"[5]. Denn erst aus der Verteilung der Aufgaben auf die Partner im Finanzausgleichssystem läßt sich anhand der dadurch entstehenden Ausgaben erkennen, ob die Einnahmenverteilung sinnvoll ist. Sowohl der aktive wie der passive Finanzausgleich sind somit Teilbereiche des Gesamtkomplexes Finanzausgleich.

---

[1] *Pagenkopf*, Einführung, S. 180.

[2] Zum interkommunalen Finanzausgleich: *Hansmeyer*, AfK 1966, S. 261 ff., zum Finanzausgleich zwischen Gemeindeverbänden: *Fürst*.

[3] Daneben gibt es noch die Bereiche des *internationalen* Finanzausgleichs, der die finanzwirtschaftlichen Beziehungen internationaler Organisationen zu ihren Mitgliedsländern regelt (z. B. UNO) und des *supranationalen* Finanzausgleichs, der die finanzwirtschaftlichen Beziehungen zwischen einer überstaatlichen Organisation, der ein Teil der nationalen Souveränitätsrechte übertragen wurde, und den teilnehmenden Staaten regelt (vgl. die EG).

[4] Englisch „intergovernmental (fiscal) relations", französisch: „partage des competence" bzw. „compromis fiscal".

[5] Dieser Teil des Finanzausgleichs wird häufig als *Lastenausgleich* bezeichnet und als eigenständiges staatsrechtliches Problem neben dem finanzrechtlichen Problem des „aktiven Finanzausgleichs" angesehen. Eine solche Begriffsverengung wird dem zu untersuchenden Gegenstand jedoch nicht gerecht, es würde lediglich ein Teilaspekt erfaßt.

A. Die Herkunft des Begriffs

Der Begriff „Finanzausgleich" wurde zuerst gegen Ende des 19. Jahrhunderts in der Schweiz verwendet[6]. Er ist eine Weiterbildung des seit 1867 in Österreich-Ungarn für das gesamte Verhältnis der beiden Teile der Donaumonarchie zueinander verwendeten Ausdrucks „Ausgleich"[7]. In *Deutschland* wurde der Begriff durch *Hensels* Abhandlung aus dem Jahre 1921 in den juristischen Sprachgebrauch eingeführt[8]. Bei seiner Novellierung im Jahre 1923 wurde daraufhin das Landessteuergesetz in Finanzausgleichsgesetz umbenannt[9]. Um die weitere Klärung hat sich vor allem *Popitz* durch seine grundlegenden Forschungen auf diesem Gebiet verdient gemacht[10].

B. Die Bedeutung des Begriffs

Der Begriff „Finanzausgleich" ist sowohl von staatsrechtlicher und verwaltungsrechtlicher als auch ganz besonders von finanzrechtlicher Bedeutung[11]. Daraus ergeben sich unterschiedliche Begriffsbestimmun-

---

[6] *Großmann* (Schw. ZBl. f. St.- u. Gem. Verw. 4. Jg. 1902/03, S. 81 ff.) und *Steiger* (Schw. ZBl. f. St.- u. Gem. Verw. 4. Jg. 1902/03, S. 221 ff.) wandten den Begriff „Finanzausgleich" in der Schweiz auf die finanziellen Beziehungen zwischen Bund und Kantonen an, vor allem für die Forderung der Kantone auf vollen Ausgleich des Verlustes von Steuern oder Zöllen an den Bund oder für die Übernahme von Aufgaben durch den Bund. Durch die Reform der Bundesverfassung war 1848 die Zollgewalt der einzelnen Kantone eingeschränkt bzw. beseitigt worden. Die Entschädigungspflicht des Bundes gegenüber den Kantonen wurde erst 1874 wieder aufgehoben.

[7] Dabei ging es um die Kosten der Verwaltung wichtiger Gesamtinteressen der beiden in einer gemeinsamen Dynastie verbundenen Teile: Ungarn (ab 1867 als selbständiger Staat) und Österreich. Später wurden Ausgleichsgesetze auch für andere Vereinbarungen über Kompetenzabgrenzungen erlassen. *Bickel*, HFW II, 1956, S. 730 ff. (731); vgl. dazu *Greinert*, S. 389 ff. (390), der in seinen Beispielen für das Phänomen „Finanzausgleich" bis zu der Zeit der Pharaonen zurückgeht.

[8] Der Begriff wurde in Deutschland erstmals von *Böhm* (S. 453 ff.) gebraucht und von *Hensel* (Finanzausgleich) eingeführt.

[9] LandessteuerG. v. 30. 3. 1920 (RGBl. I S. 402), G. über d. Finanzausgleich zw. Reich, Ländern u. Gemeinden v. 23. 6. 1923 (RGBl. I S. 494).

[10] Die erste systematische Behandlung des Finanzausgleichs stammt von *Popitz* aus dem Jahre 1926 in HWStW III, S. 1016 ff.; beachtenswert hierzu sind aber auch die Arbeiten von *Gerloff* aus dem Jahre 1913: Finanz- und Zollpolitik und der Aufsatz von *Popitz* in HWBKW, Erg. Bd., S. 1081 ff.; besondere Bedeutung kommt indessen der Abhandlung von *Popitz* in HFW II, 1927, S. 338 ff. sowie seinem Gutachten aus dem Jahre 1931/32 über den künftigen Finanzausgleich zu, das umfassende praktische Vorschläge für die Steuergesetzgebung enthält. Einen maßgebenden Beitrag für die Gegenwart zum Thema des Finanzausgleichs verdanken wir *Bickel* (HFW II, 1956, S. 730 ff.; ders., Schw. ZBl. f. St.- u. Gem. Verw., 38, 1937; ders., Staatsbeiträge).

[11] Hinzu kommt, daß sich neben dem Finanzrecht insbesondere die Finanzwissenschaft mit diesem Thema beschäftigt. Seit dem Ende des 1. Weltkrieges tritt das Finanzausgleichsproblem immer mehr aus dem Interessenkreis der Finanzwissenschaft in den Bereich des Staatsrechts hinüber, vgl. *Hansmeyer*, AfK 1966, S. 261 (264) und dort insbes. die Anm. 9, 10 u. 11.

gen, die sich nur aus Unterschieden in der jeweils zugrundegelegten finanzrechtlichen Systematik erklären lassen.

I. Popitz' System des Finanzausgleichs

Ausgangspunkt für *Hensels* Untersuchungen über den Finanzausgleich war der Zusammenhang zwischen Finanzhoheit und allgemeiner Staatshoheit[12]. Die Finanzhoheit sah er als begrifflich notwendigen Bestandteil der Staatshoheit an. Umgekehrt hielt er das Bestehen von Finanzhoheit ohne Staatshoheit für unmöglich[13]. Die *Staatshoheit* definierte Hensel als „Fähigkeit des Staates, sich unbehindert von einer über ihm stehenden Gewalt ein beliebiges Ziel zu setzen, zu dessen Durchführung er jedes Mittel wählen kann“[14]. Auf dieser Erkenntnis baute seine Begriffsbestimmung für die *Finanzhoheit* auf[15], die er als „Fähigkeit des Staates, sich die zur Erfüllung seiner Aufgaben notwendigen Geldmittel nach eigenem Wunsch und Willen zu beschaffen“ ansah[16]. Damit hatte Hensel in die Definition der Finanzhoheit die *gesamte Finanzordnung des Bundesstaates* einbezogen, soweit es sich um die finanziellen Wechselbeziehungen zwischen Zentralstaat und Gliedstaaten handelte[17]. Die *Gemeinden* bezog Hensel also nicht in die Finanzordnung mit ein[18]. Ihnen sollte „trotz allen Schwergewichts ihrer kulturellen und wirtschaftlichen Bedeutung“[19] überhaupt kein Platz in der Finanzordnung des Bundesstaates zukommen[20].

Ähnlich argumentierte *Popitz* noch im Jahre 1926[21]. Bereits 1927 ging er jedoch von einer sehr viel weiteren Begriffsbestimmung aus. Unter Finanzausgleich verstand er nun „die Gesamtheit der finanziellen Beziehungen zwischen dem Staat und den ihm eingegliederten Ge-

---

[12] *Hensel*, Finanzausgleich.

[13] Damit schloß er also jede gemeindliche Finanzhoheit von vornherein aus.

[14] *Hensel*, ebd., S. 15 ff.

[15] Hensel unterscheidet bei der Finanzhoheit zwischen *Finanzobjektshoheit*, dem Recht des Staates, einen steuerlich erfaßbaren Gegenstand (oder Rechtsvorgang) mit einer Abgabe zu belegen und diese Abgabe im einzelnen auszugestalten und der *Finanzertragshoheit*, dem Recht des Staates, die Erträge einer Abgabe seinem Haushalt zuzuführen.

[16] *Hensel*, ebd., S. 15.

[17] *Hensel*, ebd., S. 22.

[18] *Hensel*, Steuerrecht, S. 16 ff. u. 26 ff. (2. Aufl.; das geschieht erst in der 3. Aufl. 1933, S. 20).

[19] *Markull*, S. 59.

[20] In diesem Sinne ist Hensels Definition (Steuerrecht, S. 16) des Finanzausgleichs als „Regelung der rechtlichen Beziehungen unter den verschiedenen Steuergläubigern desselben Staatsverbandes“ zu verstehen; ähnlich *Markull*, S. 32; vgl. auch Jessen, WVW I, S. 1 ff. (15).

[21] *Popitz*, HWStW III, 1926, S. 1016 ff. (1018, 1. Sp.).

bietskörperschaften"[22]. Den Stand der Selbstverwaltung im Staat beurteilte er danach[23], ob Länder und Gemeinden in starker finanzieller Abhängigkeit vom Staate standen oder ob ihnen viel Bewegungsfreiheit bei der Aufgabenerfüllung gewährt wurde. Die Problematik des Finanzausgleichs sah Popitz vor allem in der Schwierigkeit, die finanziellen Bedürfnisse der beteiligten Gebietskörperschaften so zu befriedigen, daß diese in die Lage versetzt werden, die ihnen zugewiesenen Aufgaben ordnungsgemäß zu erfüllen[24]. Dabei stand für Popitz die *Aufgabenerfüllung* im Vordergrund.

Zwei *Gesetzmäßigkeiten* stellte er jedoch fest, die die einmal getroffene Aufgabenverteilung beständig und unkontrollierbar zuungunsten der Träger der Selbstverwaltung verändern, die *„Anziehungskraft des größten Etats"* und die *„Anziehungskraft des Zentralstaats"*[25]. Der Vorrang des Zentralstaates für bestimmte Aufgaben weitet sich nach Popitz zu einer ständig steigenden Einwirkung des Zentralstaates auf die anderen Gebietskörperschaften aus. Zugleich ziehen die beim Zentralstaat konzentrierten Finanzmittel immer mehr Aufgaben von den anderen Partnern im Finanzausgleich an[26]. Ein weiteres Problem für den Finanzausgleich ergab sich für *Popitz* aus der Inhomogenität der beteiligten Gebietskörperschaften, aus der beträchtliche Bedarfsunterschiede resultieren. Mit der Einnahmenverteilung sollte also zugleich ein *Lastenausgleich* bewirkt werden. Das kann jedoch kaum durch die Verteilung von selbständig bewirtschafteten Steuern geschehen. Als geeignet für den Lastenausgleich zwischen Staat und Gemeinden sah Popitz vor allem zwei Lösungsmöglichkeiten an. Entweder übernimmt der Staat diejenigen Lasten, die besonders starke Verschiedenheiten bei den Gemeinden aufweisen, oder er stellt aus eigenen Steuerquellen diesen Zuweisungen zur Verfügung. Damit soll dann auch solchen Gemeinden die Aufgabenerfüllung ermöglicht werden, deren Steuerkraft an sich nicht ausreichen würde, bestimmte Aufgaben wahrzunehmen.

Zugleich stellte *Popitz* die These auf, daß mit größerer Bevölkerung nicht nur absolut, sondern auch *pro Kopf* höhere Ausgaben entstehen[27].

---

[22] *Popitz*, HFW II, 1927, S. 338 ff. (341).

[23] In diesem Zusammenhang verstand Popitz unter Selbstverwaltung allerdings nicht nur die kommunale Selbstverwaltung, sondern auch die der Gliedstaaten.

[24] *Popitz*, HFW II, 1927, S. 338 ff. (345/346).

[25] *Popitz*, ebd., S. 348.

[26] Popitz sprach sich daher 1930 bereits (in: Bedeutung, S. 47) für einen Einheitsstaat aus.

[27] *Popitz*, Der künftige Finanzausgleich, S. 266; vgl. auch die Untersuchungen von *Brecht*, der dies für die Zeit zwischen den beiden Weltkriegen für

Diese Gesetzmäßigkeit leitete er von der „verschiedenartigen Beziehung zu dem Gebiet“ ab, das die Gemeinde umfaßt[28]. Maßstab hierfür war für Popitz der Grad der *Dichte der Besiedlung*, die sich für ihn in der unterschiedlich starken Inanspruchnahme der Leistungen einer Gemeinde ausdrückte[29]. Daher schien ihm eine Staffelung der Finanzzuweisungen des Staates an die Gemeinden nach Größengruppen allein für einen sinnvollen Lastenausgleich nicht auszureichen, denn nicht allein die Bevölkerungszahl, sondern vor allem deren *Zusammensetzung* hielt er für maßgeblich[30]. Beim Finanzausgleich sollte also zusätzlich das Verhältnis von selbständigen und unselbständigen Beschäftigten zur Gesamtbevölkerung, sowie die Anzahl der Erwerbslosen und der Klein- und Schulkinder berücksichtigt werden[31].

Aus diesen Überlegungen heraus gelangte *Popitz* zu folgender Begriffsbestimmung: „Finanzausgleich ist die Gesamtheit der Tatbestände und Regelungen, die die finanziellen Beziehungen unter den in einem Einheitsstaat oder in einer Staatenverbindung vorhandenen Gebietskörperschaften zum Inhalt haben[32].“

II. Die Begriffsbestimmung Bickels

Diese Finanzausgleichsdefinition von *Popitz* wird den an sie gestellten Anforderungen, im Rahmen der vorliegenden Untersuchung vor allem das Teilproblem des Finanzausgleichs zwischen Staat und Gemeinden zu verdeutlichen, jedoch noch nicht gerecht. Es ist daher näher auf die von *Otto Mayer* begründete moderne Finanzrechtssystematik einzugehen.

Während *Hensel* bei der Begriffsbestimmung des Finanzausgleichs noch von dem staatsrechtlichen *Über- und Unterordnungsverhältnis* zwischen Zentralstaat und Gliedstaaten ausging, steht nach *Otto Mayer* die Finanzgewalt Bund und Ländern gemeinschaftlich zu[33]. Die *Finanzgewalt* wird danach als die „Ausübung der Staatsgewalt zur Deckung des staatlichen Bedarfs durch öffentliche Zweckabgaben“ definiert[34].

Länder und Gemeinden des Dt. Reiches nachwies und die neuere Untersuchung von *Ewers*, in: Informationen, Jg. 7 (1957), Nr. 7 und *Schmölders*, Finanzpolitik, S. 128 ff.

[28] *Popitz*, Der künftige Finanzausgleich, S. 280.

[29] Die geringste Inanspruchnahme nahm er in Landgemeinden, die höchste in Großstädten als gegeben an.

[30] *Popitz*, ebd., S. 287.

[31] Damit schuf Popitz die sogenannte veredelte Einwohnerzahl.

[32] *Popitz*, HFW II, 1927, S. 338 ff. (343). Diese geradezu „klassisch“ zu nennende Definition ist auch heute Ausgangspunkt jeder Untersuchung über den Finanzausgleich.

[33] *O. Meyer*, VerwaltungsR. I, § 27, S. 315.

Sie richtet sich gegen die ihr unterworfenen Staatsbürger und verpflichtet sie zur entschädigungslosen Übertragung von Eigentum. Auf der einen Seite stehen daher die Staatsbürger als *Abgabenschuldner*, auf der anderen Seite Bund, Länder und Gemeinden als Träger einer einheitlichen Finanzgewalt als *Abgabengläubiger*. Dabei stehen Bund, Ländern und Gemeinden jeweils nur bestimmte finanzrechtliche Befugnisse gegenüber den Abgabenschuldnern zu[35]. Auf dieser Grundlage ist eine Finanzausgleichsdefinition zu finden, die den Besonderheiten des Verhältnisses von Staat und Gemeinden gerecht wird.

Jede Untersuchung der Finanzausgleichsproblematik muß unvollständig bleiben, die sich lediglich auf die Verteilung von Einnahmen und Ausgaben beschränkt. Denn *Sinn des Finanzausgleichs* ist nicht nur die Regelung der Steuerertragshoheit; Einnahmen und Ausgaben sind nicht Selbstzweck, sondern dienen der Durchführung von Aufgaben. Dies gilt in besonderem Maße für die Selbstverwaltungsaufgaben. Gerade im Hinblick auf das Verhältnis von Staat und Gemeinden ist daher die Abgrenzung der Aufgaben *logisch* vorrangig[36]. Der Aufgabenzuordnung muß im Finanzausgleich die Verteilung der Einnahmen angepaßt werden. Diese logische Rangfolge deutet sich bereits in § 1 des Preußischen Ausführungsgesetzes zum Finanzausgleichsgesetz von 1938 an. Unter Finanzausgleich wird dort die Verteilung der Steuereinnahmen zwischen Staat und Gemeinden verstanden und als Zweck herausgestellt, daß „jede Gebietskörperschaft unter Berücksichtigung ihrer sonstigen Einnahmen in die Lage versetzt wird, die Aufgaben zu erfüllen, die ihr nach der *bestehenden* Aufgabenverteilung zufallen“.

Über diese Zweckbestimmung geht die Definition *Bickels* jedoch noch einen Schritt hinaus[37]. In Anlehnung an *Stucken*[38] sieht er den Finanzausgleich „als die Verteilung der Rechte und Pflichten, bestimmte Aufgaben zu erfüllen, hierfür Ausgaben zu machen und sich Einnahmen zu verschaffen, zwischen den verschiedenen, ein Finanzausgleichssystem bildenden öffentlichen Gebietskörperschaften eines Staatsverbandes“ an.

---

[34] *Hettlage*, VVDStRL 1955, H. 14, S. 1 ff. (15).

[35] Der Abgabenschuldner muß das bürgerlich-rechtliche Eigentum an der von ihm zu zahlenden Geldsumme dem Bund, Land oder der Gemeinde übertragen.

[36] *Bickel*, HFW II, 1956, S. 730 ff. (739). Den Vorrang der Aufgaben hat 1924 bereits *Moll* (S. 27) hervorgehoben.

[37] *Bickel*, ebd., S. 732.

[38] *Stucken*, JbNOuSt, 127, 1927.

III. Die Begriffsbestimmung Patzig's als Grundlage der Untersuchung

Bickel ist insoweit nicht zu folgen, als er die Aufgabenverteilung als *tatsächlichen* Bestandteil des Finanzausgleichs ansieht. Vielmehr handelt es sich hierbei um einen logischen, d. h. gedanklichen Vorrang. Die Zuweisung der Aufgaben ist der *Ausgangspunkt* für die Regelung des Finanzausgleichs[39]. Seinem Wesen nach ist der Finanzausgleich somit Einnahmenverteilung nach den Erfordernissen der Aufgabenzuordnung[40].

Unter Finanzausgleich zwischen Staat und Gemeinden ist demnach

a) einerseits die *Verteilung der Ertragsansprüche* zwischen Ländern und Gemeinden zu verstehen[41],

b) andererseits die *Anpassung der Finanzkraft* der Gemeinden an die individuelle Aufgabenbelastung durch allgemeine Finanzzuweisungen und Staatszuschüsse, die unmittelbar mit bestimmten Aufgaben zusammenhängen[42].

§ 7 Die Verteilung der Einnahmen

Eines der Kernprobleme des Finanzausgleichs ist also die Aufteilung der verfügbaren Gesamtfinanzmasse auf die Bedarfsträger. Einnahmequellen und/oder deren Erträge müssen den örtlichen Finanzwirtschaften zugeteilt werden. Diese Verteilung erfolgt im wesentlichen auf zwei Arten: entweder werden die einzelnen Steuerquellen verteilt oder aber — unter Umständen auch zusätzlich — bestimmte Finanzzuweisungen zugeteilt[1]. Bei der *Steuerverteilung* müssen die finanziellen Kompetenzen zwischen den Regierungsebenen aufgeteilt werden, und zwar hinsichtlich der[2]:

1. *Objekt- oder Finanzhoheit,* dem Recht einer Gebietskörperschaft, einen steuerlich erfaßbaren Gegenstand oder Rechtsvorgang mit einer Abgabe zu belegen;

---

[39] *Maunz / Dürig / Herzog,* Art. 106 Rdnr. 3; *H. Meyer,* Finanzverfassung, S. 77; *Patzig,* Kommentar, A I/17 u. 21; *Hettlage,* VVDStRL, H. 14, S. 1 ff. (16 f.).

[40] Vgl. *Gellen,* S. 7.

[41] Finanzausgleich im weiteren Sinne. Dieser findet ausnahmsweise auch zwischen Zentralstaat und Gemeinden bzw. Gemeindeverbänden statt.

[42] Finanzausgleich im engeren Sinne, vgl. *Patzig,* Kommentar A 1/5.

[1] Bei der Verteilung der Einnahmequellen steht heute die *Steuerverteilung* im Vordergrund (*Albers,* HDSW III, S. 558, 2. Sp.). Man unterscheidet hierbei zwischen mittelbarer (Verteilung aus dem Gesamtaufkommen) und unmittelbarer (Zuweisung bestimmter Steuern) Steuerverteilung.

[2] *Albers,* JfS XIV, H. 3, S. 462 ff. (475).

2. *Ertragshoheit,* dem ausschließlichen Recht einer Gebietskörperschaft auf den Steuerertrag;
3. *Verwaltungshoheit,* dem Recht einer Gebietskörperschaft, eine bestimmte Steuer zu verwalten, d. h. zu bemessen bzw. zu veranlagen und einzuziehen[3].

A. Vertikaler Finanzausgleich

Nach der Art und Weise, wie auf die verschiedenen Gebietskörperschaften die benötigten Mittel verteilt werden, lassen sich *drei Grundsysteme* voneinander unterscheiden, das Trennsystem, das Verbundsystem und das Mischsystem[4].

I. Das Trennsystem

Wird die Aufgabenverteilung so geregelt, daß jede der am Finanzausgleich beteiligten Gebietskörperschaften unabhängig von den anderen selbständig die ihr zugewiesenen Aufgaben erfüllt, so kommt als System zur Verteilung der Einnahmen das *Trennsystem* in Betracht[5]. Dieses System gewährleistet allen Regierungsebenen eine *weitgehende Finanzautonomie,* da es dem Steuergläubiger die freie Auswahl unter den möglichen Steuern, ja u. U. sogar eine beliebige Festsetzung der Steuerhöhe überläßt. Unter dem Gesichtspunkt, daß hierdurch die besten Voraussetzungen zur Verwirklichung des Rechts auf kommunale Selbstverwaltung geschaffen würden[6], erscheint das Trennsystem daher für die Gemeinden als besonders geeignetes Verteilungssystem[7]. Allerdings gibt es kaum genügend bewegliche und ergiebige Steuern, um den Trägern öffentlicher Verwaltung auf jeder Ebene ein ausreichendes Steuergebiet zuzuweisen. Auch macht das Trennsystem eine überregionale Planung, insbesondere aber eine Konjunktursteuerung durch die übergeordneten staatlichen Organe unmöglich. Der Hauptnachteil ist jedoch der, daß ein horizontaler Finanzausgleich nicht möglich ist[8].

In seiner reinen Form, dem *Konkurrenzsystem*[9], nehmen Staat und Gemeinden voneinander getrennt die ihnen durch Gesetz zugewiesenen

---

[3] Vgl. *Hedtkamp,* S. 40.

[4] In der Praxis werden selten die idealtypischen Systeme in reiner Form verwirklicht, sondern meist weitere Mischformen gebildet.

[5] Das Trennsystem wird auch kollidierendes System genannt.

[6] *Bohmann,* S. 21.

[7] Denn hierbei können die Gemeinden die Ertrags- und Verwaltungshoheit über eine Steuer besitzen; das ist allerdings nur beim ungebundenen Trennsystem der Fall.

[8] Finanzkraftunterschiede können mit diesem System also nicht ausgeglichen werden.

Finanzquellen nach freiem Ermessen und eigener Gesetzgebung in Anspruch[10]. Dabei werden Steuertatbestand und Steuerhöhe, sowie meistens auch Veranlagung und Bewirtschaftung der Steuer, je nachdem, wem die Steuerquellen zustehen, vom Staat durch *Gesetz* oder von den Gemeinden durch *örtliche Steuerordnungen* festgesetzt. Dieser Kampf aller (Steuergläubiger) gegen alle verläuft jedoch nicht ohne Schaden für die gesamte Volkswirtschaft. Die Folgen sind häufig eine übermäßige (u. U. Mehrfach-) Belastung einzelner Steuerquellen, die dadurch entsteht, daß diese von mehreren der beteiligten Steuergläubiger gemeinsam genutzt werden[11]. Daraus ergibt sich ein erhöhter Aufwand für den Steuerzahler und für die Finanzverwaltung sowie vor allem erhebliche *örtliche Belastungsunterschiede*. Das ungebundene Trennsystem ist daher für eine moderne Finanzwirtschaft wegen der engen Verflechtung der Einzelwirtschaften ungeeignet[12]. Im *gebundenen Trennsystem* sollen im Verhältnis des Staates zu seinen Gemeinden die Nachteile des Trennsystems beseitigt werden, die Vorteile aber erhalten bleiben. Den Gemeinden werden bestimmte Steuern zugewiesen, so daß die Steuerquellen getrennt bleiben. Der Staat greift aber regelnd in die den Gemeinden überlassene Steuererhebung ein. Dazu erläßt der Staat *Rahmenvorschriften*, um die Besteuerungsgrundlagen gesetzlich zu regeln, stellt Mustersteuerordnungen auf und schließt gleichartige Steuern und damit eine Mehrfachbelastung einzelner aus[13]. Allerdings haben die Gemeinden bei diesem System nur noch die Ertragshoheit über die Steuern. Durch die Bindung an Rahmenvorschriften und Mustersteuerordnungen werden zwar die gröbsten Mängel dieses Systems beseitigt, ebenso aber auch einer seiner wesentlichen Vorteile. Die finanzielle Beweglichkeit wird eingeschränkt, da eine Anpassung der Steuerquellen an den Finanzbedarf auf Schwierigkeiten stößt. Daher wird auch das gebundene Trennsystem seiner Aufgabe, die Erfüllung der Aufgaben durch Deckung der Ausgaben zu ermöglichen, nur unvollkommen gerecht.

II. Das Verbundsystem

Werden einzelne Steuern durch verschiedene Gebietskörperschaften eines Staates gemeinsam bewirtschaftet, so besteht ein *Steuerverbund* im weiteren Sinne[14]. Die gemeinsame Bewirtschaftung kann sich auf die

---

[9] Das Konkurrenzsystem kommt meist nur in jungen Bundesstaaten am Anfang ihrer Entwicklung vor, vgl. *Schmölders*, Finanzpolitik, S. 44.

[10] *Pagenkopf*, Einführung, S. 180.

[11] Andere Steuerquellen werden dagegen erst gar nicht erschlossen.

[12] *Bickel*, HFW II, 1956, S. 730 ff. (745).

[13] Dieses System dominiert in der BRD, ergänzt durch das Quotensystem, bei der Einkommen- und Körperschaftsteuer.

Gesetzgebung, die Verwaltung und/oder den Ertrag beziehen[15]. Beim *Ertragsverbund*, dem Steuerverbund im engeren Sinne, ist zwischen den Grundformen des einheitlichen (radizierten) und des differenzierten (redistributiven) Verbundes zu unterscheiden. Im ersteren Fall ist nur das örtlich angefallene Steueraufkommen für die Ertragsanteile der beteiligten Gebietskörperschaften maßgeblich. Die zweite Methode dient der *Nivellierung der regionalen Steuerkraftunterschiede*. Dabei wird weniger auf die tatsächlich aufgekommenen Erträge abgestellt und stattdessen eine Zuweisung nach besonderen *Schlüsseln* an Länder und Gemeinden vorgenommen[16]. Beiden Methoden ist jedoch gemeinsam, daß der Ertrag auf die am Verbund Beteiligten nach einem *festen Prozentsatz* verteilt wird[17].

1. Das System der Zuweisungen

Bei einer extrem föderalistischen Ausrichtung des Finanzausgleichs erhebt die nachgeordnete Körperschaft die Steuern und beteiligt den übergeordneten Verband am Steuerertrag durch Überweisungen. In diesem System werden zweckgebundene Zuweisungen als *„Umlagen"* und allgemeine Zuweisungen als *„Matrikularbeiträge"* bezeichnet[18]. Im Verhältnis der Gemeinden zum Staat ist dieses System jedoch nicht von Bedeutung, so daß dieser Teilbereich bei der vorliegenden Untersuchung unberücksichtigt bleiben kann[19]. Eine *zentralistische* Lösung des Finanzausgleichs wird dagegen verwirklicht, wenn der Zentralstaat die Einnahmen erhebt und die nachgeordneten Verbände durch *Zuweisungen* daran beteiligt[20]. Der Staat bewirtschaftet und veranlagt also eine Steuer allein, beteiligt aber die Gemeinden an ihrem Ertrag unter Zugrundelegung eines bestimmten *Schlüssels*. Entscheidend für die Wirkung der Zuweisungen sind Verteilungsschlüssel und Ausgleichsmasse. Bei diesem System erhalten die Gemeinden Mittel zur Erfüllung der ihnen gestellten Aufgaben, haben aber selbst keinerlei Einfluß auf die Steuerquellen.

---

[14] *Zeitel*, AfK 1966, S. 216 ff. (221).

[15] Entsprechend kann zwischen einem steuerlichen Gesetzgebungs-, Verwaltungs- und Ertragsverbund unterschieden werden.

[16] Diese Schlüssel knüpfen z. B. an die Einwohnerzahl usw. an.

[17] Daneben kann nach dem Umfang der in den Verbund einbezogenen Abgaben noch zwischen dem steuerlichen Einzel-, Teil- oder Vollverbund unterschieden werden.

[18] Das Umlagesystem spielt eine Rolle im Verhältnis zwischen Gemeinden und Gemeindeverbänden (Kreisumlage). Bis zum Ende des 1. Weltkrieges zahlten die dt. Staaten Matrikularbeiträge an das Reich, das selber keine eigenen direkten Steuern erheben durfte.

[19] Vgl. hierzu aber: *Fürst*.

[20] Dieses System findet sich etwa im Wohnungsbau und bei den Soziallasten in der BRD.

Zwar ermöglicht das System der Zuweisungen eine *einheitliche Steuerpolitik* durch Veranlagung und Bewirtschaftung nach einheitlichen Grundsätzen, diesem finanzpolitischen Vorteil steht aber der — im Hinblick auf das kommunale Selbstverwaltungsrecht — schwerwiegende Nachteil gegenüber, daß dadurch die Finanzautonomie der beteiligten nachgeordneten Gebietskörperschaften, insbesondere also die der Gemeinden, *eingeschränkt* wird. Für den Staat besteht die ständige Versuchung, als gewährende Körperschaft an die Zuweisungen Bedingungen und Auflagen zu knüpfen, durch die er in den Verantwortungsbereich der empfangenen Körperschaft — Gemeinde — eingreift[21]. Das kann Ausgangspunkt einer bedenklichen Entwicklung sein, an deren Ende u. U. als Ergebnis steht, daß der Wille der Gemeinden, eine eigenverantwortliche Finanzpolitik zu treiben, geschwächst wird. Damit würde aber eine der wesentlichen Voraussetzungen einer wirksamen Selbstverwaltung verlorengehen.

a) Die allgemeinen Finanzzuweisungen

Die Zuweisungen sind entweder *zweckgebunden*[22], dann ist ihre Bemessungsgrundlage der *Finanzbedarf* für spezielle Bereiche, oder sie sind *nichtzweckgebunden*[23], dann werden sie nach der *Finanzkraft* der einzelnen Gemeinden bemessen.

Allgemeine Finanzzuweisungen sind freie, d. h. nicht einnahme- und nichtzweckgebundene Staatszuschüsse zur *Lastenerleichterung*[24]. Zu ihnen gehören Schlüssel-, Bedarfs- und Ausgleichszuweisungen sowie Amtsdotationen und schließlich sonstige keinem Verwaltungszweig zugeordnete Zuschüsse und Darlehen[25]. Die wichtigsten der allgemeinen Finanzzuweisungen sind die *Schlüsselzuweisungen*. Auf sie entfallen mehr als 80 % der für diese Zuweisungen verfügbaren finanziellen Mittel[26]. Den Gemeinden soll durch Zuweisungen nach einem festen Verteilungsschlüssel in Ergänzung ihrer unzureichenden Steuereinnahmen ermöglicht werden, ihren allgemeinen Finanzbedarf zu decken.

---

[21] *Stumpp*, S. 18.

[22] In der klassischen Finanzwissenschaft wurden die zweckgebundenen Zuweisungen Subventionen genannt. Heute heißen sie Zweckzuweisungen.

[23] Nach *Schmölders* (Finanzpolitik, S. 297) werden die nichtzweckgebundenen Zuweisungen Dotationen genannt, heute heißen sie allgemeine Finanzzuweisungen.

[24] *Popitz*, Der künftige Finanzausgleich, S. 200. Der Sinn der Zuweisungen im kommunalen Finanzsystem ist entweder eine Beteiligung des Staates an bestimmten kommunalen Verwaltungsaufgaben oder der Ausgleich einer unzureichenden Steuerzuteilung an die einzelnen Gemeinden.

[25] z. B. Grundsteuerausfallentschädigungen für zerstörten Grundbesitz, Bürgersteuerausgleichsbeträge für Einnahmenausfälle aus der 1942 abgeschafften Bürgersteuer.

[26] *Albers*, HDSW III, S. 553 ff. (571, 2. Sp.).

Sind einzelne Gemeinden trotz der Zuteilung von Schlüsselzuweisungen nicht in der Lage, ihre Aufgaben aus eigener Kraft zu erfüllen, so können sie auf Antrag zusätzlich *Bedarfszuweisungen* erhalten. Diese werden gewährt, um auftretende Härten auszugleichen.

Schwierigkeiten bereitet es allerdings, einen *Verteilungsschlüssel* zu finden, der der Aufgabe der allgemeinen Finanzzuweisungen, der Lastenerleichterung, in vollem Umfang gerecht wird. Früher war es üblich, lediglich an die Bevölkerungszahl der einzelnen Gemeinde anzuknüpfen, im Laufe der Zeit ist dieses Berechnungssystem jedoch wesentlich verfeinert worden. Schon *Popitz* forderte die Einführung der sogenannten *„veredelten* Einwohnerzahl“[27], um neben der Zugehörigkeit einer Gemeinde zu einer bestimmten Gemeindegrößenklasse alle bedarfssteigernden Umstände berücksichtigen zu können, die in den Gemeinden untereinander verschieden sind, sich aber nicht immer durch das gerade geltende Gemeindesteuersystem erfassen lassen[28]. Heute wird in den Finanzausgleichsgesetzen der Länder zumeist an das Verhältnis von Gemeindesteueraufkommen zum Gesamtausgabebedarf angeknüpft[29]. Zur Errechnung der *Steuerkraftmeßzahl* wird das Aufkommen der Steuer auf einen einheitlichen Hebesatz bezogen. Die Bedarfs- oder Ausgangsmeßzahl ergibt sich dann aus der Höhe der Ausgaben, die allerdings noch dem Bedarf angepaßt werden müssen.

Eine Veränderung des Berechnungssystems wurde erforderlich, weil heute jeder Bürger zu Recht *gleiche soziale Leistungen an jedem Ort* fordert. Die Ansprüche der Einwohner in Stadt und Land an ihre Gemeinden haben sich einander angepaßt. Niemand gibt sich mehr damit zufrieden, nur deshalb weniger soziale Leistungen zu erhalten, weil er in einer ländlichen Gemeinde und nicht in einer Großstadt wohnt[30]. Diesem Umstand versucht man — z. B. in Schleswig-Holstein — dadurch Rechnung zu tragen, daß man sogenannte *„zentrale Orte“* schafft, die weit über den Bereich der eigenen Einwohner hinaus Aufgaben erfüllen, die auch den Menschen in den umliegenden Gemeinden zugute kommen. Sie bieten mehr öffentliche Leistungen, insbesondere kultureller Art, an als andere Gemeinden mit einer vergleichbar hohen Einwohnerzahl, die aber nicht zugleich für „Umlandgemeinden“ zu sorgen haben. Bei der Gemeindegröße als Berechnungskriterium darf also nicht allein auf die tatsächliche Einwohnerzahl abgestellt werden und auch

---

[27] *Popitz,* Der künftige Finanzausgleich, S. 262 ff.

[28] *Popitz,* ebd., S. 207.

[29] Dieses Verhältnis wird durch Steuerkraftmeßzahl und Ausgangsmeßzahl ausgedrückt.

[30] Das Prinzip vom „kanalisierten Einwohner“ (Popitz) ist damit gegenstandslos geworden, es ist auch allein wegen des Gleichheitssatzes nicht aufrecht zu erhalten.

das Aufstellen sogenannter „veredelter Einwohnerzahlen“ genügt heute nicht mehr. Vielmehr ist das *Einzugsgebiet* jeder Gemeinde und ihre *Funktion* innerhalb des Siedlungsraumes im Rahmen des Finanzausgleichs zu berücksichtigen. Auch das „Popitz'sche Gesetz“, daß gleiche öffentliche Leistungen in größeren Gemeinden höhere Aufwendungen pro Kopf der Einwohner erfordern als in kleineren Gemeinden[31], ist heute überholt. Bei der Berechnung der "social costs" ergibt sich vielmehr, daß sich diese in den großen Gemeinden ebenso verteuern wie auf dem sogenannten „flachen Land“. In Ballungsgebieten ist verursachender Faktor die Verdichtung, im ländlichen Raum sind es die größeren Entfernungen und zu erschließenden Flächen, die höhere Aufwendungen verursachen.

b) Die Zweckzuweisungen

Zweckzuweisungen sind Staatszuschüsse auf bestimmten Verwaltungsgebieten zur Finanzierung bestimmter Aufgaben[32]. Diese Zuschüsse sollen gewisse *Minimalleistungen* der Gemeinden in erster Linie auf den Gebieten von Schul-, Krankenhaus- und Fürsorgelasten sowie bei den Verkehrsaufgaben durch den Staat sicherstellen. Bei der Erfüllung dieser Mindestanforderungen entstehen Kosten, die die Leistungsfähigkeit der meisten Gemeinden erheblich übersteigen. Durch seine Beteiligung an den Kosten muß der Staat also wenigstens teilweise den Gemeinden die Lasten abnehmen, wenn an den Anforderungen festgehalten werden soll, die insbesondere das Sozialstaatspostulat an die Gemeinden stellt. Ein solcher *Lastenausgleich* kann durch eine unmittelbare Kostenbeteiligung des Landes in Form eines *festen Betrages,* z. B. je Lehrer oder je Polizeibeamter usw. bewirkt werden, wenn es sich um Gemeinschaftsaufgaben der Länder und Gemeinden handelt. Dienen die Zuweisungen jedoch der Deckung eines außergewöhnlichen Bedarfs, so werden sie meist nach *Bedarfsmaßstäben,* wie etwa der Straßenlänge oder der Anzahl der Klassenräume gewährt.

c) Die Nachteile der Bemessungsgrundlagen

Beide Arten von Zuweisungen, sowohl die allgemeinen wie die zweckgebundenen Zuweisungen, haben jedoch hinsichtlich ihrer Bemessungsgrundlagen erhebliche *Nachteile.* Die Tatsache, daß die allgemeinen Finanzzuweisungen nach der *Finanzkraft* der Gemeinden bemessen werden und den Bedarf zu wenig berücksichtigen, führt in extremen Fällen zu völlig falschen Ergebnissen. Gemeinden, deren Finanzbedarf nicht gedeckt ist (Defizit), erhalten u. U. deshalb keine

[31] *Popitz,* Der künftige Finanzausgleich, S. 266.

[32] *Popitz,* ebd., S. 203.

allgemeinen Finanzzuweisungen, weil ihre Finanzkraft überdurchschnittlich hoch ist. Finanzstarke Gemeinden dagegen erhalten u. U. sogar dann noch Zuweisungen, wenn die eigene Finanzkraft den Bedarf übersteigt. Andererseits bewirkt der Umstand, daß die Zweckzuweisungen ausschließlich an den *Bedarf* anknüpfen und die Finanzkraft unberücksichtigt lassen, u. U. daß finanzstarke Gemeinden Zuweisungen für überdurchschnittlich hohe Ausgaben erhalten, obgleich ihre Finanzkraft zur Finanzierung durchschnittlich hoher Ausgaben ausreichen würde[33]. Finanzschwache Gemeinden dagegen, die nicht einmal in der Lage sind, Aufgaben zu finanzieren, die weit unter dem Durchschnitt liegen, erhalten im Extremfall auch für diese geringen Ausgaben keine Zuweisungen.

Das ließe die Schlußfolgerung zu, daß nur eine Kombination aus allgemeinen Finanzzuweisungen und Zweckzuweisungen der Aufgabenstellung gerecht wird, innerhalb dieses Systems alle Gemeinden in die Lage zu versetzen, ihren Bürgern gleich gute Leistungen in ausreichendem Umfang anbieten zu können. Zugleich muß jedoch berücksichtigt werden, daß Zweckzuweisungen wesentlich die Finanzautonomie und damit das Selbstverwaltungsrecht der Gemeinden einschränken. Der Anteil der *Zweckzuweisungen* muß daher *möglichst klein* gehalten werden und darf die Gemeinden nicht in der Erfüllung ihrer freien Selbstverwaltungsaufgaben vom Staat abhängig machen[34]. Allgemeine Finanzzuweisungen belassen den Gemeinden mehr Unabhängigkeit und sind diesen daher aus dem Gesichtspunkt der finanziellen Stärkung der kommunalen Selbstverwaltung vorzuziehen.

2. Für und Wider des Verbundsystems

Ein erheblicher *Vorzug des Verbundsystems* liegt darin, daß durch Veränderung der Anteilsätze der Steuerverbund dem Finanzbedarf der verschiedenen Gebietskörperschaften elastisch angepaßt werden kann[35]. Auch den Körperschaften der unteren Ebene, d. h. also auch den Gemeinden, steht ein *realisierbarer Anspruch* zur Verfügung. Voraussetzung hierfür ist allerdings, daß der Steuerverbund so ertragreiche Steuern umfaßt, daß die Verbundmasse ausreicht, um nicht nur den anteiligen Finanzbedarf möglichst aller Teilverbände zu decken, sondern auch dazu, Bedarfsschwankungen bei den beteiligten Verbänden in sich auszugleichen. Als nachteilig, insbesondere für die Gemeinden,

[33] Zu den in der Finanzwissenschaft allgemein gebräuchlichen Begriffen „finanzstark" und „finanzschwach": *Schmölders*, AfK 1965, S. 30 ff.

[34] *Albers*, HDSW III, S. 553 ff. (554, 2. Sp.). Zweckzuweisungen dürften daher nur bei weisungsgebundenen Pflichtaufgaben in Betracht kommen.

[35] *Haller*, Steuern, S. 350 ff. (355).

wirkt sich allerdings aus, daß der Anteil jeder am Ertrag beteiligten Körperschaft von der Entwicklung des Gesamtsteueraufkommens abhängt und damit konjunkturabhängig ist. Dem läßt sich jedoch dadurch entgegenwirken, daß eine *Mischung aus mehr oder weniger konjunkturempfindlichen Steuern* in den Verbund mit einbezogen wird, so daß sich Aufkommensunterschiede nicht einseitig zugunsten oder zu Lasten einer der beteiligten Gebietskörperschaften auswirken[36]. Ein weiterer Vorteil dieses Systems liegt darin, daß so der erwünschte horizontale Finanzausgleich mit dem vertikalen kombiniert werden kann[37].

Diesen per Saldo als Vorzüge zu bezeichnenden Eigenschaften des Verbundsystems stehen jedoch *schwerwiegende Nachteile* gegenüber. Ist nämlich der Steuerverbund sehr weitreichend und verfügen dementsprechend die Gebietskörperschaften nur über wenige eigene Einnahmen, so entsteht häufig die Notwendigkeit, die festgelegten Verteilungsquoten zu ändern. Solche Änderungen der Beteiligungsverhältnisse stoßen jedoch regelmäßig auf die Schwierigkeit, Einigkeit über den tatsächlichen Finanzbedarf jedes Beteiligten zu erzielen. Hinzu kommt, daß jede Gebietskörperschaft bestrebt sein wird, einen möglichst großen Teil aus der gemeinsamen Verbundmasse zu erlangen, so daß damit gerechnet werden muß, daß ein „unechter" (d. h. überhöhter) Finanzbedarf geltend gemacht wird. Bei der Entscheidung über den „echten" Finanzbedarf hat dann zwangsläufig derjenige Teilverband das Übergewicht, der über den größten Anteil an der Verbundmasse verfügt, in der Regel also der Zentralstaat. Der wesentlichste Nachteil liegt allerdings darin, daß mit dem Verbundsystem ein *Verlust an individueller Verfügungsbefugnis* verbunden ist, der zur Folge hat, daß auch die Verknüpfung zwischen Ausgaben- und Deckungsverantwortung lockerer wird[38]. Für die Gemeinden bedeutet das, daß diese mit der Eigenverantwortlichkeit über eigene Einnahmen ein wesentliches Element ihres Selbstverwaltungsrechts einbüßen. Im Interesse einer gemeindlichen Finanzautonomie als einer der wesentlichen Voraussetzungen für jede wirksame Ausübung des kommunalen Selbstverwaltungsrechts sind daher, besonders bei der Erfüllung der *freien* Selbstverwaltungsangelegenheiten, weitgehend eigenverantwortlich gestaltbare steuerliche Deckungsanteile aller Gebietskörperschaften einem weitgespannten Steuerverbund vorzuziehen.

---

[36] Insofern stimmt das etwas pathetische Wort von *Storck* (Städtetag 1949, S. 217 ff., *217*), daß der Steuerverbund Zentralstaat, Länder und Gemeinden zu einer „Schicksalsgemeinschaft" verbinde.

[37] *Haller*, Finanzpolitik, S. 250.

[38] Zu bedenken ist bei der Diskussion über den Steuerverbund außerdem, daß die Gemeinden weit weniger in der Lage sind, Aufkommensrisiken (etwa durch Kreditaufnahmen) auszugleichen.

III. Mischsysteme

Die heute praktizierten Finanzausgleichssysteme sind in der Regel *Mischsysteme*. Um eine gerechtere Verteilung der Steuern und eine bessere Anpassung der Einnahmen an den Finanzbedarf zu erreichen, wird dabei zum Teil ein Mischsystem angewandt, bei dem sowohl der Staat als auch die Gemeinden an der Ausschöpfung derselben Steuerquellen teilnehmen (Zuschlagsystem). Ähnlich verhält es sich mit dem Mischsystem aus Trennsystem und Einzelverbund.

1. Das Zuschlagsystem

Beim *Zuschlagsystem* ist meist der Staat Inhaber der Objekt- und Ertragshoheit, da in der Regel er die Grundlagen der Besteuerung bestimmt und die Steuern in bestimmter Höhe erhebt[39]. Den Gemeinden steht aber das Recht zu, *eigene Zuschläge* nach freiem Ermessen zu diesen vom Staat festgesetzten und veranlagten Steuern zu erheben. Dem Wunsch der Gemeinden nach möglichst weitgehender Finanzautonomie auch bei den Einnahmen kommt diese Form des unbegrenzten Zuschlagsystems also insofern entgegen, als jede einzelne Gemeinde die Höhe der von ihr erhobenen Zuschläge nach dem Finanzbedarf für ihre Aufgaben ausrichten kann[40]. *Folgen* dieses Systems sind allerdings volkswirtschaftlich unerwünschte *Belastungsunterschiede* bei den Steuerschuldnern[41], die sich daraus ergeben, daß der Finanzbedarf und damit die Zuschläge unterschiedlich strukturierter Gemeinden verschieden hoch sind[42]. Das System führt außerdem zur *Steuerflucht* der leistungsfähigen Steuerpflichtigen in sogenannte Steueroasen[43]. Diesen Folgen des Systems versucht man mit der Festsetzung von Mindest- und/oder Höchstsätzen für die Zuschläge entgegenzuwirken, allerdings mit ungenügendem Erfolg[44].

---

[39] Die Erhebung gleicher oder ähnlicher Steuern durch die Gemeinden ist dann ausgeschlossen. Der Staat erhebt den Prinzipalsteuersatz oder die Stammabgabe (vgl. *Popitz*, HDSW III, 1926, S. 1016 ff., *1025*). Es gibt aber auch ein Zuschlagsystem in umgekehrter Richtung: z. B. die Ergänzungsabgabe des Bundes auf die von Bund und Ländern ausgeschöpfte Einkommen- und Körperschaftsteuer.

[40] Verwirklicht wurde dieses System vor dem 1. Weltkrieg bei der Beteiligung der Gemeinden in Bayern, Württemberg und Oldenburg an der Einkommensteuer und in den meisten Bundesstaaten an der Grund- und Gewerbesteuer. Erst als Grund- und Gewerbesteuer 1936 (Realsteuerreform) Gemeindesteuern wurden, fiel dieses Zuschlagsrecht weg.

[41] Weder wird also die Steuerlast gleichmäßig verteilt, noch wird die Steuerkraft gleichmäßig ausgenutzt.

[42] *Albers*, HDSW III, S. 560 ff.

[43] Begründung zu § 2 LStG, S. 16 f.

[44] *Patzig*, Kommentar, Teil A I/23; Beispiele hierfür sind: Frankreich, Preußen und Sachsen vor dem 1. Weltkrieg.

Die durch das unbegrenzte Zuschlagssystem erzielte stärkere Finanzautonomie der Gemeinden wird so auf die Ausschöpfungsmöglichkeit der Steuerquellen bis zum Erreichen der vom Staat festgesetzten Höchstgrenze beschränkt. Selbständigkeit und Selbstverantwortung der Gemeinden hängen also von dem ihnen verbleibenden *Spielraum zwischen Stammabgabe und Maximalbelastung* ab[45]. Bei hohem Finanzbedarf der am Finanzausgleich Beteiligten und geringem Spielraum entfällt jeder selbständige Entschluß der Gemeinde, da alle das Zuschlagsrecht voll ausnutzen müssen. Bei *optimalen* Bedingungen bietet dieses System den Gemeinden den erheblichen Vorteil, daß sie ihre Einnahmen dem tatsächlichen Bedarf anpassen können. Dem steht auf der anderen Seite der Nachteil unterschiedlicher, u. U. sogar stärkerer Belastung der Steuerpflichtigen gegenüber. Zusätzlich ergeben sich vermehrte Verwaltungskosten[46]. Bei Fehlen einer verfassungsrechtlichen Regelung kann sich aus dem Zuschlagsystem u. U. schnell ein Konkurrenzsystem entwickeln[47].

2. Trennsystem mit Einzelverbund

In der Bundesrepublik Deutschland besteht heute ein *Trennsystem mit Einzelverbund*. Dabei ist ein Trennsystem, in dem die zugelassenen Steuerquellen auf die einzelnen Gebietskörperschaften zur autonomen Ausschöpfung verteilt werden, mit dem Verbundsystem für andere Steuerquellen kombiniert. Dieser Teil der Steuern wird dann gemeinsam ausgeschöpft. Vorteil dieser Kombination ist die Möglichkeit, das Risiko der unterschiedlichen Konjunkturempfindlichkeit der großen Steuern auf die Gebietskörperschaften zu verteilen und jederzeit den Verteilungsschlüssel ändern zu können. Auf diese Weise läßt sich die Einnahmenverteilung schnell der Ausgabenentwicklung anpassen.

Für die Gemeinde bedeutet dies: *eigenverantwortlich auszuschöpfende Steuerquellen* zur Deckung der mit der Erfüllung der freien Selbstverwaltungsaufgaben entstehenden Ausgaben und *staatliche* (und damit in der Höhe gesicherte) *Zuweisungen* für die Erfüllung von weisungsfreien und weisungsgebundenen Pflichtaufgaben. Daneben sind noch eine Reihe von Mischsystemen als Zwischenstufen zwischen den reinen Systemen und auch zwischen den einzelnen Mischsystemen denkbar, die zum Teil relativ weniger Nachteile als die Idealtypen aufweisen.

---

[45] Siehe hierzu Anm. 39.

[46] Weitere Schwierigkeiten ergeben sich dann, wenn ein Steuerpflichtiger mehrere Wohnsitze hat (z. B. Zweigwerke in anderen Ländern oder Gemeinden). Die betroffenen Gemeinden könnten dann theoretisch eigene in der Höhe u. U. unterschiedliche Zuschläge erheben.

[47] *Hedtkamp*, S. 44.

B. Die Abhängigkeit der Gemeinden vom Staat bei der Mittelbeschaffung

Betrachtet man die genannten Systeme unter dem Gesichtspunkt der *Abhängigkeit* der Gemeinden vom Staat bei der Mittelbeschaffung, so läßt sich folgende Stufenfolge feststellen. Die *höchste Stufe* der finanziellen *Unabhängigkeit* ist gegeben, wenn die Gemeinden die Einnahmequellen auswählen und selbst bestimmen können, in welcher Art und in welchem Umfang sie diese ausschöpfen wollen, um ihren Finanzbedarf zu decken. Die *größte Abhängigkeit* der Gemeinden vom Staat liegt dagegen vor, wenn dieser den Finanzbedarf der Gemeinden durch Beiträge an den Gemeindehaushalt deckt. Zwischen diesen Extremen gibt es in der Praxis eine Reihe von Abstufungen[48].

Die gemeindliche Unabhängigkeit ist bereits dann *eingeschränkt*, wenn die Gemeinden zwar noch Art und Umfang der Ausschöpfung der von ihnen genutzten Steuern bestimmen können, der Staat aber entweder nur bestimmte Steuern für die Gemeinde freigibt oder diesen sogar bestimmte Steuerquellen zur Erschließung vorschreibt. Die *Beschränkung* der gemeindlichen Finanzautonomie kann auch darin liegen, daß der Staat Steuergestaltung und Steuerhöhe festlegt, den Gemeinden dafür aber im günstigeren Falle eine Anzahl von Steuern zur freien Auswahl überläßt oder aber diesen auch die Steuerquellen verbunden mit der Verpflichtung zu ihrer Erschließung verbindlich zuweist. Auch das Recht der Gemeinden, *Zuschläge* zu den vom Staat geregelten und von diesem eingezogenen Steuern zu erheben, gibt den Gemeinden noch einen nicht unbeträchtlichen *Rest finanzieller Unabhängigkeit*, der allerdings häufig dadurch erheblich eingeschränkt wird, daß der Staat selbst die Zuschläge erhebt und den Gemeinden lediglich den Ertrag überläßt. Eine wesentlich *höhere Abhängigkeitsstufe* ist erreicht, wenn der Staat die Gemeinden am Ertrag seiner eigenen Steuern beteiligt.

C. Die Wertung der Systeme der Einnahmenverteilung

Unterzieht man die einzelnen hier aufgezeigten Systeme der Einnahmenverteilung einer abschließenden Wertung allein unter dem Gesichtspunkt der durch sie den Gemeinden gegebenen Möglichkeiten, ihr *Recht auf kommunale Selbstverwaltung* zu verwirklichen, ohne dabei die anderen Aufgaben des Finanzausgleichs zu berücksichtigen, so ergibt sich folgende Abstufung[49]:

---

[48] *Keller*, HDSW III, S. 544.

[49] Das Verbundsystem in Form des Umlagensystems enthält zwar die stärksten *föderalistischen* Elemente und bietet damit für die Gemeinden einen besonders großen Spielraum finanzieller Selbständigkeit, scheidet für diese Betrachtung jedoch aus, da es auf das Verhältnis der Gemeinden zu ihren Gemeindeverbänden beschränkt bleibt.

1. Ungebundenes Trennsystem (Konkurrenzsystem),
2. Gebundenes Trennsystem,
3. Mischsystem in Form des Zuschlagsystems,
4. Verbundsystem in Form des Überweisungssystems.

Das bedeutet, daß das Verbundsystem in Form des *Überweisungssystems,* das die stärksten zentralistischen Elemente enthält, zugleich auch die wenigsten Möglichkeiten für die Gemeinden zur Verwirklichung des kommunalen Selbstverwaltungsrechts gewährt. Es ist für die *freien* Selbstverwaltungsaufgaben daher grundsätzlich abzulehnen. Auf der anderen Seite stärkt das Trennsystem zwar in besonderem Maße die finanzielle Eigenständigkeit und damit das Selbstverwaltungsrecht der Gemeinden, widerspricht jedoch dem Grundsatz der *Gleichbehandlung aller Bürger* und ist aus diesem Grund in seiner reinen Form ebenfalls ungeeignet. Als geeignet dagegen erweist sich die bereits dargestellte *Kombination aus gebundenem Trennsystem und Verbundsystem*[50]. Mit dieser Form des Mischsystems lassen sich die Vorteile beider darin enthaltener Systeme so verbinden, daß zugleich der Selbstverwaltung genügend Spielraum bleibt und die Gleichbehandlung aller Bürger gewährleistet ist.

§ 8 Die Aufgabe des Finanzausgleichssystems

A. Horizontaler und vertikaler Ausgleichseffekt

Eine der wesentlichen Aufgaben des Finanzausgleichssystems ist es, eine möglichst weitgehende *Übereinstimmung von Finanzbedarf und Finanzkraft* auf allen Regierungsebenen herzustellen. Der kommunale Finanzausgleich hat dabei stets eine doppelte Aufgabe. Einerseits soll er einen *vertikalen Ausgleich* zwischen der staatlichen und der gemeindlichen Ebene herstellen, indem er die durch Aufgabenerfüllung bedingten Lasten und die zur Verfügung stehenden Mittel möglichst gerecht verteilt[1]. Er soll die Gemeinden in die Lage versetzen, ihre freien Selbstverwaltungsangelegenheiten eigenverantwortlich und vom Staat unabhängig wahrzunehmen. Andererseits soll er zugleich einen *horizontalen Ausgleich* innerhalb der gemeindlichen Ebene herstellen, d. h. also strukturbedingte Unterschiede zwischen den Gemeinden mit unterschiedlicher Finanzkraft einebnen[2].

---

[50] Denkbar wäre auch, daß das Zuschlagsystem die Rolle des gebundenen Trennsystems übernehmen könnte.

[1] *Popitz,* Der künftige Finanzausgleich, S. 203. Der vertikale Finanzausgleich ist in erster Linie ein politisches Problem; vgl. *Albers,* HDSW III, S. 553 ff. (554, 1. Sp.).

[2] Dabei treten stärker wirtschaftliche Gesichtspunkte in den Vordergrund.

Diese *Ausgleichswirkungen* finden theoretisch auf verschiedenen Ebenen statt. In der Praxis wird dagegen häufig der horizontale Ausgleichseffekt in den vertikalen Finanzausgleich hineinverlegt. Denn nur so glaubt man die starken politischen Widerstände gegen einen Verzicht auf Teile der eigenen Einnahmen zugunsten des finanzschwachen Partners, die bei einem Ausgleich zwischen den Gemeinden zu erwarten wären, problemlos umgehen zu können[3]. Dennoch würde ein horizontaler Finanzausgleich zwischen den Gemeinden auf gleicher Ebene dem Gedanken der Selbstverwaltung besser entsprechen[4]. Denn aus der Möglichkeit, daß der übergeordnete Verband aufgrund eigener finanzieller Schwierigkeiten die Finanzzuweisungen an die Gemeinden durch einseitigen Beschluß kürzen könnte, ergibt sich naturgemäß eine stärkere Abhängigkeit der Gemeinden vom übergeordneten Verband, sei dies der Kreis oder das Land.

B. Interessenkollision zwischen kommunaler Selbstverwaltung und Wirtschafts- und Sozialpolitik des Staates

Der kommunale Finanzausgleich hat jedoch nicht nur die Aufgabe des Lastenausgleichs oder der Milderung der Belastungsunterschiede allein[5]. Vielmehr soll er zugleich und besonders die finanziellen Beziehungen zwischen Staat und Gemeinden so regeln, daß die Bürger den heutigen Anforderungen entsprechend gleichmäßig mit öffentlichen Einrichtungen und Dienstleistungen versorgt werden[6].

Damit gerät der kommunale Finanzausgleich aber in eine *Interessenkollision* zwischen kommunaler Selbstverwaltung und staatlicher Wirtschafts- bzw. Sozialpolitik[7]. Eine möglichst weitgehende Finanzautonomie der Gemeinden, ohne die das Selbstverwaltungsrecht nicht verwirklicht werden kann, ermöglicht kaum jemals eine gleichmäßige Belastung der Bürger und gleichmäßige Leistungen der Verwaltungsträger, wie sie im Interesse der volkswirtschaftlichen und sozialen Zielsetzungen des Staates erforderlich wären. Zur Wahrung der kom-

---

[3] *Albers*, Kommunale Finanzen, S. 63. Einen Länderfinanzausgleich gibt es dagegen seit langem.

[4] D. h. ein interkommunaler Finanzausgleich zwischen den Gemeinden eines Landes; *Albers*, HDSW III, S. 553 ff. (569, 2. Sp.).

[5] *Becker*, Kommunale Finanzen, VIII, S. 20.

[6] Eine ebenso wichtige Rolle spielen neben den unmittelbaren Umschichtungen auch die sekundären Effekte wie z. B. der „Kaufkrafteffekt", dessen Folge es ist, daß das gesamte Einkommen eines Gebietes erheblich angehoben wird; vgl. im einzelnen: *Isenberg*, S. 23.

[7] *Albers*, HDSW III, S. 553 ff. (555, 1. Sp.), vgl. auch *Schmölders*, Finanzpolitik, S. 148. Diese Interessenkollision zeigt sich auch bei der kommunalen Industrieansiedlungspolitik, die häufig infolge der Finanznot der Gemeinden auf Kosten des Allgemeininteresses geht.

munalen Finanzautonomie müssen die Gemeinden die Möglichkeit erhalten, zumindest den Teil ihrer Ausgaben durch Einnahmen aus eigenen Steuern zu decken, der durch die Erfüllung der *freien* Selbstverwaltungsaufgaben entsteht. Dies läuft jedoch den besonders im wirtschaftlichen Interesse gelegenen Zentralisierungstendenzen im Finanzwesen direkt zuwider. Im Interesse einer zentralgesteuerten Wirtschafts- und Sozialpolitik schränkt der Staat daher die Finanzautonomie der Gemeinden erheblich ein. Dies geschieht durch drei Arten von *Regulierungsmaßnahmen,* durch Konjunktursteuerung, Struktursteuerung und schließlich durch Infrastrukturpolitik.

Die *Konjunkturpolitik* umfaßt „alle Maßnahmen, die den Wirtschaftsablauf kurzfristig beeinflussen sollen, um die innere und äußere Stabilität zu gewährleisten“[8]. Sie dient also zur Vermeidung von Unterproduktionskrisen und Arbeitslosigkeit. Hilfsmittel hierfür sind die Geld-, Steuer- und vor allem die Ausgabenpolitik des Staates. Für eine konsequente und erfolgreiche Konjunktursteuerung ist eine koordinierte Steuer- und Ausgabenpolitik *aller* öffentlichen Haushalte erforderlich. Die Gemeinden, die mehr als zwei Drittel aller öffentlichen Investitionen aufzubringen haben[9], könnten durch eine autonome Finanzpolitik jedoch die Konjunkturpolitik des Staates unterlaufen. Denn da die Gemeinden den kommunalen Haushalt vor allem unter dem Gesichtspunkt der öffentlichen Bedarfsdeckung betrachten, verhalten sie sich meist *„konjunkturwidrig“*[10]. In der Hochkonjunktur sind sie aufgrund hoher Steuereinnahmen in der Lage, zusätzliche Mittel in kommunale Einrichtungen zu investieren und zusätzlich verstärkt Kredite aufzunehmen. In der Depression dagegen schränken die Gemeinden ihre Ausgaben entsprechend den sinkenden Einnahmen ein. Die Folge ist eine staatliche Steuerung der Kreditaufnahmen der Gemeinden unter konjunkturpolitischen Zielen[11]. Durch solche Maßnahmen beschneidet der Staat den *finanziellen Spielraum* der Gemeinden und damit auch deren Selbstverwaltungsrecht.

Im Rahmen der *Struktursteuerung* behebt der Staat räumliche Ungleichheiten im Einkommen und in der Beschäftigung, die durch eine ungleichmäßige Verteilung der Unternehmen auf die einzelnen Regionen als Folge der privaten Standortwahl hervorgerufen worden sind. Zu diesem Zweck bezieht der Staat die Gemeinden in seine zentralen Planungen ein, ohne sie allerdings an seinen Entscheidungen zu betei-

---

[8] *Everling*, S. 19 ff. (25).

[9] 48 % der Ausgaben der Gemeinden entfallen auf Investitionsausgaben.

[10] Sie verfahren nach wie vor im Sinne traditioneller „Parallelpolitik“.

[11] Beachte die Bedenken hierzu, die *Köttgen* bereits 1966 in AfK 1966, S. 3 ff. geäußert hat.

ligen. Der Staat beeinflußt so die Entwicklungsbedingungen der Gemeinden durch seine strukturpolitischen Maßnahmen. Er greift in erheblichem Maße in ihren *Entscheidungsspielraum* ein und nimmt ihnen damit einen Teil ihres Selbstverwaltungsrechts. *Infrastruktureinrichtungen* werden von der öffentlichen Hand einerseits als Voraussetzungen für die Ansiedlung privatwirtschaftlicher Produktionseinrichtungen, andererseits aber auch für die Daseinsvorsorge der Allgemeinheit geschaffen. Den Gemeinden obliegt dabei vor allem der Ausbau der bevölkerungsbezogenen Infrastruktur. Sie werden jedoch in ihrer Aufgabenerfüllung durch eine immer weitergehende zentrale Planung des Infrastrukturausbaus durch den Staat einerseits und durch chronische Finanzknappheit andererseits bedroht[12]. Auch hier ergibt sich eine Gefährdung des kommunalen Selbstverwaltungsrechts.

C. Lösungsvorschlag

Ein sinnvoller kommunaler Finanzausgleich könnte den Gemeinden dazu verhelfen, daß in der aufgezeigten Interessenkollision die Gewichte zu ihren Gunsten und damit im Sinne der Selbstverwaltung gerechter verteilt würden. Dazu wäre es erforderlich, den Gemeinden einerseits *Steuern zur eigenverantwortlichen Ausschöpfung* zu überlassen[13], die in ihrer Gesamtheit möglichst wenig konjunkturabhängig sein müßten[14]. Damit ließen sich die freien Selbstverwaltungsangelegenheiten in einer ihrer verfassungsrechtlichen Gewährleistung entsprechenden Weise erfüllen. Auf der anderen Seite brauchten die Gemeinden aber zusätzlich *ausreichende allgemeine Finanzzuweisungen* aus einer Finanzmasse, die vor allem die aufkommenstarken Steuern erfassen müßte[15], um sowohl die weisungsfreien wie die weisungsgebundenen Pflichtaufgaben in angemessener Weise wahrnehmen zu können[16]. Nur durch eine Regelung des Finanzausgleichs zwischen Staat und Gemeinden, die diesen Grundsätzen Rechnung trägt, kann wirksam der Tendenz entgegengetreten werden, die Gemeinde zu der unselbständigen unteren Stufe eines gesamtstaatlichen Verwaltungssystems zu degradieren. Als *Finanzausgleichssystem* bietet sich hierfür die auf Bundesebene bestehende Kombination von Trennsystem und

---

[12] Vgl. hierzu: Roth (Hrsg.), S. 11 ff.

[13] In der gegenwärtigen Lage hieße das vor allem, die Gewerbesteuerumlage zu beseitigen, um den Gemeinden zumindest das Aufkommen dieser Steuer zukommen zu lassen.

[14] D. h. daß sich deren konjunkturelle Schwankungen untereinander ausgleichen müßten.

[15] Wie z. B. die Einkommen- bzw. Lohnsteuer, an der die Gemeinden jetzt noch in ungenügender Weise beteiligt sind.

[16] Zweckzuweisungen sollten allenfalls zur Finanzierung der *weisungsgebundenen* Pflichtaufgaben herangezogen werden.

Steuerverbund auch auf der Länderebene an. Denn diese Form des Mischsystems läßt als einzige eine Lösung der Interessenkollision zwischen kommunaler Selbstverwaltung und wirtschaftlichen bzw. sozialen Zielsetzungen des Staates zu. Mit ihrer Hilfe kann ein gangbarer *Kompromiß* zwischen gemeindlicher Finanzautonomie und gleichmäßiger Belastung der Bürger sowie gleichmäßigen Leistungen der Verwaltungsträger erzielt werden.

ZWEITER TEIL

Die Auswirkungen des Finanzausgleichs auf die kommunale Selbstverwaltung im Deutschen Reich und in Preußen von 1919 bis 1945

§ 9 Selbstverwaltung und Finanzsystem

A. Die Situation vor dem Ersten Weltkrieg

Während das Kaiserreich noch von einem stark ausgeprägten *Finanzföderalismus* beherrscht wurde, der das Reich auf Zölle und indirekte Steuern beschränkte, trat nach dem Ersten Weltkrieg eine wesentliche *Stärkung der Zentralgewalt* ein. Die Gliedstaaten wurden zu Ländern, die einen erheblichen Teil ihrer Kompetenzen, insbesondere auf dem Gebiet der Steuern, auf das Reich übertragen mußten. Die Entwicklung der *Gemeinden* bis zum Ausbruch des Ersten Weltkrieges war — vor allem in Preußen — dadurch gekennzeichnet, daß den Gemeinden weitgehende *Selbständigkeit bei der Erhebung ihrer Steuern* gewährt wurde. Die Selbstverwaltung hatte sich aus den *örtlichen Steuerquellen* zu erhalten, so daß sich einerseits der Umfang der Aufgabenerledigung nach der finanziellen Leistungsfähigkeit der Gemeinden richtete, andererseits aber eine staatliche Einmischung in die Aufgabenerledigung der Gemeinden auf dem Gebiet der Selbstverwaltung sich von selbst verbot. Die Deckung der Ausgaben erfolgte vor allem durch Zuschläge zur Staatseinkommensteuer. Die *Miquelsche Steuerreform* stellte 1893 in Preußen die Selbstverwaltung endgültig auf eine sichere finanzielle Grundlage. Die Gemeinden konnten jetzt über die *Realsteuern* verfügen. Lediglich die kleineren Gemeinden waren nicht in der Lage, ihre Aufgaben in vollem Umfang zu erfüllen, so daß der Staat *ausgleichend* eingreifen mußte. Es wurden staatliche Fonds vor allem für die Volksschulunterhaltung gebildet, um an die finanzschwächeren Gemeinden zweckbestimmte Zuweisungen verteilen zu können.

Als nach dem Zusammenbruch des alten Reiches die neue republikanische und demokratische Verfassung beraten wurde, war die Tradition der konstitutionellen Monarchie noch lebendig[1]. So spiegelte auch die Weimarer Reichsverfassung das für das 19. Jahrhundert cha-

---

[1] *Köttgen*, Sicherung, S. 2.

rakteristische Verhältnis von Staat und Gemeinde wider[2]. Die bürgerliche Selbstverwaltung wurde immer noch als *Gegengewicht zum dynastischen Beamtenstaat* verstanden. Über die wichtige Frage der finanziellen Beziehungen zwischen Reich und Gemeinden enthielt die Verfassung unmittelbar keine Bestimmungen. Der Finanzausgleich zwischen Ländern und Gemeinden blieb ohnehin Sache jedes einzelnen Landes.

B. Die Verfassungsgarantie der kommunalen Selbstverwaltung

In Deutschland bestand das Recht auf kommunale Selbstverwaltung als unterschiedlich weit gefaßte Verfassungsgarantie, je nachdem, ob der Staat stärker föderalistisch oder zentralistisch ausgerichtet war.

Das Wort „Selbstverwaltung" erschien in Art. 127 WRV zum ersten Mal in einem deutschen Verfassungstext[3], wenn auch das Prinzip der kommunalen Selbstverwaltung bereits in früheren deutschen Verfassungen unterschiedliche Formulierungen gefunden hatte.

I. Die Verfassungsgarantien vor 1919

Bereits in der „Paulskirchen-Verfassung" von 1849[4] sollte den Gemeinden als *Naturrecht* staatsfreier Verwaltung gegenüber dem Staat „die selbständige Verwaltung ihrer Gemeindeangelegenheiten mit Einschluß der Ortspolizei unter gesetzlich geordneter Oberaufsicht des Staates" garantiert werden[5]. Eine Regelung des finanzrechtlichen Status der Gemeinden fehlte jedoch noch. An die Stelle dieser von Abgeordneten des Volkes erarbeiteten Verfassung, die jedoch niemals Gültigkeit erlangt hat, trat 1871 die von den zum ewigen Bund vereinten Fürsten beschlossene Verfassung des Bismarckschen Reiches[6]. Der vorherrschenden Meinung entsprechend, das Reich habe kein Recht, sich in die Beziehungen der Gliedstaaten zu ihren Gemeinden einzumischen, enthielt die Reichsverfassung von 1871 keinerlei Bestimmungen über das Recht der Gemeinden auf Selbstverwaltung[7]. Eine Garantie der kommunalen Selbstverwaltung findet sich dagegen in der Verfassung

[2] Verf. des Dt. Reiches v. 11. 8. 1919 (RGBl. I S. 1383).

[3] *Brauweiler*, S. 26. Erste legislatorische Erwähnung fand die Selbstverwaltung in Art. 5 der Konstitutions-Ergänzungsakte der Freien Stadt Frankfurt a. M. v. 1816: „Alle der Stadt zustehenden Hoheits- und *Selbstverwaltungsrechte* beruhen auf der Gesamtheit ihrer christlichen Bürgerschaft", vgl. *v. Unruh*, Der Kreis, S. 199.

[4] Abschnitt VI, Art. XI, § 184, b) der Reichsverf. v. 28. 3. 1849.

[5] In § 184 c) wird außerdem „die Veröffentlichung des Gemeindehaushalts" und d) die „Öffentlichkeit der Verhandlungen als Regel" garantiert.

[6] Vgl. die Präambel der Reichsverf. v. 1871.

[7] Verf. des Dt. Reiches v. 16. 4. 1871 (RGBl. I S. 64).

des größten deutschen Gliedstaates, Preußen, die das Recht der Gemeinden in ähnlicher Weise wie die Paulskirchen-Verfassung gewährleistete[8]. *Reichsrechtlich* wurde den Gemeinden das Recht auf kommunale Selbstverwaltung erst im Entwurf zu einer Verfassung des Deutschen Reiches[9] bzw. dann endgültig in der Weimarer Reichsverfassung von 1919 zugestanden[10].

II. Die Selbstverwaltungsgarantie der Weimarer Reichsverfassung

Nach Art. 127 hatten die Gemeinden und Gemeindeverbände „das Recht der Selbstverwaltung innerhalb der Schranken der Gesetze". Diese Regelung bedeutete einen Eingriff in die Autonomie der Länder auf dem Gebiet des Gemeinderechts[11]. Allerdings sollte „nicht allzutief" in das Recht der Gemeinden eingegriffen werden, da es ein „vorbehaltenes Gebiet der Länder sein und bleiben" sollte[12]. Art. 127 sollte lediglich *Richtschnur* für Verfassungen und Gesetzgebung der Länder sein. Eine materiell-rechtliche Norm über den Umfang bzw. Mindestumfang des gemeindlichen Wirkungskreises enthielt er ebensowenig wie eine Definition des Begriffes der Selbstverwaltung[13]. Gemeint war damit aber die kommunale Selbstverwaltung, wie sie sich im Laufe des 19. Jahrhunderts entwickelt und in den Landesgesetzen niedergeschlagen hatte. Dabei ging der Verfassungsgeber von der Selbstverwaltung im politischen Sinne aus[14].

Art. 127 war somit kein bloßer Programmsatz, sondern *unmittelbar anwendbares Recht*. Wegen des Gesetzesvorbehalts wurde diese Verfassungsnorm ursprünglich zwar weithin als „materiell inhaltlos" bezeichnet[15]. Bald setzte sich jedoch mit *Carl Schmitt* die Meinung durch, daß Art. 127 das Recht der Selbstverwaltung *institutionell* garantiere. Er setzte „bindend fest, daß den Gemeinden und Gemeindeverbänden das Recht der Selbstverwaltung zustehe"[16]. Dementsprechend war dem

---

[8] Art. 105 Ziff. 3 der Verfassungsurkunde für den Preuß. Staat v. 31. 1. 1850 (GS S. 17) u. ähnlich bereits Art. 104, Ziff. 3 der Verf. für den Preuß. Staat v. 5. 12. 1848 (GS S. 375), die sogenannte „oktroyierte Verfassung".

[9] § 12 Ziff. 3 des Entwurfs einer Verf. des Dt. Reiches v. 20. 1. 1919 (Dt. Reichsanzeiger 1919, Nr. 15, 1. Beilage).

[10] Verf. des Dt. Reichs v. 11. 8. 1919 (RGBl. I S. 1383).

[11] Das Gemeinderecht war in Deutschland traditionell den Ländern vorbehalten.

[12] Verhandlungen der Verfassungsgebenden Dt. Nationalversammlung, Bd. 328, Stenograph. Berichte, Berlin 1920, S. 1599.

[13] *Anschütz*, Kommentar zur Reichsverf., 1928, S. 334 f.

[14] *Giese*, S. 272; siehe hierzu auch oben § 3 A.

[15] *Anschütz*, Kommentar zur Reichsverf., 1928, S. 334 f.

[16] Staatsgerichtshof für das Dt. Reich, E. v. 10./11. 12. 1929, RGZ, Bd. 126, Anhang, S. 14 ff. (22).

einfachen Reichsgesetzgeber ebenso wie den Landesgesetzgebern untersagt, dieses Recht aufzuheben und den Staatsbehörden die Verwaltung der Gemeindeangelegenheiten zu übertragen. Das betraf jedoch lediglich die Verwaltungsgebiete, deren Betreuung die Landesgesetzgebung den Gemeinden als Recht überlassen wollte[17], in der Regel also staatsfreie öffentliche Funktionen örtlichen Interesses[18]. Auch diese Angelegenheiten durften die Gemeinden allerdings lediglich *„innerhalb der Schranken der Gesetze"* wahrnehmen, sie unterlagen bei der Aufgabenerfüllung also der gesetzlich geregelten Aufsicht des Staates. Dem Staat war es erlaubt, die Selbstverwaltung zu beschränken, nicht jedoch die *Einrichtung* der Selbstverwaltung als solche zu *beseitigen* oder diese ohne gesetzliche Grundlage durch Maßnahmen der Staatsaufsicht zu beeinträchtigen.

Eigenmächtige Eingriffe der staatlichen Behörden waren also *verboten, gesetzliche* Eingriffe waren dagegen bis zu einem gewissen Grade *erlaubt*[19]. Auf die Schwierigkeit, die Grenze zwischen Gesetzen zu ziehen, die der Selbstverwaltung lediglich (erlaubte) *Schranken* setzen und solchen, die sie *„ihres wesentlichen Bestandes berauben"*[20] wurde bereits von *Anschütz* hingewiesen[21]. Entsprechend der damals herrschenden Staatslehre wurde dem Staat das Recht zugestanden, die Grenzen zwischen dem eigenen Wirkungsbereich der Gemeinden und denjenigen Angelegenheiten festzulegen, „die er ihnen überträgt, ohne ihnen zugleich ein Recht auf Besorgung dieser Angelegenheiten zu geben"[22]. Begründet wurde diese umfassende Kompetenz des Staates, zu bestimmen, welches die verfassungsrechtlich geschützten Selbstverwaltungsaufgaben sein sollten, mit der Ansicht, die Selbstverwaltung sei ein vom Staat verliehenes Recht, und die öffentliche Gewalt der Gemeinden vom Staat abgeleitete Gewalt[23]. Vereinzelt wurde bereits eine größere finanzielle Bewegungsfreiheit der Gemeinden gefordert und erkannt, daß dort wo eine finanzielle Verantwortung fehlt, „eine irgendwie geartete Selbstverwaltung im wesentlichen nur dem Namen nach" besteht[24].

---

[17] *Gebhard*, S. 484.

[18] *Brauweiler*, S. 205. Die Auftragsangelegenheiten gehörten selbstverständlich nicht dazu.

[19] Erlaubt waren Eingriffe, die durch ein formelles Gesetz oder durch eine gesetzlich ermächtigte Verordnung, allerdings auch durch eine Notverordnung, stattfanden, vgl. *Anschütz*, Kommentar zur Reichsverf., 1930, S. 510 ff. (510).

[20] *C. Schmitt*, Freiheitsrechte, S. 171.

[21] *Anschütz*, Kommentar zur Reichsverf., 1930, S. 511.

[22] Gemeint waren die Auftragsangelegenheiten, *Gebhard*, S. 484.

[23] Vgl. *Gebhard*, S. 484; *Giese*, S. 271.

[24] *Lassar*, RuPrVBl. 1929, S. 525.

III. Die Selbstverwaltungsgarantie der Preußischen Verfassung

Während Art. 127 WRV lediglich die *Institution* der Selbstverwaltung gewährleistete, blieb die nähere Ausgestaltung der Landesgesetzgebung überlassen[25]. So bestimmte Art. 70 der Verfassung des Freistaats Preußen vom 30. November 1926[26]:

> „Den politischen Gemeinden und Gemeindeverbänden wird das Recht der Selbstverwaltung ihrer Angelegenheiten unter der gesetzlich geregelten Aufsicht des Staates gewährleistet."

Art. 71 setzte die kommunale Gliederung des Staates in Provinzen, Kreise, Städte, Landgemeinden und andere Gemeindeverbände fest, deren Abgrenzung, Verfassung, Rechte und Pflichten — einschließlich der Befugnisse der Staatsaufsicht — gesetzlich zu regeln waren. Den wichtigsten Teil des Programms einer künftigen preußischen Verwaltungsform im Sinne des *Freiherrn vom Stein* enthielt jedoch Art. 72. Dieser bezeichnete die den Provinzen „gesetzlich obliegenden oder freiwillig von ihnen übernommenen Angelegenheiten" als *Selbstverwaltungsaufgaben,* die diese durch ihre eigenen Organe zu verwalten hatten[27]; die ihnen übertragenen „staatlichen Angelegenheiten" (Auftragsangelegenheiten) hatten die Provinzen als ausführende Organe des Staates zu erledigen.

C. Das Finanzsystem der Weimarer Reichsverfassung

Waren noch im *Kaiserreich* den Bundesstaaten alle direkten Steuern vorbehalten gewesen, während sich das Reich aus den Zöllen, den großen Verbrauchsteuern sowie aus den Matrikularbeiträgen der Bundesstaaten finanzieren mußte[28], so zeigten die finanziellen Belastungen des verlorenen Ersten Weltkrieges nun die Schwächen und Fehler des alten Finanzsystems, das dadurch gekennzeichnet war, daß das Reich „Kostgänger der Länder" war[29]. Das Übergewicht des Finanzbedarfs und infolgedessen auch das *Schwergewicht der Finanzhoheit* wurde nun zum Reich hin verlagert[30]. Jede nur denkbare Steuerquelle

---

[25] z. B. die Abgrenzung nach Art und Umfang; vgl. *Drews,* Einltg. LXXXIV.

[26] GS S. 543. Diese Verfassung galt auch in der preuß. Provinz Schleswig-Holstein.

[27] Dabei handelt es sich um eine Legaldefinition der Selbstverwaltungsaufgaben.

[28] Vgl. Frankensteinsche Klausel. Dementsprechend hatte sich das Reich schon vor dem 1. Weltkrieg erheblich verschuldet.

[29] Am Schluß des 1. Weltkrieges betrug die Reichsverschuldung rd. 150 Mrd. Mark. Zu den Belastungen durch die hohe Verschuldung kam hinzu, daß industriell hochentwickelte Gebiete abgetreten werden mußten (z. B. Oberschlesien).

mußte restlos ausgeschöpft und die Steuerforderungen bis an die Grenze der Leistungsfähigkeit von Wirtschaft und Bevölkerung ausgedehnt werden[31]. So zog das Reich die Steuerquellen in weitestem Umfang an sich, ohne dabei Rücksicht auf die Finanzlage der Länder und Gemeinden nehmen zu können. Zwar waren sich alle Beteiligten darüber einig, daß wegen der Konzentration des Finanzbedarfs beim Reich diesem die wichtigsten Einnahmequellen zur Verfügung stehen mußten. Die Handhabung dieser Verfügungsbefugnis durch das Reich stieß jedoch auf den erbitterten Widerstand der Länder und der Gemeinden. Obgleich das Reich auch die Belange der Länder und der Gemeinden hätte berücksichtigen müssen[32], ließ es sich bei allen seinen Maßnahmen allzusehr von *zentralstaatlichen* Interessen leiten.

I. Die Stellung des Reiches im Finanzsystem

Bedingt durch die Vermehrung der dem Reich zugewiesenen Aufgaben stand nun im Gegensatz zur alten Reichsverfassung von 1871 dem Reich gemäß Art. 8 WRV die „Gesetzgebung über die Abgaben und sonstigen Einnahmen" zu, „soweit sie ganz oder teilweise für seine Zwecke in Anspruch genommen werden"[33]. Damit hatte das Reich auch auf dem Gebiet der Finanzen die *konkurrierende Gesetzgebungskompetenz* erhalten. Allerdings mußte das Reich in jedem Fall, in dem es Einnahmequellen in Anspruch nahm, die bisher den Ländern zugestanden hatten, darauf Rücksicht nehmen, daß die Länder *lebensfähig* blieben. Diese Verpflichtung des Reiches erwies sich jedoch als außerordentlich unbestimmt. Die Gemeinden wurden gar nicht erwähnt, obgleich auch sie durch derartige Maßnahmen in ihrer Lebensfähigkeit bedroht werden konnten. Diese Lücke ergab sich als logische Konsequenz daraus, daß *kommunale* Angelegenheiten von der Verfassung ausschließlich als *Länderangelegenheiten* behandelt wurden[34].

Wichtigstes Ergebnis dieser neuen Gesetzgebungszuständigkeit des Reiches und zugleich dessen wichtigste Einnahmequelle war die *Reichseinkommensteuer*. An dieser sollten die Länder dann mit einem bestimmten Prozentsatz beteiligt werden[35], um sie für den Verlust eigener

---

[30] Darin kam die Tendenz in Richtung auf einen Bundesstaat mit stärkeren einheitsstaatlichen Merkmalen zum Ausdruck.

[31] Damit sollte die katastrophale Lage der Reichsfinanzen verbessert werden, *Raacke*, S. 15.

[32] Vgl. Art. 8 Abs. 2 WRV.

[33] Dazu gehörte nun auch die besonders ergiebige Einkommensteuer.

[34] *Mulert*, S. 42.

[35] Nach § 46 des G. über die Reichsfinanzverwaltung v. 10. 9. 1919 (RGBl. I S. 288).

Einnahmen aus der (bisherigen Landes-)Einkommensteuer zu entschädigen. Art. 11 WRV erweiterte diese Steuerkompetenz des Reiches noch, indem er die Möglichkeit vorsah, daß das Reich im Wege der Gesetzgebung in bestimmten dort aufgezählten Fällen Grundsätze über die Zulässigkeit und Erhebungsart von Landesabgaben aufstellte. Durch das so begründete und durch weitere Steuergesetze verwirklichte *Übergewicht der Finanzhoheit des Reiches* wurde nicht nur die Finanzhoheit der Länder erheblich beeinträchtigt[36]. In besonderem Maße wurde vielmehr auch die finanzrechtliche Stellung der Gemeinden geschwächt. Länder und Gemeinden waren weitgehend von den ihnen bisher zur Ausschöpfung überlassenen Steuerquellen abgedrängt worden[37].

II. Die Stellung der Länder und ihrer Gemeinden im Finanzsystem

Die *Länder* hatten den Ersten Weltkrieg finanziell weit besser überstanden als das Reich. Sie konnten einen großen Teil ihrer Ausgaben aus Erwerbseinkünften decken. Nach dem Kriege waren aber auch sie gezwungen, ihr Steueraufkommen durch *Zuschläge* zu den bestehenden Steuern zu erhöhen[38]. Als Ersatz für den Verlust ihrer bisherigen Einnahmequellen erhielten sie eine *prozentuale Beteiligung* an den Reichssteuerüberweisungen[39]. Den *Gemeinden* waren im Verlauf des Ersten Weltkrieges *neue Aufgaben* entstanden. Andere bereits bestehende Aufgaben wie die Wohlfahrtspflege bürdeten den Gemeinden in den folgenden Notzeiten erhebliche finanzielle Lasten auf. Sie erwarteten daher eine Neuordnung der Finanzwirtschaft, die ihnen helfen würde, ihre stark entwickelte Selbstverwaltung zu erhalten. Dieser Hoffnung der Gemeinden entsprach eine Neuerung der Reichsverfassung, die nun zum ersten Mal *unmittelbare Beziehungen zwischen Reich und Gemeinden* herstellte. Dieser Zusammenhang erstreckte sich allerdings lediglich auf die Gewährleistung des Selbstverwaltungsrechts (Art. 127 WRV) und auf Grundsätze der Gemeindewahlen (Art. 14 Abs. 2 WRV), nicht jedoch auf die — in diesem Zusammenhang wesentlicheren — finanziellen Beziehungen zwischen Reich und Ländern.

[36] Weitere Steuergesetze waren das Erbschaft-, Grunderwerb-, Reichseinkommen- (v. 29. 3. 1920, RGBl. I S. 359) und Körperschaft- (v. 30. 3. 1920, RGBl. I S. 393), sowie KapitalertragsteuerG (v. 29. 3. 1920, RGBl. I S. 345).

[37] Vgl. *Hornschu*, S. 10. Daneben wurde durch das ReichsfinanzverwaltungsG eine einheitliche Reichsfinanzverwaltung und durch die Reichsabgabenordnung v. 13. 12. 1919 (RGBl. I S. 372) ein einheitliches formelles Abgabenrecht geschaffen.

[38] Württemberg und Bayern führten mit der Vermögenssteuer sogar eine neue direkte Steuer ein.

[39] Ihre bisher ergiebigste Einnahmequelle war die (Landes-)Einkommensteuer gewesen.

III. Die Finanzsituation der Gemeinden in Preußen

Während Preußen noch am Ende des 19. Jahrhunderts etwa ein Drittel seiner Ausgaben durch die Überschüsse seiner Eisenbahnen decken konnte[40], ging seither der Anteil der zweckgebundenen Einnahmen am Gesamtaufkommen ständig zurück[41]. Zwar standen den Gemeinden auch nach 1918 zur Deckung ihrer Ausgaben noch Erträge aus den Gemeindesteuern, Verwaltungseinnahmen und Erwerbseinkünften zur Verfügung[42]. Der Finanzbedarf überstieg die Einnahmen jedoch bei weitem. Es blieb ein großer *Zuschußbedarf*, den die Gemeinden nur dann hätten decken können, wenn sie sich hoffnungslos verschuldet hätten. Erhebliche Staatszuschüsse mußten daher hinzukommen. In dieser finanziellen Lage waren *Steuerüberweisungen* des Reiches bzw. Preußens für die Gemeinden von lebenswichtiger Bedeutung. An zweckgebundenen Zuschüssen waren die Gemeinden dagegen im Hinblick auf die Verwirklichung ihres Selbstverwaltungsrechts weniger interessiert.

§ 10 Die Regelung des Finanzausgleichs von 1920 bis 1923

Zur Ausfüllung und Durchführung der Reichsverfassung war eine Fülle von Einzelregelungen erforderlich, die das Finanzsystem vervollständigen sollten. Beginnend 1920 mit dem *Landessteuergesetz* wurde der Finanzausgleich bis 1945 in zahlreichen Finanzausgleichsgesetzen immer wieder neu geregelt und den Gegebenheiten angepaßt. Dabei vermied die Reichsregierung stets, eine direkte Verbindung zwischen Reich und Gemeinden auf dem Gebiet der Einnahmenverteilung herzustellen. Anstelle von *unmittelbaren* Überweisungen des Reiches an die Gemeinden wurden Überweisungen an die Länder gewährt, zum Teil mit der Auflage, von ihrem Anteil einen Teil an die Gemeinden weiterzuleiten[1]. Zugleich wurde eine Reihe von Gemeindesteuern durch Normativbestimmungen des Reiches geregelt[2]. *Neue Aufgaben* erlegte das Reich den Gemeinden im allgemeinen nicht unmittelbar auf. Die Ausführung der Reichsgesetze war ohnehin gemäß Art. 14 WRV Sache der

[40] Nach dem 2. Weltkrieg betrug der Deckungsanteil in fast allen entwickelten Ländern nur mehr 2 - 3 %; beachte heute das Defizit der Bundesbahn.

[41] Zweckgebundene Einnahmen sind Gebühren und Beiträge.

[42] Verwaltungseinnahmen sind z. B. Anliegerbeiträge (früher auch das Schulgeld).

[1] Ebenso wurde die Subventionsregelung gehandhabt, bei der das Reich ebenfalls nur mit den Ländern in Verbindung trat. Diese stellten dann auch diejenigen Beträge in Rechnung, die als Ausgaben der Gemeinden diesen erstattet werden sollten.

[2] So wurde etwa die Erhebung der Vergnügungs-, Getränke- und Biersteuer jetzt im FAG geregelt.

Länder, die über eine Delegation von Aufgaben an die Gemeindebehörden und über die Verteilung der Kosten entschieden. Dessen ungeachtet übte das Reich *bestimmenden Einfluß* auf die Bewegungsfreiheit der Gemeinden bei der Aufgabenerfüllung aus, da die Finanzzuweisungen des Reiches die wesentlichste, wenn auch indirekte, Geldquelle der Gemeinden blieb[3].

Den Abschluß der *Erzbergerschen Finanzreform* der Jahre 1919 und 1920[4], durch die bereits ein einheitliches Reichsfinanzsystem geschaffen worden war, bildete das *Landessteuergesetz* vom 30. März 1920[5]. Dieses grenzte die finanziellen Beziehungen zwischen den Trägern der öffentlichen Finanzwirtschaft näher ab und schuf einen *Steuerverbund* zwischen Reich, Ländern und Gemeinden[6]. Auf Art. 12 WRV gestützt konkretisierte es den Grundsatz, daß Länder und Gemeinden zwar selbständig Steuern erheben konnten, bezüglich der Steuerobjekte aber nicht in Konkurrenz zum Reich treten durften. Nach der *Kompetenzverteilung* ließen sich jetzt drei große Steuergruppen unterscheiden[7]. Die Zölle, Verbrauchsteuern u. a. gehörten zur ersten Gruppe der Steuern[8], bei denen sowohl *Objekt-* als auch *Ertragshoheit* ausschließlich dem *Reich* zustanden. Diese Gruppe war vom Finanzausgleich ausgenommen. *Hauptstütze* des neuen Steuersystems und insbesondere des Finanzausgleichssystems war jedoch die zweite Gruppe, die sogenannten *Reichsüberweisungssteuern.* Das waren Steuern, die der Objektshoheit des Reiches unterlagen, deren Ertrag jedoch zwischen Reich, Ländern und Gemeinden aufgeteilt werden sollte[9]. Zu dieser Steuergruppe gehörten die großen Steuern, wie die Einkommen- und Körperschaftsteuer, die Umsatz-, Erbschaft- und Grunderwerbsteuer. Die Realsteuern und einige andere indirekte Steuern durften die Länder und Gemeinden als dritte Gruppe *gemeinsam* in Anspruch nehmen.

---

[3] Weniger ausgeprägt war der Einfluß des Reiches auf die Aufgabenerfüllung der Länder, für die die Finanzzuweisungen ebenfalls eine wesentliche (allerdings direkte) Geldquelle bildeten.

[4] Die Reform war nach dem am 21. 6. 1919 zum Ministerpräsidenten und Reichsfinanzminister ernannten Zentrumspolitiker Matthias Erzberger benannt worden.

[5] RGBl. I S. 4022; die Bezeichnung Landessteuergesetz ist etwas einseitig, da nur der 1. Abschnitt des Gesetzes die Landessteuern behandelt, der 2. u. 3. Abschnitt dagegen Reichssteuern und Lastenausgleich betrifft.

[6] *Pape / Kappe*, S. 12; *Wagener*, Städte, S. 139.

[7] Vgl. Einzelschriften zur Statistik des Dt. Reiches. Nr. 16, S. 39/40.

[8] Zur 1. Gruppe gehörten ferner: Kohlensteuer, Stempelabgaben aufgrund des ReichsstempelG, Güter- und Personenverkehrsteuer, Kapitalertrag- und Besitzsteuer, sowie die großen einmaligen Abgaben. 1922 kamen die Vermögensteuer und die aus dem ReichsstempelG hervorgegangenen Steuern vom Vermögensverkehr hinzu.

[9] Die Gemeinden galten allerdings lediglich als Bestandteile der Länder.

A. Überweisungssteuern und Realsteuern

Als Haupteinnahmequellen des neuen Steuersystems waren Einkommen- und Körperschaftsteuer zu *Reichssteuern* geworden[10]. An der nun für das ganze Reichsgebiet einheitlichen Reichseinkommensteuer waren neben dem Reich die Länder und Gemeinden beteiligt. Steuerzuschläge konnten allerdings nur aufgrund reichsgesetzlicher Ermächtigung eingeführt werden[11]. Das *originäre Zuschlagsrecht* der Gemeinden — und damit ein wesentlicher Teil der gemeindlichen Finanzautonomie — war ohne ausreichenden Ersatz weggefallen. Die Möglichkeit der Gemeinden, alle einkommensteuerpflichtigen Bürger im Sinne einer *Personalsteuer* zu einer gemeindlichen Umlage heranzuziehen und damit fast alle Bürger an den kommunalen Lasten zu beteiligen, war nun beseitigt[12]. Dieses Opfer mußte der „unentbehrlichen Einheitlichkeit der Steuerwirtschaft" gebracht werden[13]. Die *Finanzreform als permanente Aufgabe* hatte begonnen[14]. Von nun an waren Gemeindesteuern, die „geeignet waren, die Steuereinnahmen des Reiches zu schädigen", verboten[15]. Die Realsteuern, die den Gemeinden gerade erst zur Deckung ihres Bedarfs überlassen worden waren[16], wurden nun wieder den Ländern zugewiesen. Für die Gemeinden blieb nur die Hoffnung, daß die Länder von ihrem Recht Gebrauch machen würden, den Gemeinden wenigstens die Ertragsteuern ganz oder teilweise zu überlassen. Eine *bindende Verpflichtung* der Länder hierzu bestand allerdings nicht. Es gab jetzt nur noch wenige Steuern, die ganz den Gemeinden zugeteilt waren. Dazu gehörten bestimmte indirekte Steuern wie Verbrauch- und Verkehrsteuern[17].

B. Die finanzielle Aushöhlung der Gemeinden

Von den durch das Reich verwalteten Steuern stand den Ländern einschließlich ihrer Gemeinden und Gemeindeverbände lediglich ein

[10] Damit ging ein alter Wunsch der Finanztheoretiker in Erfüllung.

[11] § 2 Abs. 2 LStG; begrenzt war dieses Zuschlagsrecht außerdem durch § 7 LStG, der die Länder und Gemeinden in erster Linie auf die Ausnutzung der ihnen zur Verfügung stehenden Steuern verwies. Die Zuschläge sollten also nur als letztes Mittel in Betracht kommen.

[12] Dieses Ziel wurde später mit Einführung der allerdings heftig umstrittenen sogenannten *Bürgersteuer* erreicht.

[13] Amtl. Begründung zum LStG, S. 14.

[14] *Elsner / Schüler*, S. 30.

[15] Ähnliches galt für die Ländersteuern, dabei ist § 3 LStG als Konkretisierung zu Art. 11 WRV anzusehen; vgl. *Elsner / Schüler*, S. 30.

[16] In Preußen war das durch das KAG vom 14. 7. 1893 geschehen, die übrigen Länder folgten später nach.

[17] Das sind z. B. Vergnügungs-, Hunde-, Getränke-, Schankerlaubnis-, Wertzuwachs- und Jagdsteuer.

Anteil am Steueraufkommen zu; die Gemeinden konnten Ansprüche also lediglich gegenüber dem eigenen Land geltend machen[18]. Nur bei der *Umsatzsteuer,* für die das Reich die Objekthoheit besaß, stand ihnen ein *direkter* Anspruch gegen das Reich zu[19]. In welchem Maße die Länder und Gemeinden von den Zuweisungen aus dem Finanzausgleich abhängig waren, zeigt ein Vergleich ihres Steueraufkommens mit dem tatsächlichen Finanzbedarf. Während bei Erlaß des Landessteuergesetzes 1920 der *Finanzbedarf* der Länder und Gemeinden einschließlich der Gemeindeverbände auf 6,5 Mrd. Mark pro Jahr veranschlagt worden war, wurde das jährliche *Aufkommen* aus den den Ländern und Gemeinden verbliebenen Steuern auf 1,1 Mrd. Mark geschätzt[20]. Ein Betrag von 5,4 Mrd. Mark fehlte also zur Deckung des Finanzbedarfs und mußte im Wege des *Finanzausgleichs* den Ländern und Gemeinden überwiesen werden[21]. Auch die in § 56 LStG zugestandene *Einnahmegarantie* half nur ungenügend über die den Ländern durch das Landessteuergesetz entstandenen Einbußen hinweg[22]. Erschwerend kam hinzu, daß die fortschreitende Inflation die bezweckten Ausgleichswirkungen fast völlig zunichte machte[23].

Durch die bloße *Unterbeteiligung* der Gemeinden am Länderanteil der Überweisungssteuern wurde der Konkurrenzkampf zwischen Ländern und Gemeinden um die Höhe ihrer Anteile erheblich verschärft. Dieser Kampf, den der Gesetzgeber gerade hatte vermeiden wollen[24], spielte sich nun um so erbitterter auf zwei Ebenen ab[25]. Auf *Reichsebene* versuchten die Länder dem Reich eine Erhöhung ihrer Anteile am Gesamtsteueraufkommen abzuringen. Auf *Länderebene* kämpften die Gemeinden mit den Ländern um die Höhe und Aus-

---

[18] Dieser Anteil am Aufkommen war bei den einzelnen Steuern unterschiedlich hoch: bei der Einkommen- und Körperschaftsteuer 66²/₃ % (ab 1. 4. 1921 75 %, § 17 LStG), bei der Umsatzsteuer 15 % (§ 41 LStG), bei der Erbschaftsteuer 20 % (§ 34 LStG) und bei der Grunderwerbsteuer 50 % (§ 37 LStG).

[19] Von dem Ertrag dieser Steuer erhielten die Gemeinden 5 % nach dem örtlichen Aufkommen, die Länder dagegen 10 % nach der einfachen Bevölkerungszahl. Dieser Verteilungsmaßstab wurde später modifiziert. Er sollte sich zugunsten der steuerschwachen und gegen die Bevorzugung der reichen Länder auswirken (Begründung zum LStG, S. 24).

[20] *Hornschu,* S. 24.

[21] D. h. rd. ¹/₅ des Finanzbedarfs mußte im Wege des Finanzausgleichs überwiesen werden.

[22] Jedem Land wurden die Einnahmen, die das Land und seine Gemeinden durch Einkommen, Kapitalertrag- und Erbschaftsteuer erzielt hatte, in der bisherigen Höhe zugesichert.

[23] Dieses Ergebnis konnte auch ein 25 %iger Inflationszuschlag kaum ändern.

[24] Begründung zum LStG, S. 17.

[25] *Wilkes,* S. 53.

stattung des Lastenausgleichs, den die Länder nach dem Landessteuergesetz bis zum 1. April 1921 unter ihren Gemeinden und Gemeindeverbänden vorzunehmen hatten[26]. Die mit der Reichsfinanzreform nach dem Ersten Weltkrieg beginnende *finanzielle* Aushöhlung der Gemeinden wurde noch beschleunigt durch die sprunghafte *Geldentwertung*. Während das Reich seinen Geldbedarf mit Hilfe der Notenpresse der Reichsbank zu decken suchte, waren die Gemeinden bald ebenso wie die Länder weitgehend auf die Zuschüsse und Darlehen des Reiches angewiesen[27]. Dadurch gerieten die Gemeinden, die keinen Einfluß auf die Festsetzung der Höhe ihrer Anteile aus den Überweisungssteuern hatten, und deren Anteile somit trotz der Inflation konstant blieben, in immer größere *Abhängigkeit vom Reich*, ohne daß dies freilich in der Absicht der Reichsregierung gelegen hätte.

Die Länder hatten bis zum 1. April 1921 für einen *Lastenausgleich* unter ihren Gemeinden, insbesondere auf dem Gebiet der Armen-, Schul- und Polizeilasten zu sorgen. Daher erließ die Preußische Verfassunggebende Versammlung schon bald ein Ausführungsgesetz[28]. Da bislang jedoch statistische Unterlagen noch völlig fehlten, beschränkte man sich auf die notwendigsten Regelungen. *Preußen* behielt von seinem Anteil an der Einkommen- und Körperschaftsteuer zunächst 20 % ein und teilte nur den verbleibenden Rest mit seinen Gemeinden. Mit der einen Hälfte des einbehaltenen Geldes wurde ein *gemeindlicher Ausgleichsstock* gebildet[29], die andere Hälfte diente der Deckung der vom Land übernommenen *Personalkosten* der Volksschulen und der Polizei. Die Gemeinden waren also jetzt bei ihrer Finanzplanung weitgehend auf das Aufkommen aus ihrem Überweisungsanteil an der besonders *konjunkturempfindlichen* Einkommensteuer angewiesen[30]. Die Möglichkeit einer langfristigen Planung gemeindlicher Projekte wurde dadurch erschwert. Eine *Einnahmegarantie* sowie die Erlaubnis, in erweitertem Umfang Verwaltungsgebühren zu erheben, sollten diesem Effekt entgegenwirken[31].

---

[26] Dieser Lastenausgleich sollte insbesondere auf dem Gebiet der Armen-, Schul- und Polizeilasten stattfinden.

[27] Dies waren vor allem die Besoldungszuschüsse nach dem LStG.

[28] AusführungsG zum FAG v. 13. 1. 1921 (GS S. 268).

[29] Dieser wurde von den Ministern des Innern und der Finanzen verwaltet und verteilt.

[30] Soweit die vom Reichsrat und den Aufsichtsbehörden festgelegten Sätze durch eine von den Gemeinden bereits erhobene Vergnügungssteuer noch nicht erreicht waren, durften jetzt auch die *Landkreise* die nach § 12 LStG vorgeschriebene Vergnügungssteuer erheben.

[31] Jeder Gemeinde und jedem Gemeindeverband wurden die für das Steuerjahr 1919 aus der Einkommensteuer bezogenen Einnahmen zuzügl. einer Steigerung von 50 % für die Zukunft gewährleistet; Novelle zum KAG und zum Kreis- u. ProvinzialabgabenG v. 26. 8. 1921.

C. Vermehrung der Finanzmittel bei gleichzeitiger Verminderung der finanziellen Unabhängigkeit der Gemeinden

Diese Maßnahmen reichten jedoch zur Verbesserung der Finanzsituation der Gemeinden keinesfalls aus. Ein Finanzausgleich wurde dringend notwendig, der bei einer Erhöhung der Ländereinnahmen die *Selbstverantwortung und Selbständigkeit* der Gemeinden — aber auch die der Länder — in ausreichendem Maße sicherstellen mußte[32]. Dieser Entwicklung sollte durch das Finanzausgleichsgesetz von 1923 Rechnung getragen werden, das den Gemeinden eine erhebliche Erhöhung ihrer Finanzausstattung brachte[33]. Rückwirkend wurde der Anteil der Länder am Steueraufkommen der Einkommen- und Körperschaftsteuer erheblich erhöht. Die Länder und durch diese die Gemeinden waren an den beiden großen Steuern nach dem *örtlichen Aufkommen* beteiligt[34]. Das Preußische Ausführungsgesetz setzte dementsprechend als „Gemeindeanteil" an der Einkommen- und Körperschaftsteuer 55 % des Landesanteils fest[35], von dem die Gemeinden nach dem örtlichen Aufkommen „zur Erfüllung der ihnen obliegenden Aufgaben" 48 % erhalten sollten[36]. Auch bei der *Umsatzsteuer* trat eine Verschiebung *zugunsten* der Länder und Gemeinden ein[37]. Der „Gemeindeanteil" sollte nicht mehr nach dem örtlichen Aufkommen, sondern entsprechend der Einkommensteuer verteilt werden[38]. In Preußen wurden die Gemeinden an dem

[32] Denn auch die Länder waren in ihrer finanziellen Selbständigkeit bedroht.

[33] G. über den Finanzausgleich zwischen Reich, Ländern u. Gemeinden v. 23. 6. 1923 (RGBl. I S. 494 ff.).

[34] Der Anteil, der rückwirkend vom Rj. 1921 an auf 75 % erhöht worden war, berechnete sich also nach dem Forensalprinzip. Dabei wurde das Steuersoll nach dem wirtschaftlichen Ursprung der Steuerleistungen zugrundegelegt. Das Steuersoll war der Rechnungsanteil der Gemeinden. Aus der Gesamtheit der Rechnungsanteile der Gemeinden eines Landes waren dann die Schlüsselanteile dieses Landes zu errechnen. Die Verteilungsschlüssel für Einkommen- und Körperschaftsteuer waren getrennt festzustellen. Die Verpflichtung der Länder, die Gemeinden an ihrem Anteil zu beteiligen, wurde dahingehend modifiziert, daß die Länder nun nicht mehr an die Ergiebigkeit der Steuer in den einzelnen Gemeinden anknüpfen mußten.

[35] AusführungsG zum FAG, in Kraft getreten am 30. 10. 1923 (GS S. 487). Der „Gemeindeanteil" war der Anteil der Gemeinden und Landkreise.

[36] Die Kreise und Provinzen erhielten je 3,5 %. Aber auch der verbleibende Betrag wurde den Gemeinden nicht voll ausgezahlt, sondern 2 % hiervon wurden für die *Landesschulkasse* einbehalten, so daß den Gemeinden schließlich noch 46 % blieben, um ihren eigenen Bedarf zu decken.

[37] Beide zusammen erhielten statt bisher 15 % jetzt 25 % des Steueraufkommens.

[38] Der „Gemeindeanteil", der vorher 5 % betragen hatte, wurde auf 15 % heraufgesetzt; die Länder erhielten 20 % zur eigenen Verwendung. Im LStG war Verteilungsmaßstab noch das örtliche Aufkommen gewesen. Die Verteilung des „Gemeindeanteils" an den Reichssteuerüberweisungen erfolgte in Preußen durch den Regierungspräsidenten an die Kreiskommunalverwal-

„Gemeindeanteil" mit 90 % nach der „veredelten" Einwohnerzahl beteiligt[39].

Die Neuregelung brachte jedoch zugleich eine *Verschlechterung* der Stellung der Gemeinden im Finanzausgleichssystem. Der unmittelbare Anspruch der Gemeinden gegen das Reich auf ihren Anteil am Umsatzsteueraufkommen wurde eingeschränkt und damit auch ihre partielle Unabhängigkeit gegenüber dem Land[40]. Erschwerend kam hinzu, daß die *Realsteuern* weiter den Ländern zustanden, die auch darüber zu entscheiden hatten, ob und inwieweit sie ihre Gemeinden am Aufkommen beteiligen wollten[41]. Lediglich Steuern auf den örtlichen Verbrauch bestimmter Getränke durften die Gemeinden mit Genehmigung der Landesregierung erheben[42]. Die Unterverteilung des *Grunderwerbsteueraufkommens,* das den Ländern in voller Höhe zur Verfügung stand[43], konnten diese zwar durch eigene Gesetzgebung regeln, waren dabei aber daran gebunden, den Gemeinden und Gemeindeverbänden insgesamt *mindestens die Hälfte* ihres eigenen Anteils zu überweisen[44]. Zusätzlich durften die Länder, und mit deren Genehmigung die Gemeinden, abgestuft nach sachlichen Merkmalen *Zuschläge* zur Grunderwerbsteuer erheben[45]. *Preußen* ging jedoch mit der Regelung seines Ausführungsgesetzes weit über diese Verpflichtung hinaus. Es ließ den Stadt- und Landkreisen nicht nur seinen eigenen Anteil an der Grunderwerbsteuer zukommen, sondern verzichtete darüber hinaus auch darauf, selbst Zuschläge zu dieser Steuer zu erheben. Nur geringfügig wurde die *finanzielle Bewegungsfreiheit* der Gemeinden erweitert, indem künftig das Steuerfindungsrecht der Gemeinden ausschließlich

tung. Ausnahme hiervon war die direkte Auszahlung durch den Regierungspräsidenten an die Landkreise und kreisfreien Städte. Die *Kreiskommunalkasse* besorgte treuhänderisch die Weiterleitung an die kreisangehörigen Gemeinden. Den Ländern wurde ein Recht auf Zuschüsse zu den den größten Teil des Haushalts beherrschenden Besoldungsausgaben in Höhe von 75 % eingeräumt, die nun nicht mehr zurückbezahlt werden mußten.

[39] Die „veredelte" Einwohnerzahl war eine Bevölkerungszahl, die je nach der Gemeindegröße mit einem unterschiedlichen Verhältnissatz berechnet wurde.

[40] Von nun an war der Landesgesetzgeber ermächtigt, den „Gemeindeanteil" ganz oder teilweise nach anderen als den im FAG aufgestellten Maßstäben zu verteilen. Vor allem war es nun möglich, den „Gemeindeanteil" ganz oder doch z. T. den Gemeindeverbänden zukommen zu lassen.

[41] Ähnlich verhielt es sich mit der Vergnügungsteuer, zu deren Erhebung die Gemeinden jetzt verpflichtet waren (§ 13 FAG), deren Objektshoheit ihnen jedoch nur dann zustand, wenn die Länder diese nicht selbst regelten.

[42] Und zwar nach § 14 FAG auf Wein, Bier usw. Die Biersteuer, für die reichsrechtlich ein Höchstsatz festgelegt war, war gemäß einer vom Reich erlassenen MustersteuerO zu erheben.

[43] Das Reich zog lediglich. 4 % Verwaltungskosten ab, § 34 Abs. 1 FAG.

[44] § 34 Abs. 1 Satz 2 FAG.

[45] § 36 FAG.

der Beschränkung durch die von der Landesregierung erlassenen Mustersteuerordnungen unterlag. Lediglich die gemeindlichen Steuerordnungen, die von der Mustersteuerordnung abwichen oder eine neue Steuerart einführten, unterlagen der aufsichtsbehördlichen Genehmigung[46]. Damit waren jedoch vorerst die Grundlagen für eine *längerfristige Haushaltspolitik* der Gemeinden geschaffen bzw. wieder hergestellt worden. Einerseits standen den Gemeinden jetzt *mehr Finanzmittel* zur Erledigung ihrer Aufgaben zur Verfügung, neue Aufgaben durfte das Reich den Gemeinden nur dann zuweisen, wenn es rechtzeitig für die Bereitstellung der erforderlichen Mittel sorgte[47]. Andererseits hatten die Gemeinden durch die Einschränkung ihres unmittelbaren Anspruchs gegen das Reich einen Teil ihrer *finanziellen Selbständigkeit eingebüßt,* da sie nun wieder in stärkerem Maße von den Ländern abhängig wurden[48].

§ 11 Die Veränderung der Finanzlage der Gemeinden durch die Währungsstabilisierung

A. Die Beschränkung des finanzpolitischen Spielraums der Gemeinden

Bis zur *Währungsstabilisierung* im Jahre 1923 hatte das Reich zum Schluß fast den gesamten Finanzbedarf der Länder und damit auch den der Gemeinden durch Vermehrung der im Umlauf befindlichen Banknoten gedeckt. Erst mit der Schaffung der *Rentenmark* waren die Voraussetzungen für eine Neuregelung des Finanzausgleichs gegeben[1]. Die Neuverteilung der Aufgaben und Lasten zwischen Reich und Ländern wurde durch die beiden Steuernotverordnungen des Jahres 1923 eingeleitet, indem schrittweise alle Steuerzahlungen auf Goldmark umgestellt wurden[2]. Im Jahre 1924 wurde der Finanzausgleich im Sinne

---

[46] Diese Genehmigung wurde in der Praxis allerdings nur bei wirtschaftlichen Steuern erteilt, bei denen das zu erwartende Aufkommen in einem angemessenen Verhältnis zu den Erhebungskosten stand.

[47] Neue Aufgaben durften den Gemeinden nur als Auftragsangelegenheiten auferlegt werden. Diese Regelung, die auch für die Länder galt, wurde durch § 5 des Preuß. AusführungsG zum FAG noch einmal ausdrücklich für Preußen bestätigt.

[48] In Preußen wurden durch die GewerbesteuerVO v. 23. 11. 1923 (GS S. 519) die Wohngemeinden in stärkerem Maße an dem Gewerbesteueraufkommen der Betriebsgemeinden beteiligt. Das waren zumeist die bedeutenderen kreisangehörigen Gemeinden. Die Gewerbesteuerausgleichszahlungen erlangten bis 1936 eine immer größere finanzielle Bedeutung in den Haushalten der beteiligten Gemeinden.

[1] Die Rentenmark wurde am 15. 10. 1923 geschaffen; damit war die Inflation beendet.

[2] 1. StNotVO v. 7. 12. 1923 (RGBl. I S. 1177) und 2. StNotVO v. 19. 12. 1923 (RGBl. I S. 1205). Im Jahre 1926 belief sich die Höhe der Reparationsverpflichtungen auf 1310 Mill. RM, im Jahre 1927 auf 1778 Mill. RM. Die

eines *Trennsystems* unter weitgehendem Abbau der Überweisungssteuern neu geregelt[3]. Die Länder erhielten bestimmte Einnahmequellen und zum Teil feste Anteile am Aufkommen bestimmter Steuern zugewiesen. Die Besoldungszuschüsse, die während der Inflationszeit eingeführt worden waren, wurden nach und nach abgebaut und schließlich ganz eingestellt[4]. Den Ländern und Gemeinden wurden die Aufgaben der Wohlfahrtspflege, des Schul- und Bildungswesens und der Polizei zurückübertragen, die das Reich während der Inflationszeit ganz übernommen hatte[5]. Der Anteil der Länder an der *Einkommen- und Körperschaftsteuer* wurde erheblich erhöht[6], damit wuchs auch die Beteiligung der Gemeinden. In *Preußen* wurde der „Gemeindeanteil" an dieser Steuer auf 50 % des Landesanteils festgesetzt[7]. Der Anteil der Länder an der *Umsatzsteuer* wurde ebenfalls heraufgesetzt[8]. Gleichzeitig entfiel der eigene Anteil der Gemeinden endgültig. Von nun an stand es im Belieben der Länder, in welcher Höhe sie ihre Gemeinden am Umsatzsteueraufkommen beteiligen wollten. *Preußen* überließ allerdings drei Fünftel seines Anteils den Gemeinden. Mit dieser Regelung entzog das Reich den Gemeinden einen der letzten wesentlichen Ansprüche auf eine der Höhe nach feststehende Beteiligung an der Finanzmasse. Eine *eigenverantwortliche Finanzpolitik* der Gemeinden war damit nahezu unmöglich geworden. Das wird vollends deutlich, wenn man berücksichtigt, daß einem geschätzten Mehrbedarf der Länder und Gemeinden von 400 Mill. Mark im Jahre 1925 nach den neuen Bestimmungen lediglich Mehreinnahmen in Höhe von 23,2 Mill. Mark gegenüberstanden[9]. Bei dem reinen Finanzbedarf ergab sich insgesamt eine *Deckungslücke* von über 5 Mrd. Mark[10]. So konnten die Gemeinden

---

Reparationsverpflichtungen des Dt. Reiches waren am 16. 8. 1924 in London durch einen Vertrag geregelt worden. Grundlage war das von einem Sachverständigenausschuß unter Leitung des amerikanischen Bankiers (und Direktors des Budgetbureaus in Washington) *Charles G. Dawes* ausgearbeitete Gutachten über die dt. Leistungsfähigkeit (Dawes-Plan).

[3] Durch die 3. StNotVO vom 14. 2. 1924 (RGBl. I S. 74).

[4] Diese Zuschüsse in Form von Dotationen (Zweckzuweisungen) wurden ab 1. 2. 1924 auf 50 %, ab 1. 3. 1924 auf 25 % vermindert und schließlich am 1. 4. 1924 ganz eingestellt.

[5] Dies geschah durch Art. V, § 42 der 3. StNotVO.

[6] Der Anteil wurde von bisher 75 % auf 90 % erhöht.

[7] Die Gemeinden wurden am „Gemeindeanteil" mit 44 %, die Kreise und Provinzen mit je 3 % durch die Preuß. StNotVO v. 1. 4. 1924 (GS S. 1919) beteiligt.

[8] Von bisher 10 %, bemessen nach der Einwohnerzahl, auf 20 %.

[9] Dabei handelte es sich um Schätzungen der Reichsregierung, die Gemeinden selbst gingen von einem weit höheren Bedarf aus.

[10] Der reine Finanzbedarf der Gemeinden betrug 1925 5,325 Mrd. Mark (Länder: 3,189 Mrd.), aus den Überweisungen erhielten sie jedoch nur 1,245 Mrd. Mark (Länder: 1,27 Mrd., Hansestädte: 0,126 Mrd. Mark).

nur noch versuchen, die dringendsten Aufgaben zu finanzieren, an *freie* finanzpolitische Entscheidungen im Sinne des Selbstverwaltungsrechts war in dieser Lage nicht zu denken.

B. Die Diskussion über die Neuordnung des Finanzausgleichs

I. Die Forderung der Gemeinden nach einem selbständigen Zuschlagsrecht

Das Jahr 1925 brachte lediglich *Übergangsregelungen* anstelle der versprochenen Neuordnung des Finanzausgleichs zwischen Reich, Ländern und Gemeinden[11]. Provoziert durch die erheblichen Überschüsse des Reiches aus der Neuordnung der Finanzwirtschaft brach der Streit um die Beteiligung an der wichtigsten Einnahmequelle, der Einkommen- und Körperschaftsteuer, erneut aus[12]. Seit den Gemeinden durch die Erzbergersche Finanzreform das Zuschlagsrecht zur Einkommensteuer genommen worden war, forderten diese beständig ein selbständiges, auf die *Selbstverantwortung* der einzelnen Gemeinde abgestelltes Besteuerungsrecht bei der Einkommensteuer[13]. Dieser Forderung der Gemeinden sollte 1925 in einem neuen Finanzausgleichsgesetz entsprochen werden[14]. Noch fehlte es jedoch an den erforderlichen statistischen Unterlagen, so daß es nur zu einer *vorläufigen* Regelung kam. Den Ländern und Gemeinden wurde ein Zuschlagsrecht nunmehr zum 1. April 1927 zugesagt, von dem der Reichsrat mehr finanzielle Bewegungsfreiheit, vor allem aber eine „wesentliche Stärkung der Selbstverwaltung der Länder und Gemeinden“ erwartete[15].

Besonders die Regelung der Einkommensteuer als einer der wichtigsten Steuern bot immer wieder Anlaß zum Streit zwischen Reich, Ländern und Gemeinden. Die *Länder* hatten lange Zeit selbständig diese Steuer ausgenutzt und glaubten einen geschichtlich begründeten Anspruch auf sie zu haben. Das *Reich* dagegen mußte seines hohen Finanz-

---

[11] Nach Art. XI des FAG v. 10. 8. 1925 (RGBl. I S. 254) sollte das durch die Notverordnungen in wesentlichen Punkten abgeänderte FAG am 1. 4. 1925 außer Kraft treten. Durch G. v. 26. 3. 1925 (RGBl. I S. 29) wurde die Befristung jedoch zunächst bis zum 30. 9. 1925 verlängert.

[12] Diese Überschüsse des Reiches betrugen allein im Rj. 1924/25 mehr als 2 Mrd. Mark.

[13] Bisher waren diese Bemühungen jedoch erfolglos geblieben; vgl. Denkschrift des Dt. Städtetages, S. 7071.

[14] Der „Entwurf eines Gesetzes über Änderungen des Finanzausgleichs zwischen Reich, Ländern und Gemeinden“ (Reichstags-Drs. Nr. 812) sah dann auch die Einführung eines Zuschlagsrechts der Länder und Gemeinden an der Einkommen- und Körperschaftsteuer vor.

[15] Aufgrund dieser Zusage kam es erst gar nicht zu einem Einspruch des Reichsrates gegen das Gesetz; Erklärung in der Reichsratssitzg. v. 8. 8. 1925.

bedarfs wegen und um seine finanzrechtliche Stellung zu halten, unter allen Umständen diese einnahmestärkste Steuer mittels reichsrechtlicher Gesetzgebung *einheitlich* regeln. So reduzierte sich die Problemstellung auf die Frage nach der *zweckmäßigsten Beteiligung* an der Einkommensteuer. Beide in Betracht kommenden Möglichkeiten, die Überweisung fester Anteile ebenso wie das Zuschlagsrecht zu einer vom Reich erhobenen Einkommensteuer, boten erhebliche Schwierigkeiten. Denn weder die Höhe des Einkommensteueraufkommens der nächsten Jahre stand fest, noch war sicher, wieviel Geld das Reich aufgrund seiner Reparationsverpflichtungen entbehren konnte. Ebenso wenig aber war bekannt, wie hoch der Bedarf der Länder und Gemeinden sein würde[16]. Aus diesen Gründen wurde von nun an das Erstellen einer Finanzstatistik angeordnet. Hinzu kommen mußten jedoch fortlaufende Aufstellungen über Einnahmen und Ausgaben, sowie die Prüfung von Einsparungs- und besseren Steuerausnutzungsmöglichkeiten der Länder und Gemeinden. Erst dann konnte das Beteiligungsverhältnis neu festgelegt werden.

Zwar hätte ein durch Landes- und Gemeindevertretungen ausgeübtes und kontrolliertes Zuschlagsrecht ein *aufwendiges und kostspieliges Verfahren* erfordert, auf der anderen Seite stand jedoch der Vorteil größerer finanzieller Beweglichkeit. Wichtig war aber vor allem, daß eine Selbstbewirtschaftung der Zuschläge nach dem konkreten Bedarf jeder einzelnen Gemeinde weit besser der Forderung nach *Selbstverwaltung und Selbstverantwortung* entsprochen hätte. Noch ließen sich jedoch die Auswirkungen einer Zuschlagsregelung auf die durch die hohen Steuereinnahmen des Jahres 1924 verwöhnten Länder und Gemeinden nicht absehen. Es war zu befürchten, daß es anstelle einer erhofften niedrigen Festsetzung der Zuschläge zur Entlastung der Wirtschaft und Bevölkerung in der Folgezeit eher zu einer sehr *starken Anspannung* der Zuschläge mit den gegenteiligen Wirkungen kommen würde. Eine Begrenzung des Zuschlagsrechts hätte dagegen den für das Selbstverwaltungsrecht gewonnenen Spielraum allzustark eingeengt[17].

II. Die Verschlechterung der Finanzlage der Gemeinden infolge der Reparationsverpflichtungen des Reiches

Zur Deckung des infolge der Reparationsverpflichtungen ungeheuer angestiegenen Finanzbedarfs des Reiches wurde der Anteil der Länder

---

[16] Diese Schwierigkeiten werden im Schwanken der Anteilsbemessung deutlich: 1920 bis 1923 66²/₃ %, 1923/1924 75 %. 1924/1925 90 %, seit 1925 wieder 75 %, jedoch mit wechselnden Vorausabzügen des Reiches, sowie der Koppelung mit der Umsatzsteuer und der Festlegung eines Höchstsatzes.

[17] Für eine solche Begrenzung der Zuschläge hatte man im übrigen kein System.

an der Einkommen- und Körperschaftssteuer vom 1. Oktober 1925 an wieder erheblich herabgesetzt[18]. Die Finanzsituation der Länder und Gemeinden verschlechterte sich dadurch erheblich[19]. Aber auch eine günstige Neuerung brachte das Gesetz. Den Ländern und damit mittelbar auch den Gemeinden wurde jetzt ein *bestimmter Anteil* an der Einkommen-, der Körperschaft- und der Umsatzsteuer *garantiert*. Dieser garantierte Anteil sollte den Ländern und Gemeinden einen sicheren Ausgangspunkt für ihre Etatwirtschaft geben[20]. Der Länderanteil wurde vom 1. Oktober an nach einem geänderten *Verteilungsschlüssel* berechnet, um die Unterschiede zwischen steuerstarken und steuerschwachen Ländern bzw. Gemeinden abbauen zu helfen[21]. Da den Gemeinden kein unmittelbarer Anspruch mehr gegen das Reich zustand, überwies das Reich den Landesanteil, der zu einem Teil für die Gemeinden bestimmt war, an die Länder. Diese verteilten dann nach Abzug des von ihnen beanspruchten Teils die Gelder an die Gemeinden und Gemeindeverbände nach einem *Landesverteilungsschlüssel*, der in allen Ländern verschieden war[22]. In *Preußen* wurde für die Gemeinden von 1925 an eine „relative Garantie" zur Modifizierung des Reichsüberweisungsschlüssels der Einkommen- und Körperschaftsteuer eingeführt[23]. Ausgangspunkt war die Einnahmenhöhe der Vorkriegszeit. Darauf bezogen sollten die Schlüsselanteile einiger „armer" Gemeinden auf Kosten der anderen Gemeinden erhöht werden[24]. Zusätzlich sollte die überplanmäßige Bevölkerungszunahme einer Ge-

---

[18] Der Länderanteil wurde um 15 % von bisher 90 % auf nunmehr 75 % herabgesetzt.

[19] Diese Auswirkungen wurden nur geringfügig gemildert durch die kurzfristige Erhöhung des Länderanteils an der Umsatzsteuer von 20 % auf 35 % in der Zeit vom 1. 10. 1925 bis zum 31. 3. 1926. Am 1. 4. 1926 wurde der Anteil dann auf 30 % festgesetzt.

[20] In den Rechnungsjahren 1925 und 1926 sollte der garantierte Anteil je 2,7 Mrd. RM betragen.

[21] Insbesondere sollte die Benachteiligung der Hansestädte und Sachsens ausgeglichen werden. Dafür wurde zu 1/3 das örtliche Aufkommen, zu 2/3 die Einwohnerzahl berücksichtigt. So erhielt Preußen zwar nur den unbedeutenden Mehrbetrag von 50 000 RM im Rj. 1926/27 (statt 160 827 Mill. RM nämlich jetzt 160 877 Mill. RM), sein Pro-Kopf-Anteil blieb bei 4,22 RM. Für *Lübeck* bedeuteten die Mehreinnahmen dagegen eine erhebliche Aufbesserung der angespannten Haushaltslage (statt 0,540 Mill. RM erhielt es 0,586 Mill RM), der Pro-Kopf-Anteil stieg von 4,22 auf 4,58 RM an.

[22] Die Länder behielten meist etwa die Hälfte des Landesanteils für sich.

[23] VO zur Änderung des Preuß. AusführungsG zum FAG sowie der Preuß. StNotVO und der AusführungsVO zur VO über die Fürsorgepflicht v. 28. 3. 1925 (GS S. 44).

[24] Begünstigt wurden dadurch vor allem diejenigen Gemeinden, deren Einnahmen je Einwohner aus der Überweisung nach dem örtlichen Aufkommen unverhältnismäßig hinter dem Aufkommen des Jahres 1911 zurückgeblieben waren.

meinde besonders berücksichtigt werden[25]. Damit wurde das Aufkommen aus der Einkommen- und Körperschaftsteuer nicht mehr — wie ursprünglich vorgesehen — allein nach dem örtlichen Aufkommen verteilt, sondern auch wesentlich nach dem *Bedarf* ausgerichtet[26]. Zugleich wurde der „Gemeindeanteil" an der Einkommen- und Körperschaftsteuer jedoch ebenso gesenkt wie der an der Umsatzsteuer[27].

§ 12 Der Finanzausgleich im Zeichen der Wirtschaftskrise

Auch zahlreiche kleinere Änderungen vermochten nicht das eigentliche Problem der Gemeinden zu lösen, durch eine ausreichende Finanzausstattung die Basis für die Verwirklichung ihres *Selbstverwaltungsrechts* zu schaffen[1]. Eine neue umfassende Finanzausgleichsregelung sollte daher die Länder und Gemeinden unabhängiger machen, indem man diesen das Recht auf *selbständige Anteilsfestsetzung* an der Einkommen- und Körperschaftsteuer gewährte[2]. Zwar war jetzt endlich die Übergangsphase der Währungsstabilisierung abgeschlossen, so daß der Gesetzgebung verwertbare statistische Unterlagen zugrunde gelegt werden konnten, die in der Zwischenzeit erstellt worden waren. Andererseits war jedoch zu diesem Zeitpunkt immer noch nicht zu übersehen, wie hoch die Belastungen durch die *Reparationsverpflichtungen* für das Reich werden würden. Auch die in Angriff genommene Verwaltungs- und Verfassungsreform war noch nicht abgeschlossen. So war eine endgültige Regelung der Lasten- und Steuerverteilung zwischen Reich, Ländern und Gemeinden wiederum nicht möglich.

---

[25] Diese Änderung galt rückwirkend für das Rj. 1925/26 und nahm das Jahr 1910 als Ausgangspunkt. G. zur Änd. des Preuß. AusfG. zum FAG v. 27. 11. 1925 (GS S. 162).

[26] *Fuchs / Riewald*, S. 23. Das zeigte sich auch in der Schaffung eines „Schulkinderansatzes". Bei der Berechnung der Bevölkerungszahl wurde die Schulkinderzahl besonders berücksichtigt, soweit sie einen gewissen Durchschnittssatz überstieg.

[27] Der „Gemeindeanteil" an der Einkommen- und Körperschaftsteuer wurde während der Jahre 1924 bis 1926 von 55 % im Jahre 1923 (ab 1. 2. 1924 50 %) auf schließlich (ab 1. 7. 1924) 45 % herabgesetzt. So verblieben den Gemeinden nach Abzug des Anteils der Gemeindeverbände und des Beitrags zur Landesschulkasse (2 %) lediglich 42 % (bis 30. 6. 1924) und schließlich sogar nur noch 38 % des dem Freistaat Preußen überwiesenen Anteils. Der „Gemeindeanteil" an der Umsatzsteuer wurde von bisher 60 % ab 1. 4. 1925 auf 55 % gesenkt.

[1] Solche kleinen Änderungen waren z. B.: Neue Grundsätze für die Verteilung der Kraftfahrzeugsteuer durch das G. v. 15. 5. 1926 (RGBl. I S. 223), Senkung der Umsatzsteuer durch das SteuermilderungsG v. 31. 3. 1926 (RGBl. I S. 185).

[2] Begründung zum FAG, S. 8.

A. Kein Zuschlagsrecht für die Gemeinden

Zum 1. April 1927 war den Ländern und Gemeinden ein Zuschlagsrecht zur Einkommen- und Körperschaftsteuer zugesagt worden[3]. Diese Zusage konnte jedoch vorerst infolge der unübersichtlichen Finanzlage des Reiches nicht eingehalten werden. Ein solches Zuschlagsrecht, das den Gemeinden wenigstens einen Teil der geforderten *Finanzautonomie* zurückgegeben hätte, fand allerdings auch nicht mehr den ungeteilten Beifall der Gemeinden. Denn wegen der angespannten Finanzlage des Reiches und der zunehmenden Erwerbslosenzahl befürchteten manche Gemeinden — nicht zu Unrecht — erhebliche finanzielle Einbußen. Die Einführung des Zuschlagsrechts und damit die Hoffnung auf eine Stärkung der Eigenverantwortlichkeit der Gemeinden auf dem Gebiet der Finanzen, wurde daher erneut verschoben[4]. Wieder gab es nur eine provisorische Regelung des Finanzausgleichs[5], die die Lage der Länder und Gemeinden jedoch eher verschlechterte. Die Reichsgarantie für den Länderanteil am Steueraufkommen wurde eingeschränkt, die Umsatzsteuergarantie sogar ganz aufgehoben[6]. Insgesamt brachte das Änderungsgesetz also für die Gemeinden *neue Belastungen* statt der erhofften Verbesserungen. Neben der Möglichkeit, einen Zuschlag zur Grunderwerbsteuer zu erheben[7], fiel das Recht der Gemeinden auf Erhebung einer *Getränkesteuer* bis auf wenige Ausnahmefälle weg. Nur der örtliche Verbrauch von Bier durfte unter bestimmten Voraussetzungen noch besteuert werden. Zwar verpflichtete sich das Reich, bis zum Inkrafttreten eines Gesetzes über die Arbeitsvermittlung und die Arbeitslosenversicherung die Kosten für die *Erwerbslosenfürsorge* zu übernehmen[8], aber die Gemeinden mußten ein Fünftel der Kosten für Krisen- und Erwerbslosenfürsorge selbst tragen. Diese Zahlungen belasteten den Haushalt der Gemeinden um so schwerer, da sie ohnehin schon mit einer erheblichen Verminderung der Einnahmen aus dem Finanzausgleich fertig werden mußten.

---

[3] Durch das FAG v. 10. 8. 1925.

[4] Die Einführung des Zuschlagsrechts wurde auf den 1. 4. 1929 verschoben.

[5] Die Reichsregierung hatte die Hoffnung, im nächsten Jahr aufgrund einer günstigeren außenpolitischen Lage den Finanzausgleich in einer allgemein befriedigenden Weise regeln zu können.

[6] Durch das G. zur Übergangsregelung des Finanzausgleichs zwischen Reich, Ländern u. Gemeinden v. 9. 4. 1927 wurde die Garantie für die steuerschwachen Länder wieder eingeschränkt. Als Ersatz hierfür wurde die Garantiesumme insgesamt auf 2,6 Mrd. RM erhöht, allerdings mit der Auflage, die diese Summe übersteigenden Überweisungsbeträge zur Senkung der Realsteuer in den Ländern zu verwenden.

[7] Dies war bisher dort möglich gewesen, wo die Erhebung einer Wertzuwachssteuer nicht reichsrechtlich vorgeschrieben war. Der Zuschlag zur Grunderwerbsteuer betrug 4 %.

[8] Dieses Gesetz trat am 1. 10. 1927 in Kraft.

B. „Gemeindeanteil" und Sonderfinanzausgleich

Die Bedeutung des Verteilungsmodus für die Gemeinden zeigt das Beispiel der kreisangehörigen Gemeinden, deren Finanzbedarf für das Rechnungsjahr 1927 zu mehr als einem Fünftel durch ihren Anteil an den Reichsüberweisungssteuern gedeckt wurde[9]. Während *Preußen* lediglich 55 % der vom Reich überwiesenen Beträge für sich in Anspruch nahm, verblieben den Gemeinden nach Abzug der Anteile für die Landkreise und Provinzen und für die Landesschulkasse hiervon schließlich ganze 38 %[10]. Dieser Anteil der Gemeinden wurde zwar grundsätzlich nach den reichsrechtlichen Rechnungsanteilen verteilt, bei Nichterreichen eines bestimmten Kopfbetrages wurde der Rechnungsanteil aber entsprechend heraufgesetzt[11]. Zusätzlich wurde ein erheblicher Bevölkerungszuwachs der einzelnen Gemeinde berücksichtigt[12]. Von den an Preußen überwiesenen *Umsatzsteuerbeträgen* behielt das Land selbst 45 % zur eigenen Verwendung. Der verbleibende „Gemeindeanteil" wurde auf die Gemeinden und die Landkreise aufgeteilt[13]. Als *Lastenausgleichsschlüssel* für die Verteilung wurde eine „veredelte" Gesamteinwohnerzahl der Gemeinden errechnet, die einerseits die *Einwohnerzahl* der Gemeinden berücksichtigte, da man von einer Zunahme der Pro-Kopf-Ausgaben einer Gemeinde mit steigender Größe ausging und andererseits die *Struktur* der Gemeinden. Dabei wurde unterstellt, daß in ärmeren Gemeinden die Kinderzahl erheblich höher sei als in reicheren und nahm deshalb das Verhältnis der Kinderzahl zur Gesamteinwohnerzahl der Gemeinde zum Maßstab für den Wohlstand dieser Gemeinde[14]. Neben dem eigentlichen Finanzausgleich wurde ein Betrag von 10 Mill. RM für einen *Sonderfinanzausgleich* zur Verfügung gestellt[15]. Damit sollten die den preußischen Randgemeinden

---

[9] Der reine Finanzbedarf der kreisangehörigen Gemeinden in Preußen betrug im Rj. 1927 1,1 Mill. RM. Dieser Bedeutung entsprechend oblag die Oberverteilung der Überweisungssteuern in Preußen den Ministern des Innern und der Finanzen, während die Unterverteilung unter der Leitung des Regierungspräsidenten vorgenommen wurde.

[10] Landkreise und Provinzen erhielten je 2,5 %, die Landesschulkasse 2 %; Preuß. Ausf. G. zum FAG v. 1. 4. 1927 (GS S. 63).

[11] Dabei wurde ein „fiktiver Einheitssatz" von 0,22 RM pro Kopf zugrundegelegt; es handelte sich also um eine relative Mindestgarantie für die Gemeinden, vgl. *Hornschu,* S. 94.

[12] Je nach dem Bevölkerungszuwachs in der Zeit von 1910 bis 1925 wurde der Überschuß ein- bis dreimal hinzugerechnet.

[13] Die Gemeinden erhielten 90 %, das waren 49,5 % des Landesanteils Preußens, die Landkreise erhielten 10 %, das waren 5,5 % des Landesanteils. Die Provinzen wurden dagegen nicht berücksichtigt.

[14] Berechnet wurde die Zahl der schulpflichtigen Kinder.

[15] Durch das G. v. 8. 7. 1927 (GS S. 135). Allerdings wurde die Finanzausgleichsmasse vor der Aufteilung auf Land, Provinzen, Kreise und Gemeinden um diesen Betrag gekürzt. Der Sonderfinanzausgleichsbetrag wurde durch

und Kreisen aus der Nachbarschaft zu den Stadtstaaten entstehenden erhöhten Ausgaben gedeckt werden[16]. *Reine Gemeindesteuern* waren in Preußen die Getränkesteuern und die Biersteuer, während sich die Aufwandsteuern auf Gemeinden und Gemeindeverbände verteilten[17]. Hinzu kamen als wichtige Einnahmequelle die Zuschläge zu der staatlich veranlagten Grundvermögensteuer und vor allem die Gewerbesteuer.

C. Allgemeine Finanznot infolge der Wirtschaftskrise

Die ungeheuren finanziellen Verpflichtungen des Reiches zwangen zur Einführung neuer Steuern und zur *Erhöhung des Reichsanteils* an den Überweisungssteuern. Zwar wurde nun die Höhe der Belastungen durch den sogenannten *Young-Plan* festgelegt, die das Reich an Reparationsleistungen zu erbringen hatte[18]. Damit war auch eine der Voraussetzungen für die Neuordnung des Finanzausgleichs geschaffen. Das Reich litt aber ebenso wie die Länder und Gemeinden an *Finanznot*[19]. Diese Finanznot des Reiches schloß eine Regelung zugunsten der Gemeinden von vornherein aus[20]. Infolge der *Wirtschaftskrise* stieg die Erwerbslosenzahl, und die Steuereinnahmen gingen zurück. Neue Erwerbsquellen mußten zur Deckung der Defizite der öffentlichen Haushalte erschlossen werden. Für die Gemeindefinanzen brachte in diesem Zusammenhang die Wiedereinführung der Mineralwassersteuer nur eine geringfügige Verbesserung[21].

---

die VO zur Durchführung dringender Finanzmaßnahmen v. 18. 3. 1933 (GS S. 51) auf 1,8 Mill. RM begrenzt.

[16] Gedacht war an Ausgaben z. B. für Wohnungsbau und Straßenunterhaltung.

[17] Das waren Hunde-, Vergnügungsteuer u. a.

[18] Dieser von einer internationalen Kommission unter Leitung von *Owen D. Young* ausgearbeitete Plan löst 1930 den Dawes-Plan zur Regelung der dt. Reparationen ab und war bis 1931 (formell bis 1932) in Kraft. Die dt. Zahlungen sollten im 1. Halbjahr 1930 676,9 Mill. RM, im ersten vollen Jahr 1641,6 Mill. RM betragen, bis 1965/1966 auf 2352,7 Mill. RM im Jahr steigen und bis 1988 allmählich wieder auf 897,8 Mill. RM sinken.

[19] Die Finanznot der Gemeinden rührte vor allem von den „inneren Kriegslasten", der Fürsorgepflicht und der Förderung des Wohnungsbaus, die 30 bis 40 % der Gemeindeausgaben ausmachten, her. Das Reich erhob für seinen Bedarf einen 5 %igen Zuschlag zur Einkommensteuer (VO des RPräs. zur Behebung finanzieller, wirtschaftlicher und sozialer Notstände v. 26. 7. 1930 (RGBl. I S. 311). Damit erhöhte sich das Voraus des Reiches auf insgesamt 152 Mill. RM.

[20] Das zeigte bereits das G. über die Aufstellung eines Haushaltsplanes für das Rj. 1929/30 v. 29. 6. 1929 (RGBl. II S. 433).

[21] Die Mineralwassersteuer wurde durch G. v. 15. 4. 1930 (RGBl. II S. 319) wieder eingeführt. Die Länder hatten das Aufkommen dieser Steuer, von der das Reich lediglich eine 4 %ige Hebegebühr beanspruchte, voll an die Gemeinden weiterzuleiten.

I. Die Einführung der Bürgersteuer

Wichtigste Neuerung war die Einführung der sogenannten *Bürgersteuer,* die von jedem wahlberechtigten Gemeindeeinwohner erhoben werden sollte[22]. Diese Kopfsteuer, die stark umstritten war[23], sollte als *Gemeindepersonalsteuer* ein Gegengewicht zu den Realsteuern bilden[24]. Alle nichtrealsteuerpflichtigen Bevölkerungsteile sollten am kommunalen Aufwand beteiligt werden, um „das Gefühl dafür wach(zu)rufen und (zu)erhalten, daß Gleichberechtigung Pflichten der Gemeinschaft voraussetzt"[25]. Aus diesem Grunde sollten alle diejenigen, die zwar an den kommunalen Leistungen partizipieren, dafür aber keine Gegenleistung in Form einer den Gemeinden zufließenden Abgabe erbringen, eine für alle gleiche „Verwaltungskostenabgabe" zahlen. Die Befürworter der Bürgersteuer verkannten jedoch, daß auch die nichtrealsteuerpflichtigen Gemeindeeinwohner bereits im Rahmen der Überweisungen, in denen ihr Steueranteil mitenthalten war, ihre Gegenleistung für den kommunalen Verwaltungsaufwand erbracht hatten[26]. Der Verdacht lag nahe, daß für die Gemeinden weniger der „Opfergedanke" im Hinblick auf die Bürger im Vordergrund stand, als vielmehr der Wunsch nach neuen anpassungsfähigen Einnahmen. Solche Einnahmen standen den Gemeinden in den auf Grundbesitz und Gewerbe basierenden Realsteuern bisher nicht in ausreichendem Maße zur Verfügung. Eine brauchbare Alternative zur Bürgersteuer zeigte sich vor allem wegen der ständigen Gefahr einer Kollision mit Reichsgesetzen nicht, die jede Anpassung der Steuerleistung an die persönliche Leistungsfähigkeit der Steuerschuldner ausschloß. Erschwerend kam hinzu, daß die Realsteuern in Anbetracht der sich verschärfenden Wirtschaftskrise bereits bis an die Grenze der Leistungsfähigkeit der Steuerpflichtigen angespannt worden waren und nun gesenkt bzw. nach oben begrenzt wurden. Die *Realsteuersenkungsentschädigung* des Reiches bot den Gemeinden für diesen Ausfall nur ungenügenden Ersatz. Es blieb die Bürgersteuer, die bald darauf durch eine Staffelung nach der Höhe der

[22] Die Gemeinden waren von nun an verpflichtet, bei Vorliegen bestimmter Voraussetzungen eine Gemeindebiersteuer und/oder eine Bürgersteuer zu erheben.

[23] Bereits Reichsfinanzminister *Hilferding* hatte in seinem Steuerreformprogramm eine „Verwaltungskostenabgabe" vorgeschlagen. In Sachsen war bis 1913 eine kommunale Kopfsteuer erhoben worden, Württemberg hatte sie 1903 als „Wohnsteuer" eingeführt; in Bayern plante man 1927 die Einführung einer Einwohnersteuer nach württembergischem Vorbild. Die Finanzwissenschaft hatte sich allerdings seit dem 19. Jh. gegen kopfsteuerartige Abgaben gewandt.

[24] Das war auch der Grund für eine Koppelung der Hebesätze von Bürgersteuer und Gewerbesteuer.

[25] *Most,* S. 95.

[26] Vgl. *Wysocki,* S. 149 ff. (152).

Einkommen weiter ausgebaut wurde[27]. Der als *unsozial* empfundene Charakter dieser Steuer sollte dadurch gemildert werden, daß Empfänger von Arbeitslosen- und Fürsorgeunterstützungen von der Bürgersteuer befreit wurden[28]. Schließlich wurde bestimmt, daß der Finanzausgleich zwischen Reich, Ländern und Gemeinden ab 1. April 1932 endgültig im Sinne einer *Stärkung der Finanzautonomie* der Gemeinden und der Länder geregelt werden sollte.

Der *preußische* Finanzausgleich der Jahre 1928 bis 1930 war dadurch gekennzeichnet, daß die Ausgleichszahlungen an den neuesten Stand angepaßt und Änderungen des Reichsrechts eingearbeitet wurden[29]. Im übrigen wurde das Preußische Ausführungsgesetz zum Finanzausgleichsgesetz lediglich Jahr für Jahr verlängert.

II. Die Realsteuersperre

Da sich auch in den Jahren 1931 und 1932 die Reichseinnahmen verringerten und gleichzeitig die Erwerbslosenzahlen stiegen, sah sich das Reich gezwungen, die *Wohlfahrtslasten* für die Gemeinden zu erleichtern. Zugleich limitierte es das Ausgabenvolumen der Gemeinden[30]. Um der unerträglichen Steigerung der Grunderwerbsteuer und vor allem der Gewerbesteuer auch in der Krisenzeit durch die Gemeinden, die aus dem Ertrag ihre ständig steigenden Ausgaben zu decken versuchten, Einhalt zu gebieten, mußte das Reich schließlich zum äußersten Mittel greifen, der *Realsteuersperre*[31]. Eine befriedigende Lösung der Finanz-

---

[27] Dies geschah durch die VO des RPräs. zur Sicherung der Wirtschaft und Finanzen v. 1. 12. 1930 (RGBl. I S. 517). Vom 24. 3. 1931 (G. zur Verlängerung des Preuß. AusfG. zum FAG) an wurde die Bürgersteuer Bemessungsgrundlage für die Kreis- und Provinzialumlage.

[28] Der Steuersatz für Ehefrauen wurde auf die Hälfte der Steuerbeträge des Ehemannes festgesetzt.

[29] Von den Überweisungsbeträgen aus der Biersteuer behielt Preußen 50 %, den Rest erhielten die Gemeinden (G. zur Verlängerung u. Änd. des Preuß. AusfG. zum FAG v. 19. 7. 1930, GS S. 213). Zu diesen Einnahmen kam für die Gemeinden neben der Mineralwassersteuer auch der Ertrag aus den wiedereingeführten gemeindlichen Getränkesteuern.

[30] Das Ausgabenvolumen der Gemeinden wurde durch die NotVO zur Sicherung der Haushalte der Länder und Gemeinden vom August 1931 (RGBl. I S. 453) begrenzt. Zu diesem Zweck wurde durch die 2. VO des RPräs. zur Sicherung von Wirtschaft u. Finanzen v. 5. 6. 1931 (RGBl. I S. 279) vor der Verteilung nach dem FAG vorab ein Betrag von 60 Mill. RM aus dem Lohnsteueraufkommen zur Verfügung gestellt, der durch die 3. VO des RPräs. zur Sicherung von Wirtschaft u. Finanzen und zur Bekämpfung politischer Ausschreitungen v. 6. 10. 1931 (RGBl. I S. 337) auf insgesamt 150 Mill. RM aufgestockt wurde.

[31] Ein Teil des Gemeindeanteils an der Hauszinssteuer wurde für die Realsteuersenkungsentschädigung der Gemeinden verwendet. Gleichzeitig wurden die Gemeinden für den Ausfall durch die Gemeindebiersteuer durch Bereitstellung eines bestimmten Betrages (24 Mill. RM für Gemeinden mit über 5000 Einw., 4 Mill. für Gemeinden unter 5000 Einw.) entschädigt.

probleme, insbesondere eine Neuordnung des Finanzausgleichs im Sinne der Stärkung des gemeindlichen Selbstverwaltungsrechts, war in dieser Krisenzeit ebensowenig durchführbar wie die ebenfalls dringend erforderliche Verwaltungs- und Verfassungsreform. So rettete man sich im Reich von einer Notverordnung zur anderen und versuchte damit die Scheu von Regierung und Parlament, von Ländern und Gemeinden vor einschneidenden Neuerungen zu kaschieren. Da eine umfassende Regelung des Finanzausgleichs im Reich ausblieb, bürgerte es sich in *Preußen* nun ein, stets das geltende Finanzausgleichsgesetz gleichzeitig mit einigen unaufschiebbaren Änderungen um ein Jahr zu verlängern[32].

§ 13 Der Finanzausgleich nach der Machtergreifung

A. Erster Eindruck von den geplanten „Reformen"

Nach der Machtergreifung wollten die Nationalsozialisten das gültige System des Finanzausgleichs völlig *umgestalten*. Im Zuge der Ausschaltung der Länder sollten die Landessteuern in Reichssteuern aufgehen, so daß später nur noch Reichssteuern und Gemeindesteuern nebeneinander bestehen sollten. Das Ziel war die Schaffung eines *Einheitsstaates*. Die schwierige Finanzlage des Reiches ließ jedoch auch den neuen Machthabern nicht genügend finanziellen Spielraum für ihre Bestrebungen. Die Neuregelung wurde daher vorerst zurückgestellt. Es wurden jetzt allerdings bereits vor Verteilung der Finanzausgleichsmasse bestimmte Steueranteile für das Reich ausgeschieden[1] und schließlich das Beteiligungsverhältnis an den großen Überweisungssteuern geändert[2]. Da das neue Bürgersteuergesetz für manche Gemeinden erhebliche *Einnahmeeinbußen* bewirkte, sah sich das Reich gezwungen, hierfür einen Ausgleich zur Verfügung zu stellen[3].

Während die eigentliche Finanzausgleichsgesetzgebung nur unbedeutende Änderungen brachte[4], wurde durch das neue *Körperschaft-*

[32] Dies geschah durch ein G. über dringende Finanzmaßnahmen.

[1] Und zwar wurden 7 % aus dem Aufkommen der Lohnsteuer und 16,4 % aus dem Aufkommen der Einkommensteuer zurückbehalten.

[2] Das Mehraufkommen der Länder aus der Einkommensteuer, das durch Einbeziehung der bisherigen „Nebenabgaben" der Einkommensteuer in das EinkommensteuerG. v. 16. 10. 1934 entstanden war, wurde dadurch abgeschöpft (SteueranpassungsG. v. 16. 10. 1934, RGBl. I S. 925), daß das Beteiligungsverhältnis von Reich u. Ländern an den großen Überweisungssteuern ab 1. 3. 1935 geändert wurde. Das Reich erhielt jetzt ein Voraus in Höhe von 26 %.

[3] Ein Betrag in Höhe von 25 Mill. RM sollte nach dem Verhältnis des Bürgersteueraufkommens 1934 auf die Länder verteilt und von diesen an die betroffenen Gemeinden weitergeleitet werden.

[4] Diese Änderungen des Jahres 1934 betrafen in Preußen vor allem die Bemessungsgrundlagen der Umlagen.

steuergesetz eine wesentliche Umorientierung eingeleitet[5]. Seit 1926 hatten die Betriebe des öffentlichen Rechts das Privileg besessen, nicht körperschaftsteuerpflichtig zu sein[6]. Dies erscheint heutigem sozialstaatlichen Denken fast selbstverständlich, soweit es die Betriebe betrifft, die der Versorgung der Bevölkerung mit Wasser, Gas und Elektrizität oder dem öffentlichen Verkehr bzw. dem Hafenbetrieb dienen. Damals stieß diese einseitige Bevorzugung jedoch nicht nur auf den — zu erwartenden — heftigen Widerstand der Wirtschaft, die die Konkurrenz fürchtete. Auch ein Finanzfachmann vom Grade *Popitz'* setzte sich für deren Beseitigung ein. So wurde die *Steuerfreiheit* der öffentlichen Betriebe bald wieder *aufgehoben* und die Versorgungsbetriebe in vollem Umfang steuerpflichtig. Da die Gebietskörperschaften diesen Einnahmenausfall nicht allein tragen konnten, wurde ihnen vorläufig als Ersatz das Körperschaftsteueraufkommen ihrer öffentlichen Versorgungsbetriebe überwiesen[7].

Im Jahre 1935 begannen die neuen Machthaber dann ernsthaft damit, ihre Vorstellungen von einem „zweckmäßigen" System des Finanzausgleichs zu verwirklichen. Um die Länder endgültig in *finanzielle Abhängigkeit* vom Reich zu bringen, sollten die Länderanteile erheblich gekürzt werden[8]. Die angekündigten Maßnahmen wurden allerdings vorerst sämtlich wieder aufgehoben und durch neue Regelungen ersetzt[9]. Länder und Gemeinden hatten jedoch einen ersten erschreckenden Eindruck von den geplanten „Reformen" gewonnen. In den Jahren 1935 und 1936 stieg das Steueraufkommen im Reich erheblich. An diesen Mehreinnahmen waren die Länder — und damit die Gemeinden — *prozentual* beteiligt, ohne entsprechend hohe Ausgaben zu haben, wie sie dem Reich durch Aufrüstung und Schuldentilgung entstanden. Dieses Mißverhältnis sollte nun zugunsten des Reiches korrigiert werden. So wurde der über den für die Länderanteile festgesetzten Grundbetrag hinausgehende Betrag gekürzt[10], und schließlich die Länder an

---

[5] KörperschaftssteuerG. v. 16. 10. 1934 (RGBl. I S. 1031).

[6] Seit der VO zur Durchführung des KörperschaftsteuerG. v. 17. 5. 1926 (RGBl. I S. 244).

[7] Nach § 9 des SteueranpassungsG v. 16. 10. 1934 (RGBl. I S. 925) sowie für Preußen durch das G. über dringende Finanzmaßnahmen v. 11. 3. 1935 (GS S. 37). Diese Überweisungen blieben beim Finanzausgleich unberücksichtigt.

[8] Durch das 1. G. zur Änderung des Finanzausgleichs v. 25. 2. 1935 (RGBl. I S. 285).

[9] Durch das 2. G. zur Änderung des Finanzausgleichs v. 30 3. 1936 (RGBl. I S. 315). Durch das 3. G. zur Überleitung der Rechtspflege auf das Reich v. 24. 1. 1935 wurden schließlich die Anteile der Länder um den Zuschußbedarf seiner bisherigen Landesjustizverwaltung gekürzt. Denn die Länderjustizbehörden wurden ab 1. 4. 1935 zu Reichsbehörden umgewandelt.

[10] Nämlich für die Rj. 1935 u. 1936 um $^{2}/_{3}$, sobald bei der Einkommensteuer der Betrag von 1,1 Mrd. RM, bei der Körperschaftsteuer von 573 Mill. RM

dem steigenden Steueraufkommen mit *abnehmenden Prozentsätzen* beteiligt[11].

Um den Einnahmenausfall aus der Senkung der Hauszinssteuer für die *preußischen* Stadt- und Landkreise zumindest erträglich zu gestalten, wurden Landesanteil und Vorwegabzug ebenfalls gesenkt und die Hauszinssteuerschlüsselzahl neu berechnet[12]. Aus den für die Gemeinden und Gemeindeverbände an das Land überwiesenen Beträgen an Einkommen- und Körperschaftsteuer und aus bestimmten Umsatzsteueranteilen der Gemeinden und Landkreise wurde jetzt ein *Ausgleichsstock* gebildet[13]. Bemessungsgrundlagen waren hierfür ebenso wie für die Dotationen der Provinzen und Landkreise nur noch die Grundbeträge des Plafondgesetzes. Gleichzeitig wurden die Lasten auf dem Gebiet des öffentlichen Volksschulwesens für die Gemeinden erheblich erleichtert.

B. Die Realsteuerreform des Jahres 1936

Durch die Realsteuerreform des Jahres 1936 wurden die Realsteuern vereinheitlicht und den Gemeinden als *reine Gemeindesteuern* überwiesen[14]. Diese mußten nun nicht mehr mit den Ländern oder mit den Gemeindeverbänden geteilt werden[15]. Dadurch erhielten die Gemein-

---

überschritten wurde, allerdings bei Einkommen- u. Körperschaftsteuer nur, wenn beide zusammen die Summe von 1,34 Mrd. RM überschritten (Koppelung).

[11] Dies geschah unter Aufgabe der absoluten Beschränkung der Länderanteile, vgl. *Hornschu*, S. 33. Bei Überschreiten der Grundbeträge wurden die Länder bei den ersten 100 Mill. RM mit 15 %, bei den zweiten mit 12 % beteiligt; bei jeden weiteren 100 Mill. RM verringerte sich der Länderanteil um 2 %. Die Ländergarantien für die Einkommen- und Körperschaftsteuer wurden auf 1/5 des örtlichen Aufkommens gekürzt. Damit war die seit 1931 ständig hinausgeschobene Regelung nunmehr verwirklicht worden.

[12] Durch das Preuß. G. über dringende Finanzmaßnahmen v. 6. 4. 1936 (GS S. 89).

[13] Die Hauszinssteuer war durch das G. über dringende Finanzmaßnahmen v. 11. 3. 1935 (GS S. 37) um 25 % gekürzt worden. Unter Zugrundelegen der Reichsfürsorgestatistik wurde nun der Berechnungsschlüssel verändert. Landesanteil und Vorwegabzug wurden ebenfalls um 25 % gesenkt, ersterer von 50 Mill. auf 37,5 Mill. RM, letzterer von 128 Mill. auf 96 Mill. RM.

[14] Die Realsteuerreform bestand aus folgenden Gesetzen: EinführungsG zu den Realsteuergesetzen (RGBl. I S. 961), GewerbesteuerG (RGBl. I S. 979), GrundsteuerG (RGBl. I S. 986) und G. zur Änderung der Vorschriften über die Gebäudeentschuldungssteuer, alle v. 1. 12. 1936. Vor der Reform hatte es innerhalb des Dt. Reiches 16 verschiedene Gewerbesteuergesetze und Grundsteuergesetze gegeben. Eine gewisse Vereinheitlichung trat aber bereits durch das ReichssteuerrahmenG (NotVO v. 1. 12. 1930, 3. Teil, Kap. II, RGBl. I S. 531) ein; vgl. zur Bedeutung der Realsteuerreform: *Pagenkopf*, Reich u. Länder, 1937, S. 73 ff.

[15] In Preußen hatten die Gemeinden die Hauszinssteuer auch mit den Provinzen teilen müssen. Die Gemeinden besaßen jetzt die Ertragshoheit über die Realsteuern.

den erhebliche Mehreinnahmen[16]. In der *Grundsteuer* besaßen die Gemeinden jetzt eine krisenfeste Steuer, demgegenüber war die *Gewerbesteuer* sehr konjunkturempfindlich[17]. Es lag nahe, diese beiden Steuern den Gemeinden zuzuweisen, da gerade Grundbesitz und Gewerbe einen besonderen Anteil an den entstehenden Gemeindelasten hatten. Damit wurde im Jahre 1936 reichseinheitlich eine Forderung verwirklicht, die bereits *Miquel* aufgestellt hatte und die von Popitz nachdrücklich vertreten worden war[18]. Den großen finanziellen Vorteilen der Realsteuerreform standen aber auch *Nachteile* für die Gemeinden gegenüber. Ihre Anteile an den Überweisungssteuern wurden jetzt nicht nur nach unten, sondern auch nach oben begrenzt[19]. An den gewaltigen Mehreinnahmen, die dem Reich infolge des wirtschaftlichen Aufschwungs zuflossen, wurden die Gemeinden daher in der Folgezeit nur ungenügend beteiligt. Da in *Preußen* die Gewerbesteuer bereits seit 1895 eine reine Gemeindesteuer war, konnte sich eine Zunahme der Realsteuereinnahmen lediglich aus der *Grundsteuer* ergeben[20].

Zwar war mit der *Trennung der Steuerquellen* der lange gehegte Wunsch der Gemeinden nach eigenen Steuern in Erfüllung gegangen. Gleichzeitig wurden ihre Einnahmen aber auch in starkem Maße *konjunkturabhängig*. In Zeiten rückläufiger Konjunktur mußten die Gemeinden nun von sich aus ihre Ausgaben entsprechend einschränken. Im Ganzen ergab sich ein relativ starres Gemeindefinanzsystem, das den Gemeinden *wenig Entscheidungsspielraum* ließ. Daher forderten die Gemeinden zusätzlich eine bewegliche Steuer mit unmittelbarem Bezug zur örtlichen Steuerkraft, um den Ansprüchen einer echten gemeindlichen Selbstverwaltung genügen zu können. Eine solche in der Höhe von den Gemeinden bestimmte *Personalsteuer* widersprach jedoch den Interessen des Reiches, das eine Vereinheitlichung des Steuersystems anstrebte. Ein kommunales Besteuerungssystem in der geforderten Art hätte neue Unübersichtlichkeiten geschaffen, seine Einführung wurde daher vom Reich abgelehnt. Es blieb bei der bisherigen Bürgersteuer. Durch die Realsteuerreform wurden die *Länder* all-

[16] Das waren im Rj. 1936 590 Mill. RM, also etwa 34,4 % Mehreinnahmen.

[17] Die Grundsteuer war die bisherige Grundvermögensteuer.

[18] Die Forderung bezog sich allerdings auf die Länder des Reiches mit Ausnahme von Preußen, denn in Preußen war die Gewerbesteuer bereits seit 1895 eine reine Gemeindesteuer.

[19] Durch die VO des Reichsministers des Innern und des Reichsfinanzministers v. 16. 12. 1937 (RGBl. I S. 1352).

[20] Im übrigen brachten weder die Realsteuerreform noch die Reichsgrundsätze über den Finanz- und Lastenausgleich zwischen Ländern und Gemeinden für den Finanzausgleich des Jahres 1937 in Preußen grundlegende Neuerungen, da die getroffenen Regelungen den in Preußen bereits gehandhabten entsprachen.

mählich von der Ausschöpfung der Realsteuern abgedrängt. Wegen der Fülle der von ihnen zu erledigenden Aufgaben konnten sie jedoch nicht ersatzlos auf ihre Einnahmen aus den Realsteuern verzichten. Spätestens bis zum 1. April 1938 sollte daher der Finanz- und Lastenausgleich zwischen Ländern und Gemeinden neu geregelt werden[21].

C. Die Konzeption des modernen Finanzausgleichs

Diese neue Regelung wurde bald auf dem Verordnungswege verwirklicht[22]. Die Auswirkungen der Realsteuerreform sollten einerseits durch Übertragung von Aufgaben und Lasten von den Ländern auf die Gemeinden und andererseits durch Änderung der Beteiligung der Gemeinden an den Überweisungssteuern ausgeglichen werden. Der Finanzausgleich zwischen Ländern und Gemeinden wurde nun so geregelt, daß er *beispielgebend für die moderne Finanzausgleichsgesetzgebung* wurde. Die drei Überweisungssteuern wurden zu einer *einheitlichen Finanzausgleichsmasse* zusammengefaßt[23]. Von dieser Finanzmasse standen den Gemeinden „Finanzzuweisungen" in Höhe von 20 bis 30 % der Anteile des Landes an den Reichsüberweisungssteuern zu[24]. Mindestens drei Viertel hiervon waren als Schlüsselzuweisungen und der Rest als Bedarfszuweisungen zu verteilen. Der *Schlüssel* für die Verteilung der Schlüsselzuweisungen sollte Größe und Steuerkraft der Gemeinden sowie die Zusammensetzung der Bevölkerung berücksichtigen. Demgegenüber waren die Bedarfszuweisungen dazu bestimmt, einen *Ausgleich für Härtefälle* und für besondere Lasten der Gemeinden zu schaffen[25]. Auch die *Schullasten* wurden neu verteilt. Die Gemeinden sollten für die Volksschulen die sächlichen Kosten ganz und von den persönlichen Kosten mindestens ein Viertel tragen[26]. Grundlage für die Beteiligung der Gemeinden sollten die Kosten je Lehrerstelle sein[27]. Stadt- und Landkreise hatten jetzt mindestens drei Viertel des

[21] Dies bestimmte § 26 des EinfG zu den Realsteuergesetzen (RGBl. I S. 965). Bis zum 1. 4. 1938 sollte die Neuregelung der Grundsteuer in Kraft treten; die Gewerbesteuer wurde ab 1. 4. 1937 neu geregelt.

[22] Durch die bereits erwähnte VO des Reichsministers des Innern und des Reichsfinanzministers v. 16. 12. 1937.

[23] Die Überweisungssteuern waren: Einkommen-, Körperschaft- u. Umsatzsteuer.

[24] Der Ausdruck „Finanzzuweisungen" wurde hier zum ersten Mal in einem deutschen FAG gebraucht.

[25] Die aus dem Ausgleichsstock gezahlten Zuweisungen an die Gemeinden blieben dabei außer Anrechnung.

[26] Die Länder hatten Maßnahmen zu treffen, um auch leistungsschwachen Gemeinden die Aufbringung der Schullasten zu ermöglichen. Die persönlichen Kosten betrafen vor allem die Besoldung der Lehrkräfte.

[27] Am 20. 11. 1937 wurde das BürgersteuerG geändert (RGBl. I S. 1261). Gegenüber der Grund- u. Gewerbesteuer (29,4 %) u. den Überweisungen aus

Zuschußbedarfs für die Berufsschulen und 60 % des Zuschußbedarfs der Länderausgaben für *Wohlfahrts- und Straßenbauwesen* aufzubringen[28]. Durch Vereinnahmung der *Landesschulkasse* erhöhte *Preußen* seinen Anteil an der Einkommensteuer[29]. Zugleich wurde der Staatsanteil an der Umsatzsteuer heraufgesetzt und die Dotationen für Landkreise und Provinzen herabgesetzt[30]. Der zeitweilig zur Finanzierung des Schulwesens benutzte *Ausgleichsstock* konnte nun wieder zur Unterstützung der Gemeinden verwendet werden, die durch Wohlfahrtsaufwendungen besonders belastet waren[31].

D. Kürzungen im Zeichen der Aufrüstung

I. Einschränkung des gemeindlichen Besteuerungsrechts

Mit der Durchführung der Realsteuerreform waren die Einnahmen der Länder im wesentlichen *erstarrt*, während ihre Aufgaben weiter anstiegen[32]. Sie waren in der Hauptsache auf ihre stark gekürzten Anteile an den Überweisungssteuern angewiesen[33]. Die Ausgaben für die Wehrmacht stiegen im Zeichen der Aufrüstung ständig, so daß sich das Reich nach immer neuen Einnahmen umsah[34]. Das Reich nahm jetzt z. B. den gesamten Ertrag der *Grunderwerbsteuer*, der in Preußen bisher den Stadt- und Landkreisen zugestanden hatte, für sich in

---

der Reichseinkommen- u. Körperschaftsteuer (15,9 % der Gemeindeeinnahmen im Rj. 1937/38) spielte die Bürgersteuer ihrem Aufkommen nach jedoch eine untergeordnete Rolle.

[28] Auch zu den Kosten für die sonstigen staatlichen Schulen konnten die Länder jetzt ihre Gemeinden bzw. Gemeindeverbände heranziehen.

[29] Preußen erhöhte seinen Anteil von 55 % auf 60 %. Der Volksschullastenausgleich, der bisher im FAG geregelt gewesen war, wurde ab 1. 4. 1937 im VolksschulfinanzG v. 2. 12. 1936 (GS S. 161) geregelt.

[30] Der Staatsanteil an der Umsatzsteuer wurde von 45 auf 55 % erhöht.

[31] Für diesen Zweck war der Ausgleichsstock ursprünglich eingerichtet worden, § 39 a Preuß. AusfG. zum FAG.

[32] Nach dem 1. 4. 1938 blieb den Ländern als einzige Landessteuer die Gebäudeentschuldungssteuer (in Preußen: Hauszinssteuer). Diese wurde den Ländern erst durch die VO v. 31. 7. 1942 genommen, vgl. *Hornschu*, S. 35. Die Ausgaben stiegen vor allem auf den Gebieten: Hochschulen, Meliorationen, Wasserbau, ohne daß jedoch die Hebesätze der den Ländern verbliebenen Gebäudeentschuldungssteuer hätten erhöht werden können.

[33] 2. G. über die Änderung des Finanzausgleichs v. 30. 3. 1936 (Plafondgesetz). Erst als das Reich durch das 3. G. zur Änderung des Finanzausgleichs v. 31. 7. 1938 (RGBl. I S. 966) für sich selbst neue Einnahmen erschloß, wurde die Finanzlage der Länder verbessert.

[34] Ab 1. 10. 1938 wurde daher den Gemeinden untersagt, eine eigene Gemeindebiersteuer zu erheben. Dafür sollte die Reichsbiersteuer entspr. erhöht werden. Von diesem Verlust wurden vor allem die süddeutschen und thüringischen Gemeinden stark betroffen. In Preußen wirkte sich der Einnahmeverlust hauptsächlich in den Stadtkreisen aus.

Anspruch[35]. So bewirkte das neue Finanzausgleichsgesetz zugleich einen weitgehenden *Einbruch in die gemeindliche Steuersphäre.* Der Ausbruch des Zweiten Weltkrieges brachte den Ländern und Gemeinden weitere erhebliche Belastungen. Die Länder wurden verpflichtet, 15 % ihrer Anteile an den Überweisungssteuern als Kriegsbeitrag an das Reich zu zahlen[36].

II. Popitz als Preußischer Finanzminister

Die Hoffnung, den Gemeinden durch Einführung der Bürgersteuer wieder finanzielle Bewegungsfreiheit schaffen zu können und damit ihr Selbstverwaltungsrecht zu stärken, erwies sich als trügerisch. Auch eine Anspannung der Bürgersteuer bis fast zur äußersten Grenze konnte die Finanznot der Gemeinden nicht endgültig beheben. Eine Neuordnung des Finanzausgleichs in Preußen war dringend erforderlich. Bereits 1929 waren brauchbare Vorschläge hierfür ausgearbeitet worden, die jedoch nicht verwirklicht worden waren[37]. Erst mit der Ernennung von *Popitz* zum Preußischen Finanzminister begann die Verwirklichung der Reformbestrebungen[38]. Popitz hatte bereits 1932 durch sein berühmt gewordenes Gutachten den Weg gezeigt, den er nun selbst beschreiten sollte. Im engsten Einvernehmen mit der Reichsregierung wurden die neuen Regelungen in Preußen erprobt, die später vom Reich übernommen werden sollten. Das Preußische Finanzausgleichsgesetz vom 10. November 1938[39] wurde so zu einem Markstein in der Entwicklung des kommunalen Finanzausgleichs und ist Grundlage aller heutigen Länderregelungen.

Neben den Verkehr- und Verbrauchsteuern erhielten die Gemeinden 5 % vom örtlichen Aufkommen der Hauszinssteuer, deren Erhebung sie durchzuführen hatten[40]. Bezüglich der allgemeinen Bestimmungen

---

[35] Den Stadt- und Landkreisen blieb ledigl. das Recht des Zuschlags bis zur Höhe von 2 %. Dieser Einnahmenausfall betrug bei der Grunderwerbsteuer 1938 30 Mill. RM und 1939 sogar 40 Mill. RM.

[36] Dies geschah durch die KriegswirtschaftsVO v. 4. 9. 1939 (RGBl. I S. 1609).

[37] Denkschr. des Preuß. Ministers des Innern v. 10. 4. 1929, Lt-Drs. Nr. 2275.

[38] Popitz war Staatssekretär im Reichsfinanzministerium von 1925 bis 1929, seit 1922 Professor in Berlin, 1932 Reichsminister und kommissarischer Leiter des Preußischen Finanzministeriums, Preußischer Finanzminister von 1933 bis 1944, hingerichtet am 2. 2. 1945 als Widerstandskämpfer.

[39] GS S. 108.

[40] Durch die Realsteuerreform von 1936 waren den Gemeinden bereits die Grund-, Gewerbe- und Bürgersteuer zur eigenen Bewirtschaftung überlassen worden. Die Landkreise waren ebenfalls an den Verkehr- und Verbrauchsteuern beteiligt. Der Anteil der Stadt- u. Landkreise an der Hauszinssteuer (6,4 % des örtlichen Aufkommens) fiel weg und wurde im Rahmen der Finanzzuweisungen ausgeglichen.

für die Umlagen der Gemeindeverbände änderte sich wenig. Die Kreise zogen zur Deckung ihrer Ausgaben weiterhin die kreisangehörigen Gemeinden mittels der Kreisumlage heran, die von der Grundsteuer A, der Grundsteuer B, der Gewerbesteuer und der Bürgersteuer erhoben wurde[41]. Die Provinzen erhoben Provinzialumlagen von den Realsteuern und der Bürgersteuer. Für das Jahr 1939 sollte das Umlagerecht neu geordnet werden[42]. Neben den übrigen Steuermeßbeträgen sollten auch die den Gemeinden und Kreisen zustehenden Schlüsselzuweisungen berücksichtigt werden, um eine allzugroße Nivellierung zwischen steuerstarken und steuerschwachen Gemeinden zu vermeiden. Die *Kreisumlage* bedurfte der Genehmigung der Aufsichtsbehörde, sobald die Umlagesätze 25 % der Schlüsselzuweisungen überstiegen[43]. Mit der Höhe der Belastung der Schlüsselzuweisungen veränderte sich dann auch die Normalbelastung der Grundsteuern A und B, der Gewerbe- und der Bürgersteuer. Die *Provinzialumlage* bedurfte grundsätzlich der Genehmigung des Ministers. Bei ihrer Erhebung waren außer den übrigen Bemessungsgrundlagen die Schlüsselzuweisungen der Stadtkreise zugrundezulegen[44].

III. Die Einführung der Finanzzuweisungen auf Reichsebene

Der Lastenausgleich zwischen den Gemeinden wurde lediglich allgemein geregelt. Der Staat erhob von den Gemeinden „Beiträge", um dann entsprechend dem Bedarf den Gemeinden diesen „Zuschüsse" für ein bestimmtes Gebiet zu gewähren[45]. An die Stelle der bisherigen landesrechtlichen *Überweisungsquoten* der Reichssteuerüberweisungen an die Gemeinden und Gemeindeverbände traten durch das neue Finanzausgleichsgesetz die *Finanzzuweisungen*[46]. Seit Erlaß des Plafond-

[41] Die Grundsteuer A wurde von den land- und forstwirtschaftlichen Betrieben, die Grundsteuer B von den Grundstücken erhoben. Als Meßbeträge für die Bürgersteuer sollten 0,50 RM je Einw. angesetzt werden.

[42] Hiermit wurden die Preuß. Minister des Innern und der Finanzen beauftragt. Die Neuordnung sollte erfolgen, sobald die Auswirkungen des FAG abzusehen sein würden. Dies geschah dann durch eine ergänzende VO (GS S. 86) v. 12. 7. 1939.

[43] Im übrigen war die Kreisumlage nicht genehmigungspflichtig. Ebenso wie die Provinzialumlage durfte auch die Kreisumlage ein bestimmtes für 1939 festgesetztes Sollaufkommen nicht übersteigen.

[44] Dagegen blieben die Schlüsselzuweisungen, die den Landkreisen selbst zustanden, unberücksichtigt, anzurechnen waren ledigl. die ihren kreisangehörigen Gemeinden zustehenden Schlüsselzuweisungen.

[45] *Beiträge* sind Zahlungen unterer an obere Gebietskörperschaften, *Zuschüsse* sind Zahlungen höherer Gebietskörperschaften an solche der unteren Ebene. Eine Ausnahme machte allerdings das Straßenwesen, das seit 1934 reichsrechtlicher Regelung unterlag. Die dieses Gebiet betreffenden Staatszuschüsse waren einzeln im FAG aufgeführt.

[46] Den Ausdruck „Finanzzuweisungen" prägte Popitz.

gesetzes wurden für diese feste Jahresbeträge gewählt, für die dann nicht das örtliche Aufkommen Bemessungsgrundlage war[47]. Hinsichtlich der Finanzzuweisungen waren die Gemeinden nun nicht mehr von der Entwicklung der Wirtschaft abhängig. Lediglich die Gewerbesteuer und die übrigen Realsteuern unterlagen konjunkturellen Schwankungen. Die *Höhe* der Finanzzuweisungen ergab sich unter Abzug der staatlichen Grundsteuer aus der Summe der bisher gezahlten Reichssteuer- und Hauszinssteuerüberweisungen[48]. Es wurden *Schlüsselzuweisungen* an die Gemeinden, Landkreise und Provinzen gezahlt[49]. Gleichzeitig wurde ein Ausgleichsstock gebildet, aus dem neben dem Polizeilastenausgleich *Bedarfszuweisungen* zum Ausgleich von Härtefällen an die Gemeinden und Gemeindeverbände geleistet werden sollten[50].

Im Gegensatz zu den Schlüsselzuweisungen der Gemeindeverbände, für deren Berechnung vorerst die nötigen Erfahrungen fehlten, war die Berechnung der *Schlüsselzuweisungen der Gemeinden* gesetzlich geregelt[51]. Jedes Jahr war ein neuer Schlüssel aufzustellen, der Differenzen zwischen Ausgabenbedarf und tatsächlichen Einnahmen einer Gemeinde berücksichtigen sollte[52]. Dieses Verhältnis wurde durch Ausgangszahl und Steuerkraftmeßzahl ausgedrückt. Durch Abzug der Steuerkraftmeßzahl von der Ausgangszahl wurde die *Schlüsselzahl* gewonnen. Eine Gemeinde erhielt nur dann Schlüsselzuweisungen, wenn die Ausgangsmeßzahl größer war als die Steuerkraftmeßzahl[53]. Diese neue Regelung bedeutete vor allem für die kleinen steuerschwachen Gemeinden eine erhebliche Einnahmensteigerung. Für die Berechnung der Schlüsselzuweisungen und damit für einen erheblichen Teil der gemeindlichen Einnahmen war die *Ausgangsmeßzahl* von entscheidender Bedeutung[54]. Da der für die Ausschüttung an die Ge-

---

[47] Bis dahin hatte sich die Höhe der Überweisungen nach dem örtlichen Steueraufkommen gerichtet.

[48] Die Grundsteuer stand voll den Gemeinden zu und blieb daher außer Ansatz.

[49] Den Gemeinden wurden 200 Mill. RM gezahlt, den Landkreisen 110 Mill. RM und den Provinzen 70 Mill. RM. Der Ausgleichsstock hatte ein Kapital von 110 Mill. RM.

[50] Zur Erläuterung der Begriffe vgl. § 7, A.

[51] Die Landkreise erhielten daher 1938 die gleichen Beträge wie 1937.

[52] Dabei wurde die Mehrbelastung durch überdurchschnittlichen Kinderreichtum, durch einen überdurchschnittlichen Anteil der „unselbständigen Bevölkerung" bzw. durch die Grenzlage einer Gemeinde in Rechnung gestellt.

[53] Allerdings wurde nicht der volle Betrag der Schlüsselzahl ausgezahlt. Vielmehr erhielt die Gemeinde hiervon ledigl. 50 %, um sie so an einem haushaltsgerechten Finanzverhalten zu interessieren.

[54] Die Ausgangsmeßzahl stellt den Bedarf der Gemeinde dar.

meinden bestimmte Betrag jedoch feststand, mußte die Berücksichtigung des finanziellen Bedarfs der Gemeinden *begrenzt* werden[55]. Um dabei den damals geltenden Grundsatz von der Zunahme der Pro-Kopf-Aufwendungen mit der Gemeindegröße berücksichtigen zu können, wurde der Prozentsatz zur Berechnung der Ausgangsmeßzahl durch verschiedene Ansätze ermittelt[56]. Aber auch der Erfahrungssatz sollte berücksichtigt werden, daß der Pro-Kopf-Aufwand nicht nur mit zunehmender Einwohnerzahl steige, sondern insbesondere auch durch außergewöhnlichen Kinderreichtum. Neben dem Hauptansatz wurde daher ein *Kinderansatz* als Prozentsatz vom Hauptansatz ermittelt[57]. Als aufwandsteigernd wurde ebenso ein überdurchschnittlicher Anteil an Arbeitern in einem sogenannten *Arbeiteransatz* anerkannt[58]. Allerdings wurde einer Gemeinde immer nur *ein* Ansatz gewährt, also Kinder- oder Arbeiteransatz, und zwar jeweils der höhere. Dieser Kinder- oder Arbeiteransatz wurde zum Hauptansatz hinzugerechnet[59]. Auch bei der Bestimmung der *Steuerkraftmeßzahl* sollte das Prinzip der Gerechtigkeit des Schlüssels gewahrt werden. Dazu wurden lediglich die Realsteuern und die Bürgersteuer herangezogen[60].

---

[55] Dies geschah dadurch, daß festgelegt wurde, daß die Summe aller Ausgangsmeßzahlen das Doppelte des für die Ausschüttung an die Gemeinden zur Verfügung stehenden Betrages (also zweimal 200 Mill. = 400 Mill. RM) nicht übersteigen durfte. Die Ausgangsmeßzahlen wurden dann nicht in absoluten Zahlen, sondern in Prozentsätzen eines jährlich festgelegten Grundbetrages angegeben.

[56] Der Hauptansatz betrug bei einer Einteilung in 9 verschiedene Gemeindegrößenklassen bei Gemeinden mit einer Einwohnerzahl unter 1000 65 % und steigerte sich bei solchen mit 5000 oder mehr Einw. auf 150 %. Zwischen diesen äußersten Größen waren noch 7 weitere Ansätze gegeben. Die dazwischen liegenden Beträge waren durch Interpolation zu errechnen.

[57] Dieser Kinderansatz wurde jedoch nur dort angewendet, wo der dem Hauptansatz bereits zugrundegelegte Durchschnittssatz überschritten wurde. Es wurden alle Kinder unter 14 Jahren (Schulpflicht) zur Berechnung herangezogen. Mit steigender Einwohnerzahl der Gemeinden fiel der Prozentsatz an unter 14 Jahre alten Kindern, die beim Kinderansatz unberücksichtigt blieben, von 26 % (bis zu 2000 Einw.) auf 20 % (mehr als 50 000 Einw.).

[58] Zu dieser „unselbständigen Bevölkerung“ wurden in Gemeinden mit mehr als 10 000 Einw. die Angestellten wegen ihres z. T. hohen Gehaltes nicht gerechnet. Der Arbeiteransatz betrug 3 % des Hauptansatzes für jede vollen 0,5 % mehr Arbeiter als 30 % der Einwohnerzahl der Gemeinde.

[59] Das ergab den Prozentsatz des Grundbetrages, also die Ausgangsmeßzahl für einen Einwohner. Die Ausgangsmeßzahl einer Gemeinde ließ sich dann durch Multiplikation mit der Einwohnerzahl errechnen.

[60] Von diesen wichtigsten Gemeindesteuern wurden dann die Meßbeträge zugrundegelegt, die mit den für die Steuerart durchschnittlichen Hebesätzen angesetzt worden waren. Dabei betrug der Ansatz für die Meßbeträge der Grundsteuer A (von den land- u. forstwirtschaftlichen Betrieben) 80 %, der der Grundsteuer B (von den Grundstücken) 200 %, der der Gewerbesteuer von Ertrag u. Kapital 200 % u. der der Bürgersteuer 500 %. Die Lohnsummensteuer wurde nicht in allen Gemeinden erhoben und blieb daher außer Ansatz.

Im Rechnungsjahr 1939 wurde in *Preußen* erstmals der neue Finanzausgleich durchgeführt. Mit der Neuregelung der Finanzzuweisungen hatte der Gesetzgeber beabsichtigt, gerade den *kleinen steuerschwachen* Gemeinden höhere Einnahmen zu verschaffen. Der Erfolg gab diesen Bemühungen Recht. Auch eine Änderung der Verteilungsgrundsätze war durch den Übergang vom System der Reichssteuerüberweisungen zu den Finanzzuweisungen notwendig geworden. Für die Berechnung der Finanzzuweisungen war jetzt das Finanzausgleichsamt zuständig[61]. Die Zahlungen an die Stadt- und Landkreise wurden durch die Regierungshauptkassen vorgenommen, nachdem der zuständige Regierungspräsident die Berechnungen vom Finanzausgleichsamt erhalten hatte. Die Gemeinden bzw. Ämter erhielten dann monatlich ihre Schlüsselzuweisungen von dem für sie zuständigen Landkreis.

§ 14 Die Entwicklung zum Einheitsstaat

A. Die finanzrechtliche Ausschaltung der Länder

Die verwaltungsmäßige Neueinteilung des Reiches war noch nicht durchgeführt und die wirtschaftliche Umgestaltung der Reichsteile noch nicht abgeschlossen. So konnte eine Neuregelung des Finanzausgleichs im Jahre 1940 lediglich eine *Angleichung* der Reichssteuerüberweisungen der einzelnen Länder zum Ziel haben. Das neue Finanzausgleichsgesetz trug daher vor allem der fortschreitenden *Gleichschaltung* des Behörden- und Verwaltungsaufbaus der Länder Rechnung[1]. Die Anteile der Länder wurden rückwirkend einander angeglichen und die Reichsüberweisungssteuern zu einer *einheitlichen Finanzmasse* zusammengefaßt. Wichtigste Neuerung dieses Gesetzes war der Übergang zum *System der Finanzzuweisungen* im Finanzausgleich zwischen Reich und Ländern. Von nun an wurden „Kopfbeträge“ festgesetzt und statt des örtlichen Aufkommens der Bedarf der Länder für die ihnen zugewiesenen Aufgaben dem Finanzausgleich zugrundegelegt[2]. Diese Ent-

[61] Die Größenklassen IX (2001 - 5000 Einw.) und X (Gemeinden mit weniger als 2000 Einw.) wiesen eine Einnahmensteigerung von fast 32 % bzw. von mehr als 36 % gegenüber der alten Regelung von 1937 auf. Auch die steuerschwachen Mittelstädte der Industriegebiete mit einer Einwohnerzahl zwischen 50 000 und 100 000 Einw. wurden wesentlich besser gestellt (27,64 % Einnahmenerhöhung), während Berlin Einbußen in Höhe von 7 % und andere steuerstarke Städte (mit 25 000 - 50 000 Einw.) ebenfalls Einnahmenminderungen (um 5,3 %) hinnehmen mußten.

[1] 5. G. zur Neuregelung des Finanzausgleichs v. 20. 2. 1940 (RGBl. I S. 391).

[2] Bisher war als Verteilungsschlüssel für die Beteiligung der Länder an den Reichssteuern im Reichsfinanzausgleich stets das örtliche Aufkommen (bei der Umsatzsteuer zusätzlich die Bevölkerungszahl) des Jahres 1929 zugrundegelegt worden. Der Bedarf der Länder hatte sich jedoch seit 1929 grundlegend geändert.

wicklung leitete die finanzrechtliche Ausschaltung der Länder ein, die mehr und mehr in finanzielle Abhängigkeit vom Reich gerieten[3]. Den vorläufigen Abschluß dieser Entwicklung brachte das Jahr 1944[4]. Alle bisher den Ländern gesetzlich zustehenden Überweisungsbeträge wurden rückwirkend durch *Finanzzuweisungen* ersetzt[5]. Die Länder wurden zu „Kostgängern des Reiches". Die Bürgersteuer wurde aufgehoben[6]. Gleichzeitig wurde den Gemeinden für die Zeit nach Beendigung des Krieges ein neues Gemeindepersonalsteuergesetz in Aussicht gestellt. Vom Jahre 1944 an übernahm das *Reich* die Aufgabe, den Gemeinden und Gemeindeverbänden *direkt* Schlüsselzuweisungen und zweckgebundene Zuweisungen zu zahlen[7]. Entsprechend wurden die Finanzzuweisungen der Länder gekürzt[8]. Die Länder waren jetzt endgültig finanzausgleichsrechtlich ausgeschaltet. Sie hatten ihre Hoheitsrechte verloren und führten ihre Aufgaben als Auftragsangelegenheiten des Reiches durch. Das Reich stellte ihnen die hierfür erforderlichen Mittel zur Verfügung. Alle Länderfinanzausgleiche für Gemeinden und Gemeindeverbände fielen weg. Lediglich zwischen Preußen und seinen Provinzen blieb ein bescheidener Finanzausgleich bestehen, da das Reich keine Schlüsselzuweisungen an diese Verbände zahlte[9]. Auch auf finanzpolitischem Gebiet hatte sich damit das *einheitsstaatliche Denken* endgültig durchgesetzt.

---

[3] Derselben Zielsetzung diente auch die Aufhebung der Gebäudeentschuldungssteuer. Die Länder hatten ihre letzte eigene Steuer und damit den ihnen verbliebenen Rest finanzieller Unabhängigkeit vom Reich verloren. Daran änderten auch die Ausgleichsbeträge des Reiches wenig.

[4] Durch die VO über die einstweilige Regelung des Finanz- u. Lastenausgleichs v. 30. 10. 1944 (RFAVO).

[5] Diese Finanzzuweisungen wurden vom Jahre 1941 an nach dem Bedarf der Länder errechnet und für die Jahre 1941 bis 1943 festgelegt.

[6] Die Bürgersteuer wurde der Reichseinkommensteuer einverleibt durch die 2. VO über die Vereinfachung des Lohnabzugs v. 24. 4. 1942 (RGBl. I S. 252).

[7] Ausgenommen von dieser Regelung waren neben den preuß. Provinzen die Regierungsbezirke der Länder.

[8] Künftig waren die Finanzzuweisungen des Reiches an die Länder nicht mehr an das Steueraufkommen gebunden, sie wurden aus allg. Reichsmitteln gezahlt. Maßstab für sie war der Ausgabenbedarf für das Jahr 1943. Wesentliche künftige Änderungen sollten allerdings bei der Festsetzung der Finanzzuweisungen berücksichtigt werden. Von dem Gesamtbetrag in Höhe von 1,01 Mrd. RM, den das Reich vom Rj. 1944 an für Schlüsselzuweisungen zur Verfügung stellte, sollten die Gemeinden 545 Mill. RM und die Landkreise 300 Mill. RM erhalten. Für den Ausgleichsstock standen 165 Mill. RM zur Verfügung.

[9] Das gleiche galt für Bayern und seine Bezirke. Derartige Verbände waren nämlich nur in Preußen und Bayern vorhanden. In den anderen Ländern wurden ihre Aufgaben von den Ländern selbst wahrgenommen.

B. Kriegsbeiträge und Verwaltungsvereinfachung

I. Der Kriegsbeitrag der Gemeinden

Der Zweite Weltkrieg mit seinen ständig steigenden Ausgaben für die Kriegsführung brachte den Gemeinden *außerordentliche Einbußen*. Diese beschränkten sich nicht nur auf das Gebiet der Finanzen, sondern vor allem auch auf die *Selbstverwaltung*. Mit Hilfe sogenannter Verwaltungsvereinfachungsmaßnahmen griff das Reich im Laufe des Krieges immer weitgehender in die gemeindliche Steuersphäre ein. Das mühsam aufgebaute System des Finanzausgleichs geriet durch diese „vorübergehenden Maßnahmen" ins Wanken. Die Gemeinden hatten von jetzt an monatlich einen *Kriegsbeitrag* an das Reich zu leisten, der sämtliche Gemeindesteuern mit bestimmten Prozentsätzen erfaßte[10]. Damit sollten auch die letzten Einsparungen der auf Kriegswirtschaft eingestellten Gemeinden der Fortführung des Krieges dienstbar gemacht werden. Die Einziehung des Kriegsbeitrages erfolgte durch die Länder über die Regierungsbezirke mit der *Landesumlage*, über die Landkreise mit der *Kriegsbeitragsumlage*[11]. Während die Länder, die die gesamte Summe an das Reich abzuführen hatten, den Kriegsbeitrag auf die nachgeordneten Körperschaften abwälzen konnten, war dies den Gemeinden nicht möglich. Denn eine Erhöhung der Hebesätze bei Realsteuern und Bürgersteuer war verboten. Den Gemeinden kam lediglich zugute, daß die Landkreise ebenfalls zur Aufbringung der Kriegsumlage herangezogen wurden[12].

Das Jahr 1940 brachte den *steuerschwachen Landgemeinden*, die durch die Leistung des Kriegsbeitrags in finanzielle Schwierigkeiten geraten waren, einige erfreuliche Erleichterungen. Der Kriegsbeitrag wurde ermäßigt und unter bestimmten Umständen konnten die Hebesätze für Realsteuern und Bürgersteuer jetzt wieder erhöht werden[13].

---

[10] Nach § 14 der KriegswirtschaftsVO v. 4. 9. 1939 (RGBl. I S. 1891) betrugen die Prozentsätze 2,5 % der Steuermeßbeträge der Grundsteuer A, 5 % der Grundsteuer B, 7,5 % der Gewerbesteuer und 10 % der Bürgersteuer.

[11] Die Landesumlage wurde von den Stadt- und Landkreisen erhoben, die Kriegsbeitragsumlage hatten die kreisangehörigen Gemeinden aufzubringen.

[12] Dabei war das Verhältnis des Kriegsbeitrags der kreisangehörigen Gemeinden zum Aufkommen an Realsteuern, Bürgersteuer und Schlüsselzuweisungen in den Gemeinden zugrundezulegen. Um einen entspr. Betrag hatten die Landkreise die Kreisumlage zu senken und leisteten so ihren Beitrag. In Preußen hatten die Regierungspräsidenten bei der Bestimmung des Schlüssels zur Verteilung der ihnen mitgeteilten Summe an Kriegsbeiträgen auf die Stadt- und Landkreise freie Hand.

[13] Von nun an brauchten sie statt 2,5 % nur noch 1 % der Steuermeßbeträge der Grundsteuer A als Kriegsbeitrag zu zahlen. Das Erhebungsverfahren wurde vereinfacht. Die Aufgabe der Verteilung, die bisher die Regierungsbezirke wahrgenommen hatten, übernahmen jetzt die Stadt- und Landkreise unmittelbar.

Der bisher einheitlich erhobene Kriegsbeitrag wurde zur Begünstigung der steuerschwachen Gemeinden in die Gruppen A und B unterteilt. Die steuerstarken Gemeinden hatten den Kriegsbeitrag A als *Vorausbelastung* zu zahlen[14]. Zusätzlich war dann noch der den steuerschwächeren Gemeinden auferlegte Kriegsbeitrag B zu leisten[15]. Eine weitere Benachteiligung der kleinen Gemeinden[16], die sich seit der Einführung des Kriegsbeitrags noch ungünstiger auswirkte, sollte jetzt beseitigt werden. Zu diesem Zweck wurde bei der Berechnung der Steuerkraftmeßzahl einer Gemeinde der Ansatz der Meßbeträge der Grundsteuer B gestaffelt und dafür die übermäßig hoch angesetzten Ausgangszahlen gesenkt[17]. Die kleinen Gemeinden erhielten dadurch wie beabsichtigt höhere Schlüsselzuweisungen als bisher. Rückwirkend wurden auch die Bestimmungen über Umlagen und Finanzzuweisungen der *preußischen Gemeindeverbände* geändert[18]. Bei der Berechnung der Umlagen wurde neben der Steuerkraftmeßzahl jetzt die Steuerkraftzahl eingeführt, die einen bestimmten Prozentsatz der Meßbeträge einer Steuer darstellte[19]. Bei der *Kreisumlage* war erst das Überschreiten einer Differenz zwischen höchstem und niedrigstem Umlagesatz genehmigungspflichtig. Außerdem durfte die Kreisumlage für 1940 das Sollaufkommen von 1939 nicht übersteigen[20]. Bei der Festsetzung der Umlage war die Vorbelastung der steuerstarken Gemeinden durch den Kriegsbeitrag A zu berücksichtigen[21].

---

[14] Steuerstark waren die Stadtkreise, deren Steuerkraftmeßzahl die Ausgangsmeßzahl überstieg und die Landkreise, zu denen Gemeinden gehörten, die keine Schlüsselzuweisungen erhielten. Zu der Berechnung des Kriegsbeitrags A wurde die Differenz zwischen Steuerkraftmeßzahl und Ausgangsmeßzahl zugrundegelegt.

[15] Allerdings wurde zu diesem Zweck der Kriegsbeitrag A abgezogen, die Schlüsselzuweisungen jedoch hinzugerechnet. 24 % der so errechneten Endzahlen wurden nach bestimmten Kürzungen als Kriegsbeitragsumlage B erhoben.

[16] Bisher waren die Meßbeträge für die Grundsteuer B bei der Errechnung der Steuerkraftmeßzahlen für alle Gemeinden gleichmäßig mit 200 % angesetzt worden.

[17] Die Staffelung ging von 120 % bei den ersten 20 000 RM der Meßbeträge bis zu 240 % bei den 4 Mill. RM übersteigenden Meßbeträgen.

[18] Das geschah rückwirkend vom Rj. 1940 an durch das Preuß. FAG v. 5. 5. 1941 (GS S. 28).

[19] Während der Prozentsatz der Grundsteuer B gestaffelt war, betrug der der Gewerbesteuer einheitlich 200 % und der der Bürgersteuer 500 %. Die Summe der Steuerkraftzahlen ergab dann die Steuerkraftmeßzahl einer Gemeinde, die wiederum zur Ermittlung der Schlüsselzuweisungen erforderlich war. Die Umlagen wurden also in Prozentsätzen der Steuerkraftzahlen und der Schlüsselzuweisungen erhoben.

[20] Auch 1941 durften die Gemeindeverbände die gleichen Umlagesätze erheben wie 1940 und damit am konjunkturbedingt höheren Steueraufkommen der Gemeinden teilhaben. Im Rj. 1942 wurde ledigl. der Umlagesatz des Kriegsbeitrags B gesenkt, während der Kriegsbeitrag A unverändert blieb.

Für die Verteilung der Schlüsselzuweisungen an die Landkreise gab es drei verschiedene Schlüssel, den Förderungs-, den Grenzland- und den allgemeinen Landkreisschlüssel[22]. Während der *Förderungsschlüssel* eine Mittelzuweisung für alle steuerschwachen Landkreise vorsah[23], sollte der Grenzlandschlüssel die besondere Benachteiligung der Landkreise in den Randprovinzen berücksichtigen[24]. Für beide Schlüssel wurden vorab Mittel von der für die Verteilung an alle Landkreise vorgesehenen Summe abgezweigt und den betroffenen Landkreisen zugewiesen. Der verbleibende Betrag wurde nach dem *allgemeinen Landkreisschlüssel* auf alle Landkreise verteilt. Dabei wurde dem Grundsatz Rechnung getragen, daß der Aufwand des einzelnen Landkreises desto größer ist, je kleiner die ihm angehörenden Gemeinden sind, da der Kreis dann häufig Aufgaben übernehmen muß, die kleine Gemeinden wegen ihrer geringen Finanzkraft nicht erfüllen können[25]. Der Betrag, der für Schlüsselzuweisungen an die preußischen Provinzen zur Verfügung stand[26], wurde aufgestockt; rückwirkend wurden besondere Bestimmungen für den Finanzausgleich der Bäder und Kurorte eingeführt[27]. Bei der Bestimmung der Ausgangsmeßzahl wurde jetzt nicht nur wie bisher die ständige Bevölkerung berücksichtigt, sondern zusätzlich auch die Zahl der *Kurgäste* in Ansatz gebracht[28].

II. Die Maßnahmen zur Verwaltungsvereinfachung

Aus Gründen der Verwaltungsvereinfachung wurden in den Jahren 1942 und 1943 schwerwiegende Eingriffe in die gemeindliche Steuerhoheit vorgenommen, die das Selbstverwaltungsrecht der Gemeinden erheblich gefährdeten. Am 1. Juli 1942 wurde die Bürgersteuer bis Kriegsende aufgehoben[29]. Dadurch entstand ein *beträchtlicher Einnahmenausfall.* Zum Ausgleich hierfür wurde einerseits die Einkommen-

---

[21] Für die Provinzialumlage galten im wesentlichen die gleichen Vorschriften.

[22] Hierfür war ein Betrag von 110 Mill. RM vorgesehen.

[23] Wurde der Grundbetrag von 13,80 RM je Einw. in einem Landkreis nicht erreicht, so sollte die Hälfte des sich ergebenden Unterschiedsbetrages als Förderungsschlüsselzuweisung gewährt werden.

[24] Die Landkreise erhielten vorab 1 RM je Einw.

[25] Dazu gab es einen nach Einwohnerzahlen gestaffelten Ansatz, der die Landkreise mit kleinen Gemeinden begünstigte.

[26] Dieser Betrag wurde nicht nach einem Schlüssel, sondern nach dem Finanzbedarf (bisherige Ausgabebeträge) verteilt. Er wurde von 70 Mill. auf 85 Mill. RM erhöht.

[27] Durch den Runderlaß des Reichsinnenministers v. 18. 7. 1941 (RMBliV S. 1297).

[28] Die Zahl der Übernachtungen im Rj. 1938 wurde bei Kurorten durch 300, bei Seebädern durch 200 geteilt und mit dem 1 % der ständigen Bevölkerungszahl übersteigenden Betrag für die Errechnung der Ausgangsmeßzahl zur tatsächlichen Einwohnerzahl hinzugezählt.

steuer entsprechend erhöht, andererseits stellte das Reich einen durch die Finanzämter jährlich auszuzahlenden „Bürgersteuerausgleichsbetrag" zur Verfügung[30]. Die Belastung der Gemeinden wurde jedoch noch weiter gesteigert. Die Prozentsätze für den Kriegsbeitrag der Gemeinden bei Grundsteuer B und Gewerbesteuer wurden zwar gesenkt[31], das hatte jedoch zugleich eine Erhöhung ihres Kriegsbeitrags zur Folge[32]. Der Kriegsverlauf machte weitere Personaleinsparungen und damit *Verwaltungsvereinfachungen* erforderlich[33]. Neben dem einheitlichen Gewerbesteuermeßbetrag mußten die Finanzämter jetzt auch die Steuer von diesem Meßbetrag festsetzen und einziehen[34]. Die Gewerbesteuer wurde von nun an vom Reich zugunsten der Gemeinden erhoben, die dann einen Teil am Gesamtsteueraufkommen der Gewerbesteuer im Reich — berechnet nach der „Gewerbegrundsteuerzahl" — erhielten[35]. Ebenfalls aus Gründen der Verwaltungsvereinfachung wurden die den Landräten beigegebenen staatlichen Angestellten von den Kreisen übernommen[36], die auch den Sachaufwand für die landrätliche Verwaltung übernahmen. Als Ausgleich wurden die Schlüsselzuweisungen der Landkreise erhöht[37].

III. Neuregelung der Finanzzuweisungen und Erhöhung der Kriegsbeiträge

Die ursprünglich nur für die Jahre 1939 bis 1941 vorgesehenen Grundsätze für die Verteilung der Finanzzuweisungen der Landkreise

---

[29] Durch die VO zur Vereinfachung des Lohnabzugs v. 24. 2. 1942 (RGBl. I S. 252). Den Gemeinden wurde allerdings in Aussicht gestellt, nach dem Kriege eine neue Personalsteuer erheben zu dürfen.

[30] Für das Rj. 1942 wurde das Aufkommen in Gemeinden im Rj. 1941 zugrundegelegt, das war ein Betrag von 800 Mill. RM.

[31] Die Grundsteuer B wurde von 5 auf 3,5 % gesenkt, die Gewerbesteuer von 7,5 auf 6 %.

[32] Denn nun wurden die höheren Meßbeträge von 1941 zugrundegelegt. Außerdem wurde der Prozentsatz des Kriegsbeitrags B, den alle preuß. Gemeinden zu zahlen hatten, für 1942 auf 21,5 % der Steuerkraftmeßzahlen festgesetzt.

[33] Ab 1. 1. 1943 wurde die Hauszinssteuer nicht mehr erhoben, so daß auch die 5 %ige Beteiligung der Gemeinden wegfiel. Als Ausgleich für den Einnahmenausfall wurden vom Reich Zuschüsse an die Träger der Straßenbaulast und zu den kommunalen Gesundheitsämtern gewährt.

[34] Dies war vorher von den Kommunalverwaltungen durchgeführt worden.

[35] Die Gewerbegrundsteuerzahl stellte den Anteil am Gesamtaufkommen an Gewerbesteuer im Reich dar, der sich nach der Höhe des Gewerbesteueraufkommens der Gemeinden im Rj. 1942 richtete. In diese Verteilung wurden auch die Gewerbesteuerausgleichszuschüsse mit einbezogen.

[36] Die vorher vom Preuß. Staat besoldeten Angestellten erhielten ihre Bezüge jetzt von den Kreisen.

[37] Zahlungen (Finanzzuweisungen u. zweckgebundene Zuschüsse) und Beitragserhebungen (Kriegsbeiträge u. zweckgebundene Beiträge) nahm das Land jetzt vierteljährlich vor.

waren für das Jahr 1942 noch einmal verlängert worden, sollten nun aber endlich neu geregelt werden[38]. Dazu wurde das Verteilungssystem dem der Gemeinden angeglichen. Entsprechend wurde der Ausgangsmeßzahl eine „*Umlagekraftmeßzahl*" gegenübergestellt. Diese sollte die Einnahmen darstellen, die ein Landkreis bei normalen Umlagesätzen erzielen konnte und 25 % der Umlagegrundlagen betragen[39]. Als allgemeine Schlüsselzuweisung wurde die Hälfte der Differenz zwischen Ausgangsmeßzahl und Umlagekraftmeßzahl gewährt[40]. Um die so benachteiligten Landkreise zu entschädigen, konnten unter bestimmten Voraussetzungen Sonderschlüsselzuweisungen gezahlt werden[41]. Im Laufe des Jahres 1943 wurden die Gemeinden durch Erhöhung der Kriegsbeiträge bis an die äußerste Grenze ihrer finanziellen Leistungsfähigkeit belastet[42]. Aber auch diese Erhöhungen der bereits bestehenden Beiträge reichten noch nicht aus, um die ständig steigenden Kosten des Reiches für die Kriegsführung zu decken. So wurde ab 1. April 1942 ein weiterer *Kriegsbeitrag C* von allen Gemeinden erhoben[43]. Außerdem wurden jetzt den Umlagen die höheren Meßbeträge des Jahres 1942 zugrundegelegt, so daß sich die Kriegsbeiträge noch einmal erhöhten. Insgesamt gesehen befanden sich die Gemeinden gegen Ende des Zweiten Weltkrieges in finanzieller Hinsicht in einer verzweifelten Lage. Wenn auch das System der Zuweisungen des Reiches an die Gemeinden in dieser extremen Notlage noch erstaunlich gut funktionierte[44], so konnte doch von einer kommunalen Selbstverwaltung im Sinne der verfassungsrechtlichen Gewährleistung schwerlich die Rede sein[45].

---

[38] Durch den Runderlaß des Reichsinnenministers v. 12. 3. 1943 (RMBliV S. 414).

[39] Umlagegrundlagen waren die Steuerkraftmeßzahlen der kreisangehörigen Gemeinden und ihre Schlüsselzuweisungen abzgl. des Kriegsbeitrags A.

[40] Der Mindestbetrag war 2 RM je Einw. des Landkreises.

[41] Blieb die Umlagekraftmeßzahl unter einem Betrag von 10 RM je Einw., so erhielt der Landkreis die Hälfte der Differenz als Schlüsselzuweisung.

[42] Bereits Kriegsbeitragsumlage A und B hatten bei vielen Gemeinden 1/3 der gesamten Steuereinnahmen ausgemacht. Der Prozentsatz der Kriegsbeitragsumlage B wurde auf 21 % der Bemessungsgrundlagen festgesetzt, der Kriegsbeitrag A wurde um 10 % auf 60 % des Betrags erhöht, um den die Steuerkraftmeßzahl einer Gemeinde ihre Ausgangsmeßzahl überstieg. Für die Höhe der Umlagen waren von jetzt an die Steuerkraftmeßzahlen und die Schlüsselzuweisungen bestimmend.

[43] Dazu wurden vor der Verteilung des Gewerbesteueraufkommens an die Gemeinden 10 % zugunsten des Reiches abgezogen.

[44] Solange das betreffende Gebiet noch nicht von fremden Truppen besetzt war.

[45] Dabei ist ohnehin fraglich, ob trotz Art. 2 des ErmächtigungsG (G. zur Behebung der Not von Volk u. Reich v. 24. 3. 1933, RGBl. I S. 141) Art. 127 WRV auch nur formell noch Gültigkeit besaß. Politische Relevanz, insbesondere verfassungsrechtliche Durchsetzbarkeit, fehlte dem kommunalen Selbstverwaltungsrecht in jedem Fall.

DRITTER TEIL

Die Auswirkungen des Finanzausgleichs auf die kommunale Selbstverwaltung in der Bundesrepublik Deutschland und in Schleswig-Holstein von 1945 bis zur Gegenwart

Nach der nationalsozialistischen Katastrophe, an deren Ende Deutschland in Trümmern lag, sollte aus dem straff zentralisierten Einheitsstaat wieder ein föderalistisches Staatswesen werden. Mit der Gründung der Bundesrepublik fand das Verfassungsprinzip des Föderalismus auch in finanzpolitischer Hinsicht seinen Niederschlag. So wurden durch Art. 109 GG selbständige und voneinander unabhängige Haushaltswirtschaften des Bundes und der Länder vorgeschrieben. Zugleich wurde ein *Trennsystem* bei der Zuweisung der Einnahmequellen an Bund und Länder geschaffen[1]. Die Länder legten den sie und ihre Gemeinden betreffenden Finanzausgleich in Gesetzen fest, die meist bei den jährlichen Haushaltsberatungen neu gefaßt wurden[2].

§ 15 Selbstverwaltung und Finanzsystem

A. Die Gemeinden als Träger der Verwaltung

I. Die Lage der Gemeinden nach der Kapitulation

Unmittelbar nach dem Ende des Zweiten Weltkrieges waren die ersten arbeitsfähigen Verwaltungen in Deutschland die Gemeinden. Sie leisteten bei der Lebensmittelversorgung, der Trümmerbeseitigung, der Wiederherstellung von Wohnungen und selbst beim Wiederingangbringen der Wirtschaft Außerordentliches. Ein *gemeinsames Verantwortungsgefühl der Bürger* war die Grundlage der wirkungsvollen Arbeit der Selbstverwaltungsorgane[3]. Mit der bedingungslosen Kapitu-

---

[1] Von diesem System ging bereits der Herrenchiemseer Entwurf aus.

[2] In Bayern durch G. v. 10. 8. 1948, in Hessen G. v. 27. 6. 1950, in Niedersachsen G. v. 9. 5. 1949, in NRW G. v. 9. 6. 1950, in RhPf durch Runderlaß des Ministers für Wirtschaft u. Finanzen v. 30. 6. 1950, in SH G. v. 3. 5. 1950, in Württemberg-Baden G. v. 15. 10. 1947, in Württemberg-Hohenzollern durch G. v. 16. 12. 1949.

[3] Dieses gemeinsame Verantwortungsgefühl ist heute noch die Idealvorstellung vieler Kommunalpolitiker.

lation des Deutschen Reiches gingen alle staatlichen Befugnisse auf die vier Besatzungsmächte über[4]. Deutschland wurde in *vier Besatzungszonen* aufgeteilt. Während die Sowjetunion in ihrer Zone von Anfang an eigene Wege ging, stimmten die frei Westalliierten ihre Maßnahmen weitgehend aufeinander ab[5]. Als erste politische Körperschaften durften die Gemeinden ihre Tätigkeit wieder aufnehmen. Allerdings waren die *Bürgermeister* den Ortskommandanten gegenüber *weisungsabhängig*[6]. Gerade in dieser Notzeit konnten die Gemeinden nicht auf die Zuweisungen aus dem Finanzausgleich verzichten. Hierfür wurde vorläufig die Regelung des Jahres 1944 zum Maßstab genommen[7]. Die Gemeinden waren im wesentlichen auf Grund- und Gewerbesteuer beschränkt. Da jedoch die Industrie fast völlig vernichtet und Millionen Häuser zerstört waren, war die Ergiebigkeit dieser Steuern erheblich zurückgegangen.

Schleswig-Holstein war 1866 in den preußischen Staat als Provinz eingegliedert worden. Nach dem Vorbild der Städteordnung vom 30. Mai 1853 wurde für die schleswig-holsteinischen Städte das preußische Stadtverfassungsrecht eingeführt[8]. Für die Landgemeinden galt die Landgemeindeordnung für die sieben östlichen Provinzen[9]. Mit dem Zusammenbruch des Deutschen Reiches 1945 war auch der preußische Staatsverband auseinandergebrochen. Für Schleswig-Holstein gab es vorläufig keine funktionsfähige staatliche Verwaltung mehr. Wie im übrigen Deutschland waren auch hier die Gemeinden nach 1945 die einzigen funktionsfähigen Träger der öffentlichen Verwaltung. Ihnen fehlten jetzt allerdings die bisher gezahlten Zuweisungen aus dem preußischen Finanzausgleich, besonders, da die Bevölkerung durch den Zustrom an Heimatvertriebenen um mehr als die Hälfte zunahm[10]. Bevor die Landessatzung in Kraft trat, hatten sich die Gemeinden nach der Verordnung Nr. 21 vom 1. April 1946 der britischen Militärverwaltung zu richten[11]. Diese übernahm weitgehend die Bestimmungen der Gemeindeordnung von 1935, führte zugleich aber Institutionen der Selbstverwaltung nach englischem Vorbild ein. Diese Besonderheiten stießen in Schleswig-Holstein weithin auf Ablehnung, so daß man bald

---

[4] So auch das Recht zur Steuergesetzgebung.

[5] Daher blieb hier die Einheitlichkeit der Gesetzgebung auf dem Gebiet der früheren Reichssteuern erhalten.

[6] Die Bürgermeister wurden von den Besatzungsmächten eingesetzt.

[7] Die sogenannten „erstarrten" Zuschüsse des Jahres 1944.

[8] Durch das G. v. 14. 4. 1869 (GS S. 589), vgl. zum Verwaltungsaufbau *Hauser*.

[9] Eingeführt durch das G. v. 4. 7. 1892 (GS S. 154). Besonderheiten betrafen ledigl. die Kreise Husum, Norder- und Süderdithmarschen.

[10] Die Bevölkerung nahm zeitweilig um bis zu 67 % zu.

[11] Amtsbl. Mil. Reg. Nr. 7, S. 128.

daran ging, eine neue Gemeindeordnung zu schaffen[12]. Die Finanzausgleichsbeziehungen wurden durch die Militärverordnung Nr. 60 geregelt. Die Zonenverwaltung versorgte Länder und Gemeinden der britischen Zone mit Finanzzuweisungen[13].

II. Die Gründung der Länder

Im Jahre 1946 wurden die Länder nach den Bestimmungen der Besatzungsmächte gegründet[14]. Die ehemaligen Reichssteuern gingen nun auf Länder und Zonenverwaltungen über[15]. Da jedoch die Besatzungsmächte hinsichtlich der Steuerverteilung und der sonstigen Ausgestaltung des Finanzausgleichs völlig freie Hand hatten, kam es auch in den westlichen Besatzungszonen zu zum Teil erheblich voneinander abweichenden Regelungen[16]. So gründete die britische Militärregierung für ihre Zone eine Finanzleitstelle, der der Ertrag der ehemaligen Reichssteuern zufloß, um sie nach einem bestimmten Schlüssel auf die Länder der britischen Zone zu verteilen[17]. Einem *Zonenhaushaltsamt* wurden die Zuständigkeiten des Reichsfinanzministers übertragen. In Schleswig-Holstein wurde zur Bewältigung der öffentlichen Aufgaben aus den preußischen Behörden eine *einheitliche Verwaltung* unter der Leitung des Oberpräsidenten gebildet[18]. Die Militärregierung ernannte einen Provinziallandtag, und am 23. August 1946 wurde aus der Preußischen Provinz das „selbständige Land Schleswig-Holstein"[19]. Der Oberpräsident hieß jetzt Ministerpräsident, der Provinziallandtag Schleswig-Holsteinischer Landtag. Am 12. Januar 1950 trat die Landessatzung in Kraft[20].

---

[12] Diese wurde nach längeren Beratungen am 10. 8. 1948 vom Landtag verabschiedet, scheiterte jedoch am Widerspruch der Militärregierung. Nach Inkrafttreten des Grundgesetzes wurde eine neue Gemeindeordnung ausgearbeitet, die GO v. 24. 1. 1950 (GVOBl. S. 25).

[13] Die Zonenverwaltung verfügte über die Haupteinnahmen.

[14] Aus den ehemaligen preuß. Provinzen wurden selbständige Länder.

[15] Allerdings behielt sich der Alliierte Kontrollrat die Gesetzgebung über die Steuern vor.

[16] Vgl. *Habermehl*, FA, N. F., Bd. 11 (1949).

[17] Es handelt sich dabei um 16 verschiedene Steuern, insbesondere die Einkommen- und Körperschaft-, die Umsatz- und Verbrauch-, die Kaffee- und die Teesteuer.

[18] Die preuß. Behörden waren Oberpräsident, Regierungspräsident und Verwaltung des Provinzialverbandes gewesen.

[19] VO der Militärregierung (Amtsbl. Mil. Reg. Nr. 13, S. 305).

[20] Schon vorher hatte der Landtag am 12. 6. 1946 eine vorläufige Verfassung verabschiedet, die jedoch durch die Militärregierung nicht genehmigt wurde; ihre Grundsätze dienten ledigl. als „bindende Verfahrensregeln für die politische Willensbildung", vgl. *Lauritzen*, S. 32/33.

III. Die Gründung des Vereinigten Wirtschaftsgebietes

Nach Gründung der *Bizone* wurde am 1. April 1948 auch den Ländern der britischen Zone die volle Steuerhoheit übertragen, die in der amerikanischen wie in der französischen Zone den Ländern von Anfang an überlassen worden war[21]. Insbesondere Schleswig-Holstein, aber auch Niedersachsen und Bayern waren jedoch zu steuerschwach, als daß sie ohne Hilfe der steuerstärkeren Länder hätten auskommen können. Der Vorbehalt der Militärregierungen ließ 1948 jedoch nur eine provisorische Lösung mit Hilfe von *zinslosen Kassenkrediten* zu[22], da den Ländern eine Kompetenz zur Regelung des Finanzausgleichs fehlte. Erst später kam es nach schwierigen Verhandlungen für das Rechnungsjahr 1949 zu einem ersten horizontalen Finanzausgleich zwischen den Ländern[23], in dem Schleswig-Holstein von der Gesamtsumme ein Anteil in Höhe von 280 Mill. DM zugesprochen wurde[24]. Insgesamt wurden in dieser Zeit einer starken Betonung des föderalistischen Verfassungsprinzips durch dieses System des *freiwilligen* Aushandelns der Ausgleichsbeträge jedoch lediglich die Hansestädte und Nordrhein-Westfalen begünstigt[25]. Die Benachteiligung der anderen steuerschwächeren Länder ließ sich auch durch einen „Ergänzungsausgleich" lediglich mildern, nicht jedoch beseitigen.

IV. Die heutige Lage der Gemeinden in Schleswig-Holstein

Das Land Schleswig-Holstein nimmt eine Fläche von 15 688 qkm ein und ist mit rd. 2,4 Mill. Einwohnern unter den Flächenstaaten bevölkerungsmäßig das zweitschwächste Bundesland[26]. Die Bevölkerung ist zu rd. 30 % in den Stadtregionen Kiel, Lübeck, Flensburg und Neumünster konzentriert[27], während die Kreise an der Westküste und an

---

[21] Die Bizone war die wirtschaftliche Vereinigung der britischen und der amerikanischen Zone, zu der später die französische Zone hinzukam (Trizone).

[22] Dies auch nur für das leistungsschwächste Land, Schleswig-Holstein, in Höhe von 87 Mill. DM; der Betrag reichte bei weitem nicht aus.

[23] Durch das G. des Wirtschaftsrates v. 6. 8. 1949, G. zur vorläufigen Regelung der Kriegsfolgelasten im Rj. 1949 (GBl. der Verwaltung des Vereinigten Wirtschaftsgebietes, S. 235). Dies galt jedoch nur für die Bizone, Niedersachsen erhielt 180 Mill. DM, Bayern 100 Mill. DM.

[24] Die Gesamtsumme betrug 600 Mill. DM. Der Betrag erhöhte sich noch durch die Einbeziehung der französischen Zone im 2. Halbjahr 1949 auf 307 Mill. DM. Dafür kamen auf der Empfängerseite aber Hessen und Rheinland-Pfalz hinzu.

[25] Das waren die ohnehin steuerstarken Länder.

[26] Das sind 6,3 % der Fläche der BRD. Der Anteil an der Gesamtbevölkerung der BRD beträgt 4,1 %. 1939 waren es noch ledigl. 1,589 Mill. Einw.

[27] Das sind die 4 kreisfreien Städte des Landes, die zugleich Schwerpunkte der industriellen Entwicklung sind, vgl. *Voigtländer*, S. 22 ff. (23).

der dänischen Grenze zum Teil dünn besiedelt sind. Schleswig-Holstein ist daher in besonderem Maße ein Land kleiner Gemeinden[28]. Die *örtliche Verwaltung* wird in Schleswig-Holstein gemeinsam von den amtsangehörigen Gemeinden und den Ämtern durchgeführt, die Angelegenheiten der Selbstverwaltung fallen den Gemeinden jedoch allein zu[29]. Wichtigster Grundsatz dabei ist, daß in allen Gemeinden — auch in denen auf dem flachen Lande — ein *Mindestmaß an kommunalen Leistungen* gewährleistet sein muß. Besondere Probleme ergeben sich hierbei in der Umgebung der großen Städte durch die höheren Anforderungen hinsichtlich der Erschließung von Industriegelände und eines leistungsfähigen Schulwesens[30]. Da das *Steueraufkommen je Einwohner* in den Gemeinden Schleswig-Holsteins sehr unterschiedlich ist, muß die Situation der leistungsschwachen Gemeinden im Finanzausgleich besonders berücksichtigt werden, um eine einheitliche Aufgabenerfüllung aller Gemeinden zu gewährleisten.

B. Die Finanzverfassung der Bundesrepublik

I. Die Stellung des Bundes und der Länder

Der Parlamentarische Rat wollte bei der Gestaltung der Finanzverfassung ursprünglich nach dem Vorbild der Weimarer Republik eine *einheitliche* Bundesfinanzverfassung für alle Steuern schaffen[31]. Nach mehrmaligen Interventionen der Militärgouverneure wurde dieser Gedanke jedoch wieder fallengelassen und durch eine zwischen Bund und Ländern geteilte Finanzverfassung ersetzt[32]. Der X. Abschnitt („Das Finanzwesen") ist auf einen gesonderten Bereich staatlicher Tätigkeit bezogen und nimmt daher eine Sonderstellung im Grundgesetz ein. Zwar gab es auch in früheren deutschen Verfassungen Vorschriften über das Finanzwesen[33]. Im Gegensatz zu diesen befaßt sich jedoch der

---

[28] Dem entspricht eine starke Abweichung des Industrialisierungsgrades der einzelnen Kreise Schleswig-Holsteins.

[29] Das Amt führt dann nach den Beschlüssen der Gemeinde deren Selbstverwaltungsangelegenheiten durch, allerdings können mehrere amtsangehörige Gemeinden dem Amt auch Selbstverwaltungsangelegenheiten übertragen.

[30] Ebenso auch im Hamburger Randgebiet.

[31] Finanzverfassung im staatsrechtlichen Sinne ist nach *Hettlage* (VVDStRL H. 14, S. 3) der Inbegriff der Verfassungsnormen, die sich mit der Ordnung des Geldwesens und dem Ablauf der Finanzvorgänge in der staatlichen Haushalts-, Vermögens- und Schuldenwirtschaft, insbesondere der Grundordnung des Steuerwesens beim Staat und den eingegliederten Gemeinwesen befassen. Der Parlamentarische Rat wollte die Länderfinanzverwaltung für die ehemaligen Reichssteuern wieder aufgeben.

[32] Daneben war dieser Abschnitt inhaltlich sehr stark von den Erfahrungen geprägt, die man auf dem Gebiet des Finanzausgleichs zur Zeit des Nationalsozialismus gemacht hatte, vgl. *Patzig*, DVBl. 1971, S. 16 ff. (23).

Abschnitt X des Grundgesetzes mit der Finanzausstattung der Gebietskörperschaften im Bundesstaat. Sein Kernstück ist der *Finanzausgleich* zwischen Bund, Ländern und Gemeinden. Das Grundgesetz weist das Recht der Gesetzgebung den Ländern zu[34]. Das gilt grundsätzlich auch für die Gesetzgebungshoheit in Steuersachen, Art. 105 läßt jedoch von vornherein weitgehende Ausnahmen zu. Zölle und Finanzmonopole unterfallen danach der *ausschließlichen* Gesetzgebungskompetenz des Bundes. Alle übrigen wichtigen Steuern unterliegen der *konkurrierenden Gesetzgebungsbefugnis* des Bundes[35]. Dazu gehören auch die bedeutendsten Landessteuern. Gesetze in diesem Bereich bedürfen allerdings der Zustimmung des Bundesrates. Lediglich die Gesetzgebung über Steuern mit örtlich bedingtem Wirkungskreis unterliegt der Zuständigkeit der Länder[36].

II. Die Stellung der Gemeinden

Bereits Ende Oktober 1948 machten die Gemeinden ihren Wunsch nach ausreichenden *eigenen Steuerquellen* im kommenden Grundgesetz geltend[37]. Außerdem forderten sie einen angemessenen kommunalen Finanzausgleich, in dem den Gemeinden ein weitgehendes Steuererfindungsrecht zugestanden werden müsse[38]. Zusätzlich sei ein bundesrechtlicher Schutz gegen eine „willkürliche" Finanzgesetzgebung der Länder erforderlich[39]. Die Regelung im Grundgesetz entsprach jedoch nicht den Wünschen der Gemeinden. Vielmehr wurde durch Art. 106 i. d. F. von 1949 „primär nur die Effektivität des bundesstaatlichen Aufbaus garantiert"[40]. Als Ergebnis der Beratungen des Parlamentarischen Rates wurden die Gemeinden im Grundgesetz nicht als originäre Gebietskörperschaften anerkannt. Demzufolge blieb die Regelung ihrer Rechts- und Verfassungsangelegenheiten fast vollständig Sache der Länder. Zwar wurde den Gemeinden in Art. 28 Abs. 2 das Recht der Selbstverwaltung zuerkannt, die Forderung nach der nötigen *finanziel-*

---

[33] Vgl. die Preuß. Verf. v. 1920, Budgetrecht und Rechnungsprüfung in Abschn. VII „Das Finanzwesen". Dieser Abschnitt hat insoweit als Vorbild für das Grundgesetz gedient.

[34] Art. 70 Abs. 1 GG.

[35] Die wichtigsten Steuern sind Einkommen- und Körperschaftsteuer, Umsatzsteuer und Vermögenssteuer.

[36] Ein örtlich bedingter Wirkungskreis liegt vor, wenn die Steuer nach der Person des Steuerpflichtigen, der Art des Steuergegenstandes und ihrer Zweckgebundenheit auf örtliche Verhältnisse ausgerichtet ist.

[37] Dies geschah in der Hauptausschußsitzung des Dt. Städtetages in Münster.

[38] *Cahn / Garnier*, Städtetag 1949, S. 25.

[39] *Hettlage*, FA, N. F. 14, S. 405 ff. (436).

[40] *Köttgen*, DÖV 1953, S. 358 ff. (358).

len Grundlage der gemeindlichen Selbstverwaltung blieb jedoch unberücksichtigt[41]. Die Gemeindefinanzen galten im Rahmen des Bundesfinanzausgleichs als integraler Bestandteil der Länderfinanzen[42]. Weder wurden den Gemeinden eigene Steuerquellen durch den Bund zugewiesen, die den Besonderheiten der Selbstverwaltung entsprochen hätten, noch waren die Gemeinden vor finanzieller Überbelastung durch neue Aufgaben geschützt. Auch die für die Praxis wichtigste Forderung der Gemeinden, dem Bund eine *Grundsatzgesetzgebungsbefugnis* für den Finanzausgleich zwischen Ländern und Gemeinden zu erteilen, blieb unberücksichtigt. Gerade dieser wichtige Bereich wurde ganz in die Hände der Ländergesetzgeber gelegt. Damit konnte der Bund keinerlei Einfluß darauf nehmen, welche Steuerquellen den Gemeinden in den einzelnen Ländern als *Mindestmaß* hätten überlassen werden müssen. Die Folge war eine starke Abhängigkeit der Gemeinden von den Ländern. Der unterschiedlichen Gestaltung des kommunalen Finanzausgleichs in den einzelnen Ländern wurde Tür und Tor geöffnet. Das Grundgesetz geht zwar von einem *dreistufigen Aufbau* des Gesamtstaates aus. So enthält Art. 28 Abs. 1 Satz 2 die Gewährleistung einer Gliederung des Bundesgebietes in Länder, Kreise und Gemeinden sowie deren demokratischer Selbstbestimmung[43]. In die Ausübung der Staatsgewalt teilen sich jedoch nur Bund und Länder. Gemeinden und Gemeindeverbände werden unterhalb der Länder eingeordnet und als Teile der Länder angesehen. Daher bestehen unmittelbare Beziehungen zwischen Bund und Gemeinden auch nur in Ausnahmefällen.

C. Die Verfassungsgarantie der kommunalen Selbstverwaltung

I. Die Selbstverwaltungsgarantie des Grundgesetzes

Nach Art. 28 Abs. 2 muß den Gemeinden das Recht gewährleistet sein, alle Angelegenheiten der örtlichen Gemeinschaft im Rahmen der Gesetze in eigener Verantwortung zu regeln[44]. Das Grundgesetz knüpft an die Entwicklung des Art. 127 WRV an[45], da man davon ausging, daß die Nachkriegsverfassungen die Selbstverwaltung in ihrer überkommenen Form gewährleisten wollten[46]. In Art. 28 Abs. 2 soll daher das Recht auf Selbstverwaltung in ähnlichem Umfang garantiert wer-

---

[41] Auch wenn die Gemeinden beiläufig in Art. 105 Abs. 2, 106 Abs. 2 und 108 Abs. 3 Satz 4 GG erwähnt wurden.

[42] *Storck*, Städtetag 1949, S. 217 ff. (217).

[43] Vgl. *Becker*, HKWP I, S. 113 ff. (141).

[44] Die Gemeindeverbände werden durch Art. 28 Abs. 2 Satz 2 erfaßt.

[45] So der Abg. Dr. Hoch im Parl. Rat, JöR, Bd. 1, S. 253, ebenso BVerfGE 1, 167 ff.

[46] BVerfGE 1, 167 ff. (178); 17, 172 ff. (182); 22, 180 ff. (205).

den wie in der Weimarer Reichsverfassung. Die grundgesetzliche Gewährleistung geht sogar insofern darüber hinaus, als sie in die Umschreibung des Selbstverwaltungsbegriffs das Prinzip der *Allzuständigkeit* mit aufnimmt[47]. Durch Art. 28 Abs. 2 werden die Länder, die in der Bundesrepublik Deutschland für das Kommunalrecht zuständig sind, verpflichtet[48], eine den Forderungen des Grundgesetzes entsprechende Regelung des Selbstverwaltungsrechts ihrer Gemeinden zu treffen. Aber auch der *Bundesgesetzgeber* wird durch Art. 28 Abs. 2 bindend verpflichtet[49]. Art. 28 Abs. 2 stellt somit eine *Schranke* für die Gesetzgeber der Länder sowie des Bundes dar.

1. Der Umfang der Einrichtungsgarantie

Obgleich den Gemeinden durchaus Grundrechte gemäß Art. 19 Abs. 3 zustehen können[50], handelt es sich bei dem Recht auf Selbstverwaltung nicht um ein Grundrecht der Gemeinden, sondern um eine *Einrichtungsgarantie*[51]. Grundgesetzlich geschützt wird die Institution als solche, Art. 28 Abs. 2 enthält jedoch weder eine Bestandsgarantie für die einzelne Gemeinde als Ganzes, noch ihres Aufgabenbereiches[52]. Gemeindegrenzänderungen und Eingemeindungen sind also zulässig, dürfen allerdings nur zum *öffentlichen Wohl* erfolgen[53]. Die institutionelle Garantie besagt somit, daß alle staatlichen Regelungen unzulässig sein sollen, „die offen oder versteckt für sich allein oder im Zusammenhang mit anderen eine staatliche oder staatsabhängige Verwaltung der Ortsebene herbeiführen“[54]. Art. 28 Abs. 2 enthält eine *doppelte Garantie*, die des Aufgabenbereichs und die der eigenverantwortlichen Führung

---

[47] Vgl. BVerfGE 1, 167 ff. (174) und 11, 266 ff. (274). Im übrigen wollte man keinesfalls hinter der Auslegung zurückbleiben, die Art. 127 WRV gegen Ende der Weimarer Republik gefunden hatte.

[48] Die Verpflichtung ergibt sich aus der Formulierung „muß gewährleistet sein“.

[49] *v. Mangoldt / Klein*, S. 704 f.; *Maunz / Dürig / Herzog*, Art. 28, Rdnrn. 24 f.; *Gönnenwein*, GemeindeR, S. 27 f.

[50] Die Grundrechte gelten für die Gemeinden als inländische juristische Personen des öffentlichen Rechts, soweit sie ihrem Wesen nach auf diese anwendbar sind.

[51] Vgl. statt vieler: *Maunz / Dürig / Herzog*, Art. 19 Abs. 3, Rdnrn. 9, 24 f., 29, 32, Fußnote 2, 38; a. A. *Zuhorn / Hoppe*, S. 75 f. Zur Auffassung als Naturrecht besonders: *Bender*. Nach *Seibert* handelt es sich um eine „unmittelbare Verfassungsgarantie“.

[52] VerfGH NRW OVGE 14, 372/373; 14, 377 (379); VerfGH RhPf in SKV 1969, S. 176/177; *Ule*, VerwArch. 1969, S. 115; zur Auflösung von Gemeinden vgl. auch VerfGH NRW, OVGE 25, 310 ff. (313/314). Über die Auslegung des unbestimmten Rechtsbegriffs „öffentliches Wohl“ haben ggfs. die Gerichte zu entscheiden.

[53] *Ule*, VerwArch. 1969, S. 116; *Scholtissek*, DVBl. 1968, S. 829; VerfGH RhPf in SKV 1969, S. 176/177.

[54] *Salzwedel*, DÖV 1969, S. 811.

der Geschäfte innerhalb des Aufgabenbereichs[55]. Die durch Art. 28 Abs. 2 gewährleistete *Allseitigkeit des gemeindlichen Wirkungskreises* ist zwar der Disposition des Gesetzgebers entzogen, damit ist allerdings nicht ein für allemal bestimmt, welches die „Angelegenheiten der örtlichen Gemeinschaft" sind[56]. Eines legt die Einrichtungsgarantie des Art. 28 Abs. 2 allerdings mit unmittelbarer Bindungswirkung fest: Die kommunale Selbstverwaltung darf als Einrichtung weder beseitigt noch derart eingeschränkt werden, daß sie in ihrem Wesensgehalt angetastet wird[57].

a) Der Gesetzesvorbehalt

Den Gemeinden und Gemeindeverbänden steht das Recht der Selbstverwaltung lediglich „im Rahmen der Gesetze" zu. Dieser *Gesetzesvorbehalt* bedeutet eine wesentliche Einschränkung der Selbstverwaltungsgarantie[58]. Dabei läßt sich dieser Vorbehalt auf die eigenverantwortliche Regelung oder auf den Umfang der örtlichen Angelegenheiten oder auf beides beziehen. Unabhängig davon unterliegt jedoch die Dispositionsbefugnis des Gesetzgebers einer dreifachen Beschränkung. *Beschränkungen der Selbstverwaltung* dürfen nur durch Gesetze erfolgen, die den Rahmen für die eigenverantwortliche Tätigkeit der Gemeinden abstecken und dabei die Grundsätze der Notwendigkeit und Verhältnismäßigkeit beachten und darüber hinaus den Wesenskern des Selbstverwaltungsrechts nicht antasten[59]. Alle Einschränkungen unterliegen also nicht nur dem uneingeschränkt gültigen Verbot, die Einrichtung als solche abzuschaffen, sondern zusätzlich einer besonderen *Wesensgehaltschranke*. Eingriffe in die Selbstverwaltung sind grundsätzlich zwar möglich, der Wesenskern der Selbstverwaltung darf jedoch nicht angetastet werden[60]. Das historisch überkommene Bild der

---

[55] BVerwGE 6, 19 ff. (22); ähnlich: *Gönnenwein*, GemeindeR, S. 31.

[56] Diese können vielmehr nach Zeit und Ort unterschiedlich bestimmt sein.

[57] Vgl. *Stern*, BK, Art. 28 Abs. 2 Rdnr. 65. Diese Wesensgehaltgrenze wird nicht aus Art. 19 Abs. 2 GG hergeleitet, da die Selbstverwaltungsgarantie kein Grundrecht ist (*Köttgen*, Die Gemeinde, S. 44; a. A. *v. Mangoldt / Klein*, S. 556), auch nicht in einer analogen Anwendung, sondern ergibt sich aus der institutionellen Garantie selbst (mit derselben Begründung; a. A. *Maunz / Dürig / Herzog*, Art. 28 Abs. 2 Rdnr. 32; *Stern*, BK, Art. 28 Abs. 2, Rdnr. 120).

[58] Zu der zusätzlichen Einschränkung durch die „Kraft des Faktischen" vgl. *v. Unruh*, GemeindeR, S. 84 ff. (96).

[59] BVerfGE 1, 175 ff. (175). Solche Gesetze sind z. B. die Organisations- und Verfahrensvorschriften der Landesgesetze, insbesondere also die Gemeindeordnungen. Nach herrschender Meinung gilt dies auch für Gesetze in bloß materiellem Sinne, also für Verordnungen, vgl. *Stern*, BK, Art. 28 Rdnr. 115.

[60] *Köttgen*, Die Gemeinde, S. 39, 47. Diese Schranke kommt bereits in einer Entscheidung des Staatsgerichtshofes für das Dt. Reich v. 10./11. 11. 1928 (RGZ 126, Anhang 9 ff. (14, 22); ebenso OVGE 12, 158; 19, 176; ähnlich BVerfGE 1, 167 ff.) zum Ausdruck, deren Aussage bis heute Gültigkeit behalten hat.

Selbstverwaltung ist also durchaus korrigierbar[61]. Mit Art. 28 Abs. 2 ist den Gemeinden somit nicht der in einem bestimmten historischen Zeitpunkt gegebene Besitzstand an Aufgaben und Befugnissen garantiert[62]. Einschränkungen sind nach den besonderen Bedürfnissen der Zeit möglich, solange nicht die Selbstverwaltung der Gemeinden als solche in Frage gestellt ist[63]. Außerhalb des *Kernbereichs* kann der Gesetzgeber den Gemeinden nicht nur weitere Aufgabenbereiche als Selbstverwaltungsaufgaben zuweisen[64], sondern sich auch bei bestimmten Aufgaben ein beschränktes Weisungsrecht oder andere Formen der Zweckmäßigkeitskontrolle vorbehalten, sofern nur das verfassungsrechtlich geschützte Gebiet der Selbstverwaltung nicht beeinträchtigt wird[65]. Alle Eingriffe sind jedoch — unter Wahrung des Wesenskerns der Selbstverwaltung — auf das *zeitlich und sachlich Notwendige* zu begrenzen[66]. Sie sind nur dann zulässig, wenn sie bei verständiger Würdigung und sorgfältiger Abwägung aller Umstände sachlich geboten sind[67].

b) Die Wesensgehaltgarantie

Wieweit im konkreten Fall Eingriffe in das Recht der kommunalen Selbstverwaltung durch den einfachen (Bundes- oder Landes-)Gesetzgeber gehen dürfen, die den Wesensgehalt dieser Rechtseinrichtung achten, richtet sich nach der Art der einzelnen Selbstverwaltungsaufgabe. Der Wesenskern ist dann nicht verletzt, wenn den Gemeinden die Erledigung der Masse der Aufgaben belassen wird, die ihrem Wesen nach Angelegenheiten der örtlichen Gemeinschaft sind[68]. Das Aufstellen allgemeiner Regeln, die jeden Fall erfassen würden, ist allerdings nicht ohne weiteres möglich, eine einheitliche Meinung in Literatur und Rechtsprechung hat sich noch nicht gebildet. Es lassen sich jedoch mit *Macher* drei Methoden unterscheiden, die das Problem, die Selbstverwaltung trotz sich ständig wandelnder soziologischer Gegeben-

---

[61] Der historische Bestand der Selbstverwaltung kann nicht in dem Sinne als unabänderlich gelten, daß sie in keiner Hinsicht und zu keiner Zeit in ihrem Bestand angetastet werden dürfte (BVerfGE 1, 167 ff.).

[62] *Pagenkopf*, Einführung, S. 82; *Raacke*, S. 21. Die moderne Selbstverwaltung beruht nicht auf Immunitätsprivilegien im Stile mittelalterlicher Städtefreiheit (*Köttgen*, HKWP I, S. 212).

[63] BVerfGE 1, 67 = NJW 1952, S. 577; BVerfGE 1, 167 ff.

[64] z. B. als Pflichtaufgaben; dabei muß allerdings zugleich die Finanzierung dieser Aufgaben sichergestellt werden.

[65] Vgl. *Dehmel*, S. 118/119; *Jesch*, DÖV 1960, S. 740, 1. Sp.

[66] BVerfGE 6, 19 = DVBl. 1958, S. 277; BVerfGE 1, 167 ff.

[67] Voraussetzung für ihre Zulässigkeit ist in jedem Fall, daß sie in der Form des Gesetzes vorgenommen werden.

[68] BVerfGE 6, 19 LS = DVBl. 1958, S. 277.

heiten zu erhalten, von unterschiedlichen Ausgangspositionen her zu lösen versuchen[69].

Die sogenannte *Subtraktionsmethode* des Bundesverwaltungsgerichts stellt darauf ab, was nach einem gesetzlichen Eingriff für die Selbstverwaltung noch übrig bleibt[70], während die sogenannte *Substanztheorie* des Bundesverfassungsgerichts von einem bestimmten Kern der Selbstverwaltung ausgeht und den unantastbaren Bereich durch den Rückgriff auf die Geschichte bestimmt[71]. Bedenken gegen diese beiden negativ-quantitativen Methoden ergeben sich jedoch aus der mangelnden Möglichkeit rechtzeitiger Feststellung einer verfassungswidrigen Aushöhlung der Selbstverwaltung einerseits[72] und den zuweit gehenden Eingriffsmöglichkeiten des Gesetzgebers andererseits[73]. Diese Fehler versucht die *Theorie vom typischen Erscheinungsbild* mit einer positiv-qualitativen Wertung zu vermeiden[74]. Ihr Kernpunkt ist der Vergleich des Erscheinungsbildes der Selbstverwaltung, wie es sich aufgrund der soziologischen Gegebenheiten darstellt, vor und nach dem Eingriff. Das Typische bestimmt den Wesensgehalt; nach seiner Verletzung wird der Eingriff bewertet. Gelingt es, das typische Erscheinungsbild der kommunalen Selbstverwaltung eindeutig zu umgrenzen, so erscheint diese Methode als die beste der aufgezeigten Lösungen. Gelingt dies jedoch nicht — und dafür spricht der bisherige Stand des Meinungsstreits, — so verbleiben dem Gesetzgeber weiter Eingriffsmöglichkeiten, die sich der Kontrolle durch diese Methode entziehen. Ein wirksamer Schutz des Wesensgehalts ist dann nicht gewährleistet.

Einen anderen Weg geht *Korte* mit seiner *"Gemeinwohlmethode"*[75]. Unabhängig vom Wesensgehalt stellt er allein auf den Eingriff ab. Ein Aufgabenentzug soll dann zulässig sein, wenn Gründe des Gemeinwohls diesen erfordern. Unter den Voraussetzungen des Art. 72 Abs. 2 GG könne danach der Staat auch in den Aufgabenbereich der Gemeinde eingreifen. Art. 72 GG dient nach Korte als Maßstab für das Vorliegen des Gemeinwohls. Bedenken gegen diese Auffassung ergeben sich vor allem aus dem *Fehlen der Wesensgehaltschranke*. Der Staat darf auch unter den Voraussetzungen des Gemeinwohls nicht

---

69 *Macher*, S. 62 ff.

70 BVerwG in st. Rspr., vgl. DÖV 1969, S. 856 ff. (858 li. Sp.); *Maunz / Dürig / Herzog*, Art. 28 Rdnr. 32; *Pagenkopf*, Einführung, S. 83.

71 BVerfGE st. Rspr., vgl. DÖV 1969, S. 849 ff. (850 li. Sp.); DÖV 1969, S. 851 ff. (852 li. Sp.).

72 Hierzu insbesondere: *Köttgen*, Die Gemeinde, S. 45: *H. Meyer*, Finanzverfassung, S. 42.

73 *Becker*, Kommunale Selbstverwaltung, S. 673 ff. (722).

74 *Lerche*, Verfassungsfragen, S. 99, 107; *Scholz*, S. 55.

75 *Korte*, Diss., S. 127/128; *ders.*, VerwArch. 1970, S. 58/59.

ohne jede Begrenzung in den Aufgabenbereich der Gemeinde eingreifen. Anderenfalls wäre die Gewährleistung des Art. 28 Abs. 2 weitgehend inhaltslos. Es ist daher unter Berücksichtigung dieser Bedenken einer Methode der Vorzug zu geben, die Kortes Gemeinwohltheorie mit der Wesensgehaltsbeschränkung vereinigt. Danach steht es dem Gesetzgeber zu, „gemeindliche Aufgaben an sich zu ziehen bzw. zu regeln, soweit sich ein Bedürfnis gemäß Art. 72 Abs. 2 GG hierfür ergibt, wobei die Regelungsbefugnis am Wesensgehalt der kommunalen Selbstverwaltung ihre Grenze findet"[76]. Daneben ergibt sich eine weitere Schranke aus dem allgemein gültigen Übermaßverbot, das neben der Wesensgehaltsschranke zu beachten ist[77].

2. Die Finanzgarantie des Art. 28 Abs. 2 GG

Die Kehrseite des Rechts der Gemeinden, die eigenen Angelegenheiten in eigener Verantwortung zu erfüllen, ist ihre Pflicht, die hierfür erforderlichen Mittel aufzubringen. Die *Finanzhoheit* ist daher untrennbar mit der Selbstverwaltungsgarantie verbunden[78]. Die selbständige Bewirtschaftung des Gemeindevermögens in Form einer eigenverantwortlichen Einnahmen- und Ausgabenwirtschaft im Rahmen eines gesetzlich geregelten *Haushaltswesens* gehört zu den traditionellen Gemeindezuständigkeiten[79]. Die Gemeinde hat sich dabei in eigenverantwortlicher Regelung ihrer Finanzen auf die ihr obliegenden Verpflichtungen einzustellen und bei ihren Maßnahmen auch ihre Stellung innerhalb der Selbstverwaltung des modernen Verwaltungsstaates in Betracht zu ziehen[80].

Aus Art. 28 Abs. 2 ergibt sich, daß den Gemeinden ein *Anspruch auf Beteiligung am Gesamtsteueraufkommen* und auf Schutz gegen finanzielle Überbelastung zustehen muß. Die Gemeinden müssen also an der Finanzgewalt und an der öffentlichen Finanzmasse beteiligt werden. Die Höhe dieses Anspruchs ist jedoch unbestimmt, seine Erfüllung ist weitgehend in das Ermessen des Gesetzgebers gestellt[81]. Zu der durch die Selbstverwaltungsgarantie gewährleisteten gemeindlichen Gebietshoheit gehört auch das gemeindliche *Besteuerungsrecht*. Das bedeutet

---

[76] *Macher*, S. 65.

[77] *Wixforth*, S. 14, 16; *Stern*, Verfassungsrechtl. Position, S. 47; *Jesch*, DÖV 1960, S. 739.

[78] Sie gehört neben der inneren Organisation und dem Personalwesen zu den „institutionellen Fundamenten der Gemeinde" (*Köttgen*, Die Gemeinde, S. 49; BVerfGE 1, 79; 8, 359 und 9, 289).

[79] BVerfGE 26, 244.

[80] BVerfGE 23, 353 ff.

[81] BayVerfGH VGH nF 12, II, 48 = DVBl. 1959, S. 897 (nur Leitsätze).

allerdings nicht, daß der Finanzbedarf der Gemeinden ausschließlich durch eigenes Steueraufkommen gedeckt werden müßte, obgleich lediglich angemessene und stabile gemeindliche Einnahmen eine effektive kommunale Finanzhoheit garantieren[82]. Aus Art. 28 Abs. 2 folgt also kein Anspruch auf finanzielle Mindestausstattung durch den Bund. Quantitativ und qualitativ gleichmäßige Leistungen aller Gemeinden, wie sie das auch im Bereich der Selbstverwaltung gültige *Sozialstaatsprinzip* erfordert, sind jedoch nur durch eine entsprechende Finanzausstattung der Gemeinden zu gewährleisten. Fehlt es also den Gemeinden an ausreichenden eigenen Einnahmen, so muß der Staat im Rahmen des Finanzausgleichs Abhilfe schaffen. Dabei ist jedoch zu bedenken, daß Zweckzuweisungen des Staates den Verlust der gemeindlichen Dispositionsbefugnis bedeuten. Der Anspruch der Gemeinden, der sich aus Art. 28 Abs. 2 herleitet, ist daher auch auf die Wahrung eines angemessenen Gesamtverhältnisses zwischen eigenen und Fremdeinnahmen gerichtet.

II. Die Selbstverwaltungsgarantie der Landessatzung für Schleswig-Holstein

1. Der Inhalt der Selbstverwaltungsgarantie

Auch die Landessatzung für Schleswig-Holstein enthält eine Gewährleistung der kommunalen Selbstverwaltung[83]. Art. 39 LS knüpft an Art. 28 Abs. 2 GG an, mit dem er inhaltlich übereinstimmt. Als solche übereinstimmende Vorschrift könnte Art. 39 LS gemäß Art. 31 GG gegenüber dem Grundgesetz zurückzutreten haben. Dem widerspricht jedoch die in Art. 28 Abs. 2 GG enthaltene Gewährleistung eines *Mindestinhalts* der kommunalen Verfassungsordnung in den Ländern. Art. 31 GG wäre in diesem Fall also nur dann anwendbar, wenn Art. 39 LS dem Grundgesetz widerspräche. Dies ist nicht der Fall, die Selbstverwaltungsgarantie der Landessatzung ist daher rechtswirksam und *anwendbar*. Nach Art. 39 LS sind die Gemeinden

> „berechtigt und im Rahmen ihrer Leistungsfähigkeit verpflichtet, in ihrem Gebiet alle öffentlichen Aufgaben in eigener Verantwortung zu erfüllen, soweit die Gesetze nicht ausdrücklich etwas anderes bestimmen“[84].

Diese Gewährleistung wird in § 1 der Gemeindeordnung für Schleswig-Holstein *programmatisch* noch erweitert[85]. Als „Leit- und Aus-

[82] *Sattler*, HKWP III, S. 3 ff.

[83] Landes*satzung* v. 13. 12. 1949 (GVOBl. 1950, S. 3) und nicht Landes*verfassung*, da ein Grundrechtsteil fehlt, aber auch wegen des Vorbehalts von Art. 53 Abs. 2 LS.

[84] Die Gemeindeverbände werden durch Abs. 2 einbezogen.

[85] GO v. 24. 1. 1950 (GVOBl. S. 25).

legungsgrundsatz für alles Handeln der Selbstverwaltung“ wird dort erklärt[86], daß den Gemeinden „das Recht der freien Selbstverwaltung in eigenen Angelegenheiten als eines der *Grundrechte* demokratischer Staatsgestaltung gewährleistet“ sein solle. Dabei wird die Universalität des gemeindlichen Wirkungskreises und die Beschränkung der Staatsaufsicht auf die Rechtskontrolle der Selbstverwaltung mit einbezogen. In Angelegenheiten der örtlichen Gemeinschaft spricht also eine Vermutung stets für die Zuständigkeit der Gemeinden[87].

2. Die Finanzgarantie der Landessatzung

Die in Art. 39 LS geschützte Selbstverwaltung ist nach *Lauritzen* „Ausdruck des politischen Prinzips der Selbstverwaltung und des Organisationsprinzips eines Gleichgewichts der Kräfte im allgemeinen und der Gewaltenteilung im besonderen“[88]. Aus diesem politischen Prinzip folgt das in Art. 40 LS normierte finanzwirtschaftliche Prinzip der *Haushaltshoheit* der Gemeinden und Gemeindeverbände[89]. Dieser Grundsatz gewinnt seinen Sinn nur aus der eigenverantwortlichen Verwaltung eigener Einnahmequellen[90]. Die Kehrseite der in Art. 41 LS gewährleisteten eigenverantwortlichen Verwaltung eigener Einnahmequellen ist, daß die Gemeinden ihre Verwaltungsleistungen und ihren Verwaltungsaufwand in erster Linie aus ihrer eigenen Steuerkraft sowie aus den Einnahmen durch Gebühren und Beiträge bestreiten müssen. Um diesem „Grundsatz der Deckung von Aufgabenverantwortung und Finanzverantwortung“, der auch in § 2 Abs. 2 Satz 1 GO zum Ausdruck kommt[91], entsprechend verfahren zu können, muß das Land eine ausführliche Regelung der finanziellen Beziehungen zwischen Land und Gemeinden treffen. Folgerichtig ist daher das Land Schleswig-Holstein nach Art. 42 LS verfassungsrechtlich verpflichtet[92], einen Finanzausgleich „unter Berücksichtigung der Steuerkraft und des notwendigen Ausgabenbedarfs der Gemeinden“ durchzuführen. Dabei kann die Bereitstellung der erforderlichen Mittel allerdings sowohl durch die Erschließung oder Erweiterung *eigener Einnahmequellen*, als

[86] *Galette / Laux*, S. 11.

[87] Nach § 17 Abs. 1 GO schafft die Gemeinde in den Grenzen ihrer Leistungsfähigkeit die öffentlichen Einrichtungen, die für die wirtschaftliche, soziale und kulturelle Betreuung ihrer Einwohner erforderlich sind, vgl. auch § 2 GO.

[88] *Lauritzen*, S. 178.

[89] Im Rahmen der Gesetze, vgl. die §§ 76 bis 131 GO.

[90] *Lauritzen*, S. 179.

[91] *Galette / Laux*, S. 15.

[92] Dem entspricht § 2 Abs. 2 Satz 2 GO.

auch durch die Gewährung von allgemeinen Finanzzuweisungen oder Zweckzuweisungen erfolgen[93]. Allgemeine Finanzzuweisungen und Zweckzuweisungen müssen jedoch in einem ausgewogenen Verhältnis zueinander stehen.

§ 16 Die Entwicklung bis 1954

Da zur Zeit der Beratungen des Parlamentarischen Rates weder die Belastung von Bund, Ländern und Gemeinden noch die Entwicklung des Steueraufkommens vorauszusehen war, und sich die Beratenden ständigen Interventionen der Besatzungsmächte gegenübersahen[1], blieb ihnen nichts anderes übrig, als sich mit einer vorläufigen Regelung der Ertragsverteilung zu begnügen.

A. Die Entwicklung im Bund

I. Die Verteilung der Steuererträge

Der vertikale Finanzausgleich zwischen Bund und Ländergesamtheit führte immer wieder zu heftigen Auseinandersetzungen. Einer der Gründe hierfür ist darin zu sehen, daß bei der Aufteilung der Steuererträge zwischen Bund und Ländern die *Lastenverteilung* unberücksichtigt blieb[2]. Die Verteilung der Steuererträge wurde nach anderen Gesichtspunkten vorgenommen als die der Gesetzgebungskompetenzen. Zur Sicherung der Eigenstaatlichkeit der Länder wurde ein *Trennsystem* verwirklicht. Dem *Bund* stand nun der Ertrag aus den Zöllen, Monopolerträgen, Verbrauch-, Beförderung- und Umsatzsteuern sowie „die einmaligen Zwecken dienenden Vermögensabgaben" zu[3]. Der Ertrag der übrigen Steuern floß den *Ländern* zu, wobei Einkommen- und Körperschaftsteuer naturgemäß besonderes Gewicht besaßen. Es lag auf der Hand, daß sich auf die Dauer der Finanzbedarf des Bundes nicht ohne eine Beteiligung an der *Einkommen- und Körperschaftsteuer* decken ließ[4]. Entsprechend war vorgesehen[5], daß der Bund durch ein Zustimmungsgesetz einen Teil dieser wichtigen Steuern für sich in

---

[93] *Lauritzen*, S. 180.

[1] Vgl. die Nachweise bei *Weber*, Spannungen und bei *Höpker-Aschoff*, AöR Bd. 75, S. 306 ff.

[2] Die Entlastung der steuerschwachen „Flüchtlingsländer" durch das 1. ÜberleitungsG v. 28. 11. 1950 (BGBl. I S. 737) erwies sich als unzureichend; vgl. *Patzig*, DVBl. 1971, S. 16 ff. (24).

[3] Art. 106 Abs. 1 i. d. F. v. 1949.

[4] Der Bund hatte im 1. ÜberleitungsG mit Wirkung vom 1. 4. 1950 die Kriegsfolge- und Soziallasten übernommen (1949: 8 Mrd. DM; 1950: 10 Mrd. DM).

[5] Nach Art. 106 Abs. 3 i. d. F. v. 1949.

Anspruch nehmen konnte[6]. Allerdings hatte der Bund für jedes Rechnungsjahr die finanzwirtschaftliche Berechtigung für die Inanspruchnahme seines Anteils nachzuweisen[7].

II. Die Beteiligung der Gemeinden

Zwar ging der Parlamentarische Rat grundsätzlich davon aus, daß die *Realsteuern* den Gemeinden verbleiben sollten[8], die Frage nach Grad und Umfang der Finanzautonomie der Gemeinden ließ er jedoch unbeantwortet. Umstritten blieb daher auch von Anfang an die aus Art. 28 Abs. 2 GG herzuleitende unmittelbare Finanzverantwortung des Bundes für die Finanzausstattung der Gemeinden. Die Länder konnten frei über die gemeindliche Beteiligung an ihrem Finanzaufkommen bestimmen. Es gab *keine festen Finanzansprüche* der Gemeinden. Art. 106 Abs. 2 i. d. F. von 1949 bestimmte lediglich die Steuern, die den Gemeinden und Gemeindeverbänden nach Maßgabe der Landesgesetzgebung zustehen sollten. Die für eine eigenverantwortliche Selbstverwaltung unerläßliche finanzielle Selbständigkeit der Gemeinden wurde nur unvollkommen gesichert[9]. Gegenüber dem Bund wurden die Gemeinden als den Ländern angehörige Körperschaften behandelt, deren Finanzausstattung den Ländern überlassen blieb[10].

III. Der Finanzausgleich zwischen den Ländern

Nach Art. 106 Abs. 4 i. d. F. von 1949 konnte der Bund in einem Finanz- und Lastenausgleich den steuerschwachen Ländern Zuschüsse aus den den Ländern zufließenden Steuern gewähren. Stattdessen legten die Länder jedoch einen Verteilungsschlüssel fest und bildeten einen *Ausgleichsstock*, den der Bund lediglich treuhänderisch verwaltete[11], um so „horizontale Ausgleichszahlungen" vorzunehmen. Für 1949 zahlten die steuerstarken Länder bestimmte Beträge an den Ausgleichsstock, aus dem neben Schleswig-Holstein auch die anderen steuerschwachen

---

[6] Erstmalig erhielt der Bund nach langen Verhandlungen durch das InanspruchnahmeG v. 23. 10. 1951 (BGBl. I S. 864) 27 % vom Gesamtertrag (das waren 1951 2,213 Mrd. DM), ab 1952 durch das InanspruchnahmeG v. 25. 7. 1952 (BGBl. I S. 389) dann 37 % (das waren 1952 3,91 Mrd. DM) und schließlich bis 1955 38 % vom Ertrag dieser beiden großen Steuern.

[7] Die Teilung des Aufkommens der Einkommen- und Körperschaftsteuer zwischen Bund und Ländern stellte einen ersten Einbruch in das Trennsystem dar.

[8] Die Realsteuern hatten den Gemeinden seit der Realsteuerreform von 1936 zugestanden; vgl. Art. 106 Abs. 6 i. d. F. v. 1949.

[9] *v. Mangoldt / Klein*, S. 565/566.

[10] *Storck*, DÖV 1950, S. 103 ff. (104).

[11] Davon wurde der Bundeshaushalt somit auch nicht berührt.

Länder Zuschüsse erhielten[12]. In den folgenden Jahren wurde das Verteilungsverfahren wesentlich verfeinert. Dabei gab das Verhältnis von Finanzkraftmeßzahl zu der Ausgleichsmeßzahl eines Landes an, ob es Ausgleichszahlungen zu leisten hatte oder einen Zuschlag erhielt[13]. Die *Finanzkraftmeßzahl* wurde aus der Differenz zwischen Steuereinnahmen und Ausgleichslasten errechnet. Die *Ausgleichsmeßzahl* ergab sich aus dem Produkt einer bundesdurchschnittlichen Finanzkraftmeßzahl je Einwohner und einer veredelten Einwohnerzahl des Landes. Diese komplizierte Ausgleichsregelung war jedoch noch nicht zufriedenstellend[14]. Neue Vorschläge wurden gemacht und die Regierung kündigte eine „organische Finanz- und Steuerreform" an[15].

B. Die Entwicklung in Schleswig-Holstein

I. Die Wiedereinführung des Systems des Steuerkraftausgleichs

In den ersten Jahren nach dem Zweiten Weltkrieg begnügten sich die eben erst gewählte Regierung und der Landtag mit „behelfsmäßigen" Regelungen des Finanzausgleichs zwischen dem Land und seinen Gemeinden. Zunächst erhielten die Kreise und Gemeinden lediglich *Bedarfszuweisungen*. Das Chaos nach dem Zusammenbruch des Deutschen Reiches war noch zu groß, als daß dauerhafte Regelungen hätten getroffen werden können. Der Überblick über die finanziellen Möglichkeiten, insbesondere über die Steuerkraft des Landes und der Gemeinden, fehlte noch völlig. Den vorläufigen Abschluß dieser ersten von Improvisation gekennzeichneten Ansätze einer Regelung des Problems des Finanzausgleichs mit den Gemeinden bildete das Finanzausgleichsgesetz vom 3. Februar 1948[16], das sich noch eng an die *Reichsfinanzordnung* von 1944 anlehnte. So erhielten die Kreise und Gemeinden 50 % der 1944 gezahlten Schlüsselzuweisungen sowie allgemeine Finanzzuweisungen nach Kopfbeträgen und Bedarfszuweisungen zum Ausgleich von unvermeidbaren Haushaltsfehlbeträgen. Für Straßenbau, Schulwesen und die Beseitigung von Kriegsschäden wurden außerdem Zweckzuweisungen gezahlt. Daneben gab es einen besonderen Polizeilastenausgleich. Durch das vorläufige Finanzausgleichsgesetz vom

---

[12] Steuerstarke Länder waren Hamburg, Bremen, NRW und Württemberg-Baden, steuerschwache Länder waren Bayern, Hessen und Niedersachsen.

[13] Überstieg die Finanzkraftmeßzahl eines Landes seine Ausgleichsmeßzahl, so hatte es einen Betrag zur Ausgleichsmasse zu zahlen, im umgekehrten Fall erhielt es einen Zuschuß.

[14] Das BVerfG (E. Bd. 1, S. 117) wies jedoch die Klage einiger Länder ab, die Finanzausgleichsgesetze seien verfassungswidrig.

[15] Regierungserklärung v. 20. 10. 1953, Beilage zum Bulletin v. 24. 10. 1953; vgl. *Storck*. DÖV 1950, S. 103 ff. (104).

[16] FAG für das Rj. 1947 (GVOBl. S. 27).

6. Juli 1948 wurde dann vor allem das System des *Steuerkraftausgleichs* für die Kreise und Gemeinden wieder eingeführt[17]. Neben dem Polizeilastenausgleich wurde jetzt auch der Fürsorgelastenausgleich gesetzlich geregelt. Durch das neue Finanzausgleichsgesetz sollte schließlich ein gemeindlicher *horizontaler Finanzausgleich* geschaffen werden[18], indem man durch Einführung von Schlüsselbeiträgen überschüssige Steuerkraft abschöpfen wollte, um dann eine Umverteilung vornehmen zu können. Diese Regelung wurde aber bald wieder aufgehoben und ist nie zur Anwendung gekommen[19]. Eine umfassende Neuordnung der finanziellen Beziehungen zwischen dem Land und seinen Gemeinden und Kreisen ließ immer noch auf sich warten. Vorläufig wurden mit jedem neuen Finanzausgleichsgesetz lediglich kleinere Verbesserungen an dem vorangegangenen Gesetz vorgenommen[20].

II. Die Einführung neuer Sonderansätze

Das Finanzausgleichsgesetz 1950 führte neue *Sonderansätze* ein[21]. So wurde die Mehrbelastung durch den Flüchtlings- und Vertriebenenzustrom erstmals berücksichtigt. Ähnlich verhielt es sich mit dem *Schulkinderansatz* auf dem Gebiet des Schulwesens. Hauptkennzeichen des Finanzausgleichsgesetzes 1951 war die *Sockelgarantie* für besonders steuerschwache Gemeinden. Diese erhielten neben den allgemeinen Schlüsselzuweisungen zusätzlich Sonderschlüsselzuweisungen. Durch einen besonderen Ansatz wurde jetzt die Mehrbelastung der Gemeinden durch eine überdurchschnittliche Zahl von *Arbeitslosen* berücksichtigt. Zum ersten Mal wurden Landesmittel als Zweckzuweisungen bereitgestellt, um die Mehrbelastung durch *auswärtige Schüler* an Mittelschulen und kommunalen Höheren Schulen auszugleichen. Der *Hauptansatz* für die großen Städte und der *Schulkinderansatz* wurden durch das Finanzausgleichsgesetz 1952 wesentlich ge-

---

[17] G. über den vorläufigen Finanzausgleich in Schleswig-Holstein für das Rj. 1948 (GVOBl. S. 174). Dieses Gesetz galt vom 1. 4. 1948 bis zum 30. 9. 1948. Das System des Steuerkraftausgleichs hatte bereits vor 1945 aufgrund der preuß. und späteren Reichsregelung gegolten.

[18] FAG v. 8. 2. 1949 (GVOBl. S. 43), das zunächst bis zum 31. 3. 1950 befristet war.

[19] Am 31. 3. 1950 folgte das G. zur Ergänzung des G. über den Finanzausgleich in SH für das Rj. 1949 (GVOBl. S. 141), das für Schlüsselzuweisungen an die Gemeinden 17 Mill. DM, für die Kreise 7,5 Mill. DM, für Bedarfszuweisungen 1,0 Mill. DM und für die Beseitigung von Kriegszerstörungen 11,5 Mill. DM bereitstellte.

[20] Eine gesetzestechnische Verbesserung wurde jedoch erreicht, nachdem die Schwierigkeiten der Währungsumstellung überwunden waren. Von nun an wurde nicht mehr nachträglich, sondern bereits zu Beginn des Rechnungsjahres das neue FAG verabschiedet.

[21] FAG v. 3. 5. 1950 für das Rj. 1950 (GVOBl. S. 163).

ändert[22]. Außerdem wurde ein Bäderansatz neu geschaffen. Die Städte Kiel, Lübeck und Neumünster erhielten jetzt nach einem bestimmten Schlüssel Mittel zur Beseitigung der Kriegszerstörungen. Die folgenden Finanzausgleichsgesetze brachten nur geringfügige Änderungen. Der besondere Polizeilastenausgleich entfiel[23], den Zonengrenzgemeinden wurden jetzt besondere Bedarfszuweisungen gewährt[24]. Die Änderungen für das Rechnungsjahr 1954 beschränkten sich auf eine Erhöhung der Zweckzuweisungen für auswärtige Schüler[25]. Eine von der Landesregierung beabsichtigte Erhöhung der Schulstellenbeiträge scheiterte an der Ablehnung durch den Landtag[26]. Ursache für dieses bloße Flickwerk war der durch Art. 107 GG erteilte Auftrag an den Bundesgesetzgeber, das Steueraufkommen zwischen Bund und Ländern neu zu verteilen[27]. Es mußte abgewartet werden, wie die endgültige Finanzreformgesetzgebung aussehen würde. Zum Ende des Jahres 1954 war mit einer Ablösung der provisorischen Regelung der Finanzbeziehungen zwischen Bund und Ländern zu rechnen. Die geplante Neuordnung des Finanzausgleichssystems und damit auch die Forderung der kommunalen Landesverbände nach Einführung der *Verbundwirtschaft* mußte solange zurückgestellt werden.

§ 17 Der Zeitraum von 1955 bis 1958

A. Der Finanzausgleich auf Bundesebene

Durch das Finanzverfassungsgesetz des Jahres 1955 wurde die provisorische Regelung des horizontalen und des vertikalen Finanzausgleichs durch Änderung der Art. 106 und 107 GG neu geregelt[1]. Von der zu einer gemeinsamen Steuer zusammengefaßten Einkommen- und Körperschaftsteuer erhielt der Bund jetzt 33 %. Die Voraussetzungen für eine Änderung des Beteiligungsverhältnisses wurden in einer *Revisionsklausel* und in einer *Sicherheitsklausel* festgelegt[2]. Außerdem erhielt der Bund das Recht, eine *Ergänzungsabgabe* zur Einkommen- und Körperschaftsteuer zu erheben. Der horizontale Finanzausgleich

---

[22] FAG v. 18. 6. 1952 (GVOBl. S. 101).

[23] Durch das G. v. 9. 4. 1953 (GVOBl. S. 42).

[24] Es wurden Bedarfszuweisungen in Höhe von 1 DM je Einw. gewährt.

[25] FAG v. 30. 3. 1954 (GVOBl. S. 67). Außerdem mußte jetzt der als Darlehen gewährte Teil der Kriegsschädenbeihilfen verzinst werden.

[26] Die Schulstellenbeiträge wurden in ihrer bisherigen Höhe gesetzlich festgelegt.

[27] Der Bundesgesetzgeber kam diesem Auftrag durch das FinanzverfassungsG v. 23. 12. 1955 nach, nachdem die Frist (ursprünglich bis zum 31. 12. 1952) zweimal verlängert worden war.

[1] FinanzverfassungsG v. 23. 12. 1955 (BGBl. I S. 817).

[2] Revisionsklausel in Art. 106 Abs. 4, Sicherungsklausel in Art. 106 Abs. 5.

und die Gewährung von Ergänzungszuweisungen des Bundes an leistungsschwache Länder wurden durch den neugefaßten Art. 107 GG geregelt.

I. Die Finanzreform des Jahres 1955

Bereits 1953 war die qualitative und die quantitative Unzulänglichkeit der kommunalen Finanzen von berufener Seite festgestellt worden[3]. Dabei wurde hervorgehoben, daß einerseits die Mittel im Verhältnis zu den Aufgaben insgesamt zu gering seien, und daß andererseits die durch Art. 28 Abs. 2 GG gewährleistete kommunale Selbstverwaltung im Hinblick auf die fehlende Finanzautonomie der Gemeinden nicht ausreichend verwirklicht werden könne. Dementsprechend hatten die Gemeinden ursprünglich versucht, bereits mit dem Finanzverfassungsgesetz eine Verbesserung ihrer Position im Finanzausgleich zu erreichen. Sie forderten die *Rückkehr zum Steuerverbund*[4]. Da die Aufgaben der Gemeinden mit denen des Bundes und der Länder gleichrangig seien, müßten die Gemeinden entsprechend auch bei der Aufteilung der Steuerquellen berücksichtigt werden[5]. Entscheidend sei dabei vor allem die Gewährung der *Realsteuergarantie* und die verfassungsrechtliche Sicherung des schon in § 55 des Reichsfinanzausgleichsgesetzes von 1926 enthaltenen Grundsatzes, daß sich der Bund an den besonderen Kosten einzelner Länder und Gemeinden zu beteiligen habe[6].

Diese Forderungen der Gemeinden begegneten jedoch verfassungsrechtlichen und verfassungspolitischen Bedenken. *Verfassungsrechtlich* war zu prüfen, ob eine Einbeziehung der Gemeinden bereits nach dem Auftrag des Art. 107 GG zulässig sei oder nur durch verfassungsänderndes Gesetz verwirklicht werden könne[7]. *Verfassungspolitisch* mußte einerseits bedacht werden, ob nicht eine möglicherweise erfor-

---

[3] Bericht der Studienkommission „Neuordnung des bundesstaatlichen Finanzausgleichs", BT-Drs. II/480, S. 137 ff. (149 f., 143) und Gutachten des Wissenschaftlichen Beirats beim Bundesministerium der Finanzen, Bonn 1953, S. 15, 76 f.

[4] Sitzg. des Dt. Städtetages, September 1950; Forderung des Finanzausschusses des Dt. Landkreistages April/Mai 1952; vgl. hierzu *Kaiser*, Städtetag 1950, S. 319.

[5] „Vorgutachten zu Fragen des Art. 107 GG" v. 25. 5. 1952 der „Studienkommission kommunaler Lastenausgleich", die vom Finanzausschuß des Bundesrates und der Arbeitsgemeinschaft der komm. Spitzenverbände ins Leben gerufen worden war (veröff. in: Die Selbstverwaltung, 1952, S. 186).

[6] Schreiben der komm. Spitzenverbände v. 18. 3. 1954 an den Bundesrat.

[7] Dabei kam die Studienkommission (BT-Drs. II/480, S. 137 ff.) zu der Ansicht, die unmittelbare Einbeziehung der Gemeinden in die bundesstaatliche Finanzausgleichsgesetzgebung (Art. 107) und die Regelung von Grundsatzfragen der Finanzverfassung der Gemeinden im Grundgesetz sei sachlich durchaus gerechtfertigt, mache jedoch eine Verfassungsänderung erforderlich.

derliche Verfassungsänderung eine unerwünschte Beeinträchtigung der staatsrechtlichen Stellung der Länder bewirken würde und andererseits, ob denn die Anerkennung der Gemeinden als dritter selbständiger Partner im Finanzausgleich überhaupt erstrebenswert sei. Bei der Schwierigkeit des Problems war es daher nicht verwunderlich, daß die Bundesregierung vorerst nur vorsichtig Stellung bezog. Die Wünsche der Gemeinden sollten geprüft und erörtert werden, aber erst, wenn die Verabschiedung des Finanzverfassungsgesetzes gesichert sei. Im übrigen sei den Ländern aufgegeben, bei der Steuerverteilung auch die kommunalen Bedürfnisse zu berücksichtigen und so die finanziellen Voraussetzungen für die Sicherung der kommunalen Selbstverwaltung zu schaffen. Nur in diesem Rahmen könne der Bund eingreifen. Im Hinblick auf den bundesstaatlichen Finanzausgleich seien die Gemeindefinanzen schließlich Bestandteile der Länderfinanzen, und daher sei auch die Gestaltung des Finanzausgleichs zwischen Ländern und Gemeinden ebenso ausschließlich *Sache der Länder* wie die Bemessung der kommunalen Finanzausgleichsmasse.

Im Ergebnis blieben die berechtigten Forderungen der Gemeinden im Finanzverfassungsgesetz von 1955 weitgehend *unerfüllt*. Die Änderung des bundesstaatlichen Finanzausgleichs beschränkte sich in der Hauptsache auf eine Reform der Finanzbeziehungen zwischen Bund und Ländern. Lediglich Art. 106 Abs. 6 GG i. d. F. von 1955 brachte für die Gemeinden eine Neuerung. Die Einnahmen und Ausgaben der Gemeinden bzw. Gemeindeverbände galten von nun an als „Einnahmen und Ausgaben der Länder im Sinne dieses Artikels". Bei den Ländern blieb allerdings weiterhin die Entscheidung darüber, „ob und inwieweit das Aufkommen der Landessteuern den Gemeinden (Gemeindeverbände) zufließt". Art. 107 Abs. 2 GG bestimmte, daß bei dem vom Bund durchzuführenden Finanzausgleich zwischen leistungsfähigen und leistungsschwachen Ländern auch die „Finanzkraft und der Finanzbedarf der Gemeinden (Gemeindeverbände) zu berücksichtigen" sei.

II. Die Verfassungsänderung des Jahres 1956

1. Die Wiedereinführung der Realsteuergarantie

Ein wesentlicher Wunsch der Gemeinden wurde durch die Verfassungsänderung des Jahres 1956 erfüllt. Die Realsteuergarantie wurde für die Gemeinden endgültig wieder eingeführt[8]. Art. 106 Abs. 6 Satz 1 GG bestimmte jetzt: „Das Aufkommen der Realsteuern steht den Gemeinden zu." Das Recht der Gesetzgebung über die Realsteuern blieb allerdings beim Bund. Das Änderungsgesetz zu Art. 106 GG war erst

---

[8] G. v. 24. 12. 1956 (BGBl. I S. 1077).

nach Anrufen des Vermittlungsausschusses zustande gekommen[9]. Vor allem *verfassungspolitische Bedenken* der Länder bewirkten, daß vom Einbringen des Gesetzentwurfs bis zur Verkündung des Gesetzes zwei Jahre vergingen[10]. Diese schwerwiegenden Bedenken gegen den Gesetzentwurf betrafen die Interpretation des Art. 28 GG, vor allem aber auch die Befürchtung der Länder, ihre Kompetenzen könnten ausgehöhlt werden. Die *Befürworter* des Gesetzentwurfs vertraten die Ansicht, die Gemeinden seien zwar verfassungsrechtlich Bestandteile der Länder, andererseits sei aber die kommunale Selbstverwaltung ein *gleichwertiger* Träger öffentlicher Verwaltung neben dem Bund und den Ländern. Die Selbstverwaltungsgarantie des Art. 28 Abs. 2 GG müsse leere Form bleiben, wenn nicht auch bundesrechtlich die kommunale Finanzwirtschaft abgesichert werde. Allerdings sollten dabei die Gemeinden nicht zu einer „dritten Säule der Finanzverfassung" werden[11]. Demgegenüber vertraten die *Gegner* des Gesetzentwurfs die Ansicht, Art. 28 Abs. 2 GG spreche lediglich den Landesgesetzgeber an, nur dieser werde zur finanziellen Sicherung der Gemeinden verpflichtet. Dies komme auch in Art. 106 GG zum Ausdruck. Mit dem geplanten Gesetz werde in die Finanzhoheit der Länder eingegriffen und ihre finanzielle Bewegungsfreiheit eingeschränkt.

Durch Art. 106 Abs. 6 Satz 4 und Abs. 7 GG wurde die Stellung der Gemeinden im Finanzausgleich weiter ausgebaut. Denn durch die Realsteuergarantie wird nicht nur den Gemeinden in ihrer Gesamtheit, sondern jeder einzelnen Gemeinde das *örtliche Aufkommen an Realsteuern* garantiert. Voraussetzung ist allerdings, daß Realsteuern erhoben werden. Dabei ist zu beachten, daß eine der Realsteuergarantie unterliegende Steuer durch (einfaches) Bundesgesetz aufgehoben werden kann. Die *Länder* ihrerseits haben das Recht, Höchst- und Mindestsätze zu bestimmen, Koppelungsvorschriften zu erlassen und sich die Genehmigung bestimmter Hebesätze vorzubehalten. Der Wert der Garantie für die gemeindliche Finanzautonomie ist daher umstritten[12].

---

[9] Nach Ablehnung durch den Bundesrat am 23. 11. 1956 rief der Bundestag den Vermittlungsausschuß an. Der Bundesrat gab seine Zustimmung erst, als das Recht der Länder sichergestellt war, den Ertrag der Realsteuern bei Bedarf durch Landesumlagen teilweise für sich in Anspruch zu nehmen.

[10] Die komm. Spitzenverbände hatten erreicht, daß am 7. 12. 1954 ein Initiativantrag (BT-Drs. II/1050) von allen Fraktionen eingebracht wurde.

[11] Fischer-Menshausen (Ministerialdirigent im Bundesfinanzministerium) am 15. 9. 1955 im BT-Ausschuß für Kommunalpolitik.

[12] Vgl. hierzu etwa: *H. Meyer*, Finanzverfassung, S. 134; *Kölble*, S. 18/19; *Raacke*, S. 44. Ein Beispiel für die weiterbestehende materielle Unsicherheit der Gemeinden ist die Gewerbesteuersenkung durch G. v. 5. 10. 1956 (BGBl. I S. 786), das die Folgen der gespaltenen Verantwortlichkeit (Bund/Land) für die kommunalen Hauptsteuern deutlich machte.

Hinsichtlich des Länderanteils an der Einkommen- und Körperschaftsteuer wurden die Gemeinden jetzt in den Steuerverbund miteinbezogen[13]. Die Regelung der Höhe der Steueranteile und der Dauer ihrer Festsetzung blieb jedoch der Landesgesetzgebung überlassen. Durch Landesgesetz konnten jetzt auch Landessteuern in die Verbundwirtschaft aufgenommen werden. Damit war die Rechtsgrundlage dafür geschaffen, daß die Länder den Gemeinden einige Landessteuern ganz, andere zum Teil überlassen konnten[14]. Einer weiteren Forderung der Gemeinden wurde in Art. 106 Abs. 7 GG entsprochen. Der Bund verpflichtete sich zu einem *Sonderausgleich* für den Fall, daß er den Ländern oder Gemeinden unzumutbare Sonderbelastungen durch besondere Einrichtungen auferlegte[15]. Dabei waren die Gemeinden dem Bund gegenüber *unmittelbar* anspruchsberechtigt.

2. Das Ergebnis der Finanzreform für die Gemeinden

Das Ergebnis des Änderungsgesetzes zeigte sich für die Gemeinden in der *Neuverteilung der Verantwortung* für die gemeindliche Finanzautonomie und Finanzausstattung[16]. Zwar blieb das Schwergewicht bei den Ländern, diese waren aber nicht mehr alleinverantwortlich. In zwei Punkten trug der Bund jetzt *unmittelbare* Finanzverantwortung für die Gemeinden,

a) bei der Zuweisung des Realsteueraufkommens und

b) bei seiner Verpflichtung zum Sonderlastenausgleich.

Demgegenüber blieb den Ländern die Finanzverantwortung gegenüber den Gemeinden in drei Punkten erhalten, nämlich

a) gemäß Art. 106 Abs. 6 Satz 5 GG bei der Zuweisung von Landessteuern als Gemeindesteuern,

b) gemäß Art. 106 Abs. 6 Satz 4 GG beim obligatorischen Steuerverbund auf der Grundlage des Länderanteils an der Einkommen- und Körperschaftsteuer und

c) gemäß Art. 106 Abs. 6 Satz 5 GG beim fakultativen Steuerverbund[17].

Die Länder bevorzugten jetzt vor allem die *kleinen finanzschwachen Gemeinden*, indem sie den Hauptansatz für die Berechnung des Be-

---

[13] Art. 106 Abs. 6 Satz 4 GG.

[14] Gänzlich konnten z. B. die Steuern mit örtlich bedingtem Wirkungskreis, teilweise z. B. die Kraftfahrzeugsteuer überlassen werden.

[15] z. B. Kasernen, Hafenanlagen, Übungsplätze und dgl.

[16] In der Praxis bedeutete die Realsteuergarantie für die Gemeinden keine Verbesserung, da diese Steuern den Gemeinden schon vorher zugewiesen wurden, vgl. Institut „Finanzen und Steuern“, H. 57, Bd. 1, S. 58 f.

[17] Vgl. *H. Meyer*, Finanzverfassung, S. 91.

darfsschlüssels vereinfachten[18]. Sie erkannten damit aber nicht nur die Bedürfnisse der kleinen Gemeinden an, sondern erhöhten auch ihre Zuweisungen insgesamt und übernahmen die Finanzierung einiger Gemeindeaufgaben ganz. Gleichzeitig nahm der Anteil der Gemeinden an den unmittelbaren Ausgaben ebenso ab wie ihr Anteil an den Gemeindesteuern[19].

III. Die Stellung der Länder im Finanzausgleich

Grundlage des horizontalen Finanzausgleichs war jetzt Art. 107 Abs. 2 GG i. d. F. von 1955[20]. Allerdings war nicht daran gedacht, die Steuerkraftunterschiede der Länder ganz zu beseitigen, vielmehr sollte ein *„angemessener“ Ausgleich* geleistet werden. Nach Art. 107 Abs. 2 Satz 3 GG i. d. F. von 1959 konnte der Bund jetzt ausnahmsweise zusätzlich Ergänzungszuweisungen „aus seinen Mitteln leistungsschwachen Ländern zur ergänzenden Deckung ihres allgemeinen Finanzbedarfs“ gewähren. Eine allseitig zufriedenstellende Finanzausgleichsregelung war jedoch noch immer nicht geschaffen worden. Die Länder schätzten ihren Fehlbedarf für 1957 auf 2,7 Mrd. DM, für 1958 sogar auf 3,52 Mrd. DM. Sie forderten daher außer einer Erhöhung des Länderanteils an der Einkommen- und Körperschaftsteuer zusätzlich eine Entlastung ihrer Haushalte in Höhe von 2,72 Mrd. DM[21]. Der Bund sollte bestimmte Lasten der Länder übernehmen, insbesondere bezüglich der Ausgleichsforderungen, der Wiedergutmachungsleistungen und des Lastenausgleichsfonds.

B. Der Finanzausgleich in Schleswig-Holstein

Im Frühjahr 1955 sah die Landesregierung eine nochmalige Verschiebung der endgültigen Klärung der Beziehungen zwischen Land und Kommunen als nicht mehr vertretbar an[22]. Dennoch konnte mit dem Finanzausgleichsgesetz 1955 wieder nur eine vorläufige Regelung getroffen werden[23], da die Beteiligung der Gemeinden an den *Fürsorgekosten* und die Weiterleitung der Zahlungen des Bundes für die *Kriegsfolgenhilfe* noch nicht endgültig geregelt waren[24].

---

[18] Dabei wurde die Spannweite für die Berechnung der veredelten Einwohnerzahl verringert, vgl. *Patzig*, DVBl. 1962, S. 769/770.

[19] Entwicklung bei den unmittelbaren Ausgaben von 40 % im Jahre 1913 auf 24 % im Jahre 1958 und 21 % im Jahre 1960, bei den Gemeindesteuern von 37 % im Jahre 1913 auf 13 % im Jahre 1955, vgl. *Albers*, AfK 1962, S. 66.

[20] Zuvor war der horizontale Finanzausgleich nur in Art. 106 Abs. 4 i. d. F. v. 1949 geregelt gewesen.

[21] Die Länder forderten eine Erhöhung ihres Anteils von 65 auf 70 %.

[22] Amtl. Begründung (Lt.-Drs. Nr. 133, S. 23).

[23] FAG v. 25. 5. 1955 (GVOBl. S. 113).

I. Die Einführung der Verbundwirtschaft

Durch die Herstellung einer prozentualen Verbindung der gesamten Finanzausgleichsmasse zu bestimmten Landeseinnahmen *(Verbundwirtschaft)* wurde jetzt jedoch der *Unteilbarkeit* der Erfüllung der dem gesamten Land gestellten Aufgaben Rechnung getragen[25]. Eine Dringlichkeitsabstufung danach, ob eine Aufgabe vom Land oder von den kommunalen Körperschaften ausgeführt wird, wurde abgelehnt. Voraussetzung für die Verbundwirtschaft war allerdings die gesetzliche Festlegung bestimmter Grundsätze über die Verteilung der *Finanzverantwortung* zwischen Land und Gemeinden[26]. Dabei ging man davon aus, daß die Gemeinden und Gemeindeverbände zur Durchführung aller in ihrem Gebiet anfallenden öffentlichen Aufgaben ebenso wie der ihnen durch Gesetz zur weisungsfreien wie weisungsgebundenen Wahrnehmung besonders übertragenen Aufgaben verpflichtet sind[27]. Entsprechend hatten die Gemeinden grundsätzlich die *Verwaltungsausgaben*, aber auch die *Zweckausgaben* selbst zu tragen[28]. Dem stand auf der anderen Seite die eindeutige Regelung gegenüber, daß alle Verwaltungseinnahmen der Gebietskörperschaft derjenigen Behörde zustehen sollten, die aufgrund gesetzlicher Zuständigkeitsregelung die betreffenden Aufgaben durchführt[29]. In die *Verbundmasse* wurde einerseits das Aufkommen des Landes an Einkommen- und Körperschaftsteuer sowie das Aufkommen aus den sonstigen ausschließlichen Landessteuern einbezogen[30]. Andererseits wurden in den Verbundsatz neben

---

[24] Das 4. ÜberleitungsG, das die Vorschriften über die Pauschalierung der Kriegsfolgenhilfe enthielt, war erst Anfang Mai veröffentlicht worden.

[25] Die Verbundwirtschaft wurde in Schleswig-Holstein noch vor der verfassungsrechtlichen Regelung im Grundgesetz eingeführt.

[26] Das betrifft insbes. die Verpflichtung zur Kostentragung und den Verbleib der Verwaltungseinnahmen, aber auch die außerhalb des allg. Finanzausgleichs bestehenden finanziellen Beziehungen beider Bereiche zueinander.

[27] Entsprechend den Bestimmungen der schleswig-holsteinischen kommunalen Verfassungsgesetze.

[28] Ausnahmen hierzu waren eine durch Bundesgesetz bestimmte Abweichung von der Regel bzw. das Vorliegen einer gemeinsamen Aufgabe von Land und Kommunen. *Verwaltungsausgaben* sind die persönlichen und sächlichen Kosten, die die Kommunen zur Erfüllung der ihnen obliegenden öffentlichen Aufgaben in den Stand setzen sollen. *Zweckausgaben* sind die übrigen durch die Wahrnehmung der öffentlichen Aufgaben den Kommunen entstehenden Kosten, § 1 Abs. 2 FAG. Zwischen der Durchführung weisungsfreier und weisungsgebundener Aufgaben sollte dabei kein Unterschied gemacht werden.

[29] Diese Regelung war bereits durch das Preuß. VerwaltungsgebührenG v. 1924 für den Bereich der heutigen sog. Ordnungsverwaltung angebahnt worden.

[30] Das Einkommen- u. Körperschaftsteueraufkommen bildete mit etwa 80 % der Landessteuereinnahmen die wesentliche Grundlage für die Ausgabenwirtschaft des Landes.

den Schlüsselzuweisungen an die Gemeinden und Kreise auch die Bedarfszuweisungen, die Amtsdotationen, ein wesentlicher Teil der Straßenunterhaltsmittel, die Kriegsschädenbeihilfen und eine Grundsteuerausfallentschädigung, nicht jedoch die Zweckzuweisungen auf dem Gebiet des Schulwesens eingeschlossen[31]. Ein wesentlicher Teil der Ergänzungszuweisungen für Volksschulen wurde in die Schlüsselzuweisungen der Gemeinden überführt[32].

II. Das Ziel der Änderung

Durch das neue Finanzausgleichsgesetz war die Stärkung der *kommunalen Selbstverwaltung* in finanzieller Hinsicht beabsichtigt. Um den Gemeinden eine freie Entscheidungsmöglichkeit über die bereitgestellten Landesmittel im Rahmen der Zweckbestimmung zu ermöglichen, wurden bestimmte Zweckzuweisungen in *Schlüsselzuweisungen* umgewandelt[33]. Nach § 5 FAG wurden die den Gemeinden und Gemeindeverbänden zufließenden Finanzzuweisungen aufgeteilt in solche, die in bestimmten DM-Beträgen festgesetzt oder nach bestimmten Grundlagen errechnet wurden und andere, die sich in ihrer Höhe nach den möglichen Schwankungen durch Ansteigen oder Absinken der Einnahmen des Landes richteten. Während Amtsdotationen, Grundsteuerausfallentschädigung, Bedarfs- und Sonderzuweisungen sowie Beihilfen für die Beseitigung von Kriegsschäden in *festen DM-Beträgen* ausgewiesen wurden[34], sollten die Schlüsselzuweisungen für die Gemeinden und Kreise und die Zuschüsse für den Straßen- und Wegebau in Vonhundertsätzen berechnet werden und damit der *konjunkturellen*

---

[31] Für die Regelung der Finanzierung des Schulwesens war ein SchulfinanzG des Landes zu erwarten.

[32] Diese Mittel in Höhe von 1,3 Mill. DM wurden damit aus dem Bereich der Zweckzuweisungen in den Bereich der (nichtzweckgebundenen) allg. Finanzzuweisungen überführt.

[33] z. B. die Ergänzungszuweisungen für Volksschulen. Diese Zweckzuweisungen waren bisher nach dem Ermessen des zuständigen Ministers für den Einzelfall bewilligt worden. Weitere Beispiele: § 18 FAG (Zuschüsse für den Wegebau) und § 19 FAG (globale Verteilung des Aufkommens der Feuerschutzsteuer).

[34] Amtsdotationen in Höhe von 1,5 Mill. DM. Für die Grundsteuerausfallentschädigung war die Differenz der Grundsteuermeßbeträge zwischen 1942 und 1954 maßgeblich, das waren 1955 ca. 1,5 Mill. DM. Bedarfs- und Sonderzuweisungen in Höhe von 2,2 Mill. DM; 300 000 DM wurden als Sonderzuweisung für die Zonengrenzgemeinden im Rahmen der Schlüsselzuweisungen gezahlt. Die Kriegsschädenbeihilfen betrugen in den Rj. 1955 bis 1957 je 3 Mill. DM. Die Gesamthöhe aller in festen DM-Beträgen ausgewiesenen Zuweisungen belief sich auf 8,14 Mill. DM. Der Gesamtanteil der Schlüsselzuweisungen für Gemeinden und Kreise wurde von 30,2 Mill. DM im Rj. 1954 auf 34,5 Mill. DM erhöht.

Entwicklung folgen[35]. § 6 FAG sah eine Berichtigung der Finanzausgleichsmasse für den Fall vor, daß sich die gesetzlichen Pflichten eines der Partner bzw. die Einnahmequellen beider Partner im Finanzausgleich änderten. Durch die folgenden Änderungsgesetze wurden lediglich Teilfragen neu geregelt[36].

§ 18 Der Zeitraum von 1959 bis 1968

Um das Jahr 1959 trat eine Verlagerung der gemeindlichen Investitionstätigkeit von der Behebung der Kriegsschäden auf den *Ausbau der sozialen Investitionen* ein. Der erhöhte Bedarf aus solchen öffentlichen Grundlageninvestitionen hatte seine Ursachen in dem Bevölkerungswachstum[1], der Zusammenballung der Menschen auf engstem Raum, insgesamt: in der Ausdehnung des tertiären Sektors[2]. Entsprechend wurde jetzt auch die Dringlichkeit der Gemeindeaufgaben wesentlich höher bewertet. Da sich zu dieser Zeit auch die Ansprüche der Landbevölkerung an die Gemeinden denen der Stadtbevölkerung anglichen, wuchs der Bedarf gerade der kleinen Gemeinden überproportional. Die Deckungslücken der Städte wurden immer größer[3], während ihr Anteil an den Steuereinnahmen ständig fiel. Dessen ungeachtet waren jedoch die Ansprüche der Landbevölkerung einschließlich eines gewissen Nachholbedarfs entsprechend der vom Grundgesetz geforderten *Einheitlichkeit der Lebensverhältnisse* anzuerkennen.

A. Die Entwicklung auf Bundesebene

I. Die Vorstellungen der kommunalen Spitzenverbände

Die *kommunalen Spitzenverbände* konzentrierten sich bei ihren Bemühungen um den Ausbau der Gemeindefinanzverfassung und des Gemeindefinanzsystems auf Vorschläge zur *Erschließung neuer Einnahmequellen*[4]. Sie forderten die Einbeziehung der *Umsatzsteuer* in den

[35] Dies waren die Zuschüsse für Landstraßen 2. Ordnung, Ortsdurchfahrten und Gemeindewege (ohne „Großen Gemeindewegebau").

[36] Das ÄndG. v. 27. 3. 1956 (GVOBl. S. 71) brachte die Neuregelung des Fürsorgelastenausgleichs; das ÄndG. v. 28. 1. 1958 (GVOBl. S. 67) die Einführung eines Sonderlastenausgleichs auf dem Gebiet des Krankenhauswesens und das ÄndG. v. 25. 3. 1960 (GVOBl. S. 69) mehrere kleinere Änderungen. Der bisher für die Beseitigung von Kriegszerstörungen an gemeindeeigenen Einrichtungen verwendete Betrag (2,5 Mill. DM) wurde vom 1. 4. 1968 an für Zuschüsse für den Ausbau und Neubau kommunaler Krankenhäuser bereitgestellt.

[1] Vgl. *Haller*, Finanzpolitik, S. 277 ff.; *Weinberger*, S. 71, 73 ff.

[2] Dt. Industrieinstitut, S. 9 f.

[3] Die Städte hatten den größten Teil des Investitionsbedarfs zu tragen.

Verbund zwischen Ländern und Gemeinden, eine Beteiligung an den Kraftverkehrsabgaben sowie Sondermaßnahmen des Bundes für Kriegsfolgennotstände. Außerdem sollten die Grundsteuern A und B aufgehoben werden. Der *Deutsche Gemeindetag* schloß sich diesen Vorschlägen im wesentlichen an, bezog darüber hinaus jedoch für die Gewerbesteuer und gegen eine Gemeindepersonalsteuer Stellung[5]. Demgegenüber setzte sich der *Deutsche Städtetag* für eine zehnprozentige *Lohnsteuerbeteiligung* der Gemeinden ein[6], die jedoch keine zusätzliche Belastung der Bevölkerung zur Folge haben sollte[7]. Außerdem dürfe diese Gemeindesteuer kein Gefälle von Gemeinde zu Gemeinde erzeugen und sollte daher *örtlich radizierbar* sein. Als hierfür am besten geeigneter Weg erschien *Hensel* ein prozentualer Anteil an der gesamten Einkommensteuer oder an der Lohnsteuer[8]. Dabei sollte allerdings die Gewerbesteuer beibehalten werden. Insgesamt gesehen hatte die Finanzausgleichspolitik der kommunalen Spitzenverbände *zwei Zielrichtungen*[9]. Im Bund-Länder-Gemeinden-Verhältnis sollte die kommunale Finanzmasse verstärkt werden. Innerhalb des Gemeindebereichs wollte man die Finanzkraftunterschiede mildern, wobei man sich an den finanzstarken Gemeinden ausrichtete. Dabei sollte jedoch durchaus berücksichtigt werden, daß „Unterschiede in Struktur, Funktion und Größe der Gemeinden zu Bedarfsunterschieden führen und selbst die Deckung gleichen Bedarfs häufig unterschiedliche Kosten verursacht“[10].

II. Die Haltung der Bundesregierung

1. Die Regierungserklärung von 1957

Auch die Bundesregierung erkannte die Notwendigkeit einer neuen Finanzreform an[11]. Sie kündigte daher „eine echte Finanz- und Steuerreform“ an, die eine „aufeinander abgestimmte Gesetzgebung für Be-

---

4 Denkschr. der Bundesvereinigung der komm. Spitzenverbände „Vorschläge zur Verbesserung der kommunalen Finanzen“ (Köln-Marienburg, Mai 1958); vorgelegt am 22. 5. 1958.

5 Dt. Gemeindetag in seinen „Finanzpolitischen Grundsätzen“ (Bad Godesberg, Januar 1959).

6 Dt. Städtetag in einem unveröff. der Bundesregierung 1961 vorgelegten „Exposé über eine kommunale Finanzreform“.

7 Insoweit sollte der Staat auf diesen Teil der Steuern verzichten.

8 *W. Hensel* (damaliger Vizepräsident des Dt. Städtetages), S. 45/46.

9 Vgl. *Elsner / Schüler*, S. 52.

10 „Gemeinsame Stellungnahme der komm. Spitzenverbände zum Finanzreform-Gutachten“ v. März 1967 (Städtetag 1967, S. 175 ff.).

11 Regierungserklärung Bundeskanzler *Adenauers* v. 29. 10. 1957 (3. Sitzg. des BT v. 29. 10. 1957, Prot. S. 19; Bulletin Nr. 203 v. 30. 10. 1957).

steuerung, Haushalt, Finanzausgleich und Finanzverfassung" bringen sollte[12]. Dabei wurde betont, daß die Bundesregierung in der kommunalen Selbstverwaltung „das Fundament des demokratischen Staatsaufbaus" sehe. Die Neuregelung der Finanzverfassung von 1955 wurde zwar lediglich als „Zwischenlösung" angesehen, eine grundlegende kommunale Finanz- und Steuerreform sah man jedoch z. Zt. als „nicht verhandlungs- und entscheidungsreif" an[13]. So wurde zunächst lediglich eine *Einkommensteuerreform* durchgeführt, da das Bundesverfassungsgericht die bisherigen Bestimmungen über die Ehegattenbesteuerung für verfassungswidrig erklärt hatte[14]. Dabei wurde die Einkommensteuer gesenkt. Insgesamt fiel das Ergebnis dieser Reform jedoch weit bescheidener aus, als die Ankündigungen hatten erwarten lassen. Die Steuereinnahmen stiegen in den Jahren 1955 bis 1960 stark an[15]. Nutznießer dieses Anstiegs waren in erster Linie die Länder[16], aber auch die Gemeinden konnten mit einem erheblichen Anwachsen der Einnahmen bei den Gemeindesteuern zufrieden sein[17]. Der Bund schließlich hatte immerhin noch Mehreinnahmen von über 50 % in diesem Zeitraum[18].

2. Das Gutachten des Wissenschaftlichen Beirats von 1959

Auch der Wissenschaftliche Beirat beim Bundesministerium der Finanzen beschäftigte sich in seinem Gutachten des Jahres 1959 mit Fragen der Gemeindefinanzreform[19]. Dabei ging er jedoch noch von der überlieferten Grundstruktur der kommunalen Finanzverfassung aus, wie sich bei der Untersuchung der drei Möglichkeiten einer *Gemeindepersonalsteuer* feststellen läßt, und zwar der Gemeindeeinwohnersteuer in Form einer Kopfsteuer mit einheitlichen Sätzen, der Gemeindeeinkommensteuer und der Erhebung von Zuschlägen zur allgemeinen Einkommensteuer. Zwar hielt der Beirat eine *Gemeindeein-*

---

[12] Bundesfinanzminister *Etzel* in seinen Reden 1957 u. 1958; vgl. „Bundesfinanzminister Etzel über kommunale Finanzprobleme" (Landkreis 1957, S. 7 f.).

[13] Staatssekretär Hettlage am 14. 2. 1960 vor dem BT in der Antwort der Bundesregierung auf eine Große Anfrage der SPD-Fraktion betr. Gemeindefinanzen v. 26. 10. 1960 (136. Sitzg. des BT v. 14. 12. 1960, Prot. S. 7777).

[14] BVerfGE 6, 55.

[15] Obgleich die Einkommensteuer gesenkt worden war, betrug der Zuwachs bei allen Steuern 66,8 %.

[16] Der Anstieg betrug 92,9 % einschl. des 65 %igen Anteils an der Einkommen- u. Körperschaftsteuer.

[17] Die Gemeinden verzeichneten einen Einnahmenanstieg von 71,4 %.

[18] Die Mehreinnahmen betrugen 52,9 % einschl. d. 35 %igen Anteils an der Einkommen- u. Körperschaftsteuer.

[19] Gutachten v. 11. 7. 1959 „Zur gegenwärtigen Problematik der Gemeindefinanzen" (Köln).

wohnersteuer für geeignet, das Interesse breiter Schichten an den Gemeindeangelegenheiten zu stärken. Sie könne auch zu einer ergiebigen Abgabe ausgestaltet werden, bei der sich der Verwaltungsaufwand in Grenzen halte. Auch sei der Ertrag der Steuer bei steuerstarken und steuerschwachen Gemeinden — bezogen auf die Einwohnerzahl — gleich hoch im Sinne einer Proportionalität zur jeweiligen Bevölkerungsgröße. Dennoch lehnte der Beirat diese Steuer im Hinblick auf den Widerspruch zu dem Grundsatz der Besteuerung nach der Leistungsfähigkeit ab. Denn bei unterschiedlicher Höhe des Einkommens würden gleiche Steuerbeträge erhoben. Die *Gemeindeeinkommensteuer* sei ebenfalls abzulehnen, da nicht nur ihre Erhebung außerordentlich kostspielig sei, sondern auch das Gefälle zwischen steuerstarken und steuerschwachen Gemeinden weiter verstärkt würde. Das gleiche gelte für die Erhebung von *Zuschlägen zur allgemeinen Einkommensteuer*. Darüber hinaus beanstandete der Beirat bei dieser Steuerform vor allem die geringe Breitenwirkung und die Summierung von Zuschlägen, falls der Bund von seinem Recht zur Erhebung einer Ergänzungsabgabe zur Einkommensteuer Gebrauch machen würde.

3. Die Regierungserklärungen von 1961 bis 1963

In der Regierungserklärung vom 29. November 1961 erkannte die Bundesregierung die grundsätzliche *Gleichwertigkeit* der durch die Verfassung zugewiesenen Aufgaben von Bund, Ländern und Gemeinden an[20]. Gleichzeitig hob sie die Notwendigkeit hervor, daß jeder Aufgabenträger hierfür „ausreichende Deckungsmittel in einem ausgewogenen, unter sich verbundenen und beweglichen System eigener Steuern und großer Überweisungssteuern" erhalten müsse. In enger Zusammenarbeit von Bund und Ländern sollte in größtmöglichem Umfang die *Selbstverantwortung* der Gemeinden für ihre Aufgabengebarung und für die Höhe der örtlichen Steuern im Rahmen eines ausgewogenen Systems gemeindeeigener Steuereinnahmen gewahrt werden. Am 7. Dezember 1961 beantragte die Bundestagsfraktion der SPD die Einsetzung einer Expertenkommission zur Vorbereitung der Finanzreform[21]. In der Bundestagssitzung, in der dieser Antrag behandelt wurde, führte Bundesfinanzminister *Starke* aus, daß die Kommission wegen der Dringlichkeit der Reform im Hinblick auf die Entwicklung des öffentlichen Ausgabenbedarfs einen ersten Bericht bereits bis zum 31. Juli 1962 vorlegen solle[22]. Entgegen den Zusicherungen von Regierungsseite wurde die Sachverständigenkommission jedoch nicht innerhalb

[20] In der 5. Sitzg. des BT v. 29. 11. 1961 (Prot. S. 25 ff.).

[21] BT-Drs. IV/68.

[22] In der 9. Sitzg. des BT v. 17. 1. 1962 (Prot. S. 182). Der Antrag der SPD-Fraktion wurde daraufhin an den Finanzausschuß verwiesen.

der angegebenen Frist gebildet. In der Regierungserklärung vom 18. Oktober 1963 wies Bundeskanzler *Erhard* lediglich noch einmal auf die Dringlichkeit der Finanzreform hin[23]. Er versprach eine unverzügliche Aufnahme der Vorarbeiten. Dennoch wurde die sogenannte *Troeger-Kommission* erst am 20. März 1964 in einer gemeinsamen Sitzung des Bundeskanzlers mit den Ministerpräsidenten der Länder berufen[24].

Sie sollte in ihrem Gutachten über die Finanzreform nicht nur Vorschläge für eine *Gemeindefinanzreform* ausarbeiten, sondern zugleich auch Vorschläge zur Neugestaltung des finanzwirtschaftlichen Verhältnisses von Bund und Ländern unterbreiten. Hinsichtlich der geplanten Gemeindefinanzreform sollte die Zielrichtung sein, „die finanzielle Selbstverantwortung der Gemeinden zu stärken, die Konjunkturabhängigkeit der gemeindlichen Haushaltswirtschaft zu verringern, die gemeindlichen Steuerkraftunterschiede zu mildern und eine sinnvolle Raumordnung zu fördern“[25].

III. Das Gutachten über die Finanzreform

Im Frühjahr 1966 legte die Kommission ihr Gutachten vor[26]. Dabei betonte sie vor allem die *staatsrechtlichen* Probleme der Neuordnung der finanziellen Zusammenarbeit zwischen Bund und Ländern. Einen besonderen Schwerpunkt bildete die Reform des Gemeindesteuersystems[27]. Grundgedanke dabei war die Ausstattung der Gemeinden „in möglichst weitem Umfang mit eigenverantwortlich festzusetzenden Steuern mit großer Breitenwirkung“[28]. Daneben sollte die Finanzierung des kommunalen Finanzbedarfs aus Zuweisungen der Länder und des Bundes lediglich als ergänzende Maßnahme in Betracht kommen. Die Kommission schlug hierzu vor, die *Gewerbeertragsteuer* zu beseitigen und führte dafür folgende Gründe an. Mit ihrem heutigen Gewicht verteile die Gewerbeertragsteuer die Gemeindelasten zu ungleichmäßig, sei in ihrer jetzigen Gestalt für die kommunale Finanzwirtschaft zu *konjunkturempflindlich,* habe zu große Steuerkraftunterschiede von Gemeinde zu Gemeinde im Gefolge, verzerre den Wettbewerb und beeinflusse die Standortwahl ohne ausreichende Rücksicht auf gesunde Grundsätze der Raumordnung[29]. Die Gemeinden sollten daher die Gewerbebetriebe lediglich nach Maßgabe des Gewerbekapitals und der

---

[23] In der 90. Sitzg. des BT v. 18. 10. 1963 (Prot. S. 4200).

[24] Auf Vorschlag des Bundesfinanzministers *Dahlgrün,* Gutachten über die Finanzreform Tz. 1.

[25] Aus dem Auftrag an die Kommission, Gutachten über die Finanzreform Tz. 10.

[26] Genauer: Am 20. 2. 1966.

[27] Gutachten über die Finanzreform, Tz. 349 - 471.

[28] Gutachten über die Finanzreform, Tz. 350.

Lohnsumme nach einem einheitlichen Hebesatz besteuern dürfen[30]. Während die *Lohnsummensteuer* der Höhe nach beibehalten werden sollte[31], schlug die Kommission eine Erhöhung der *Gewerbekapitalsteuer* um 50 % vor.

Um dem erheblichen und ständig steigenden Finanzbedarf der Gemeinden für *Verkehrsinvestitionen* Rechnung zu tragen, sollte ein Teil des Mineralölsteueraufkommens für gemeindliche Verkehrsaufgaben verwendet werden. Als Ausgleich für den durch die Gewerbesteuerreform zu erwartenden Einnahmenausfall in den Gemeindehaushalten wurde den Gemeinden eine *Gemeindeeinkommensteuer* zugestanden[32]. Dieser Vorschlag der Kommission, der ganz im Sinne einer Stärkung der gemeindlichen Selbstverantwortung gemacht wurde, sollte durch eine Beteiligung der Gemeinden am unteren proportionalen Teil der staatlichen Einkommensteuer verwirklicht werden[33]. Es war vorgesehen, den Gemeinden das Recht einzuräumen, Hebesätze für ihren Anteil an der Einkommensteuer festzusetzen. Auf diese Weise sollten die Gemeinden die Höhe ihres Anteils um plus minus 10 % bzw. 20 % zugunsten bzw. zu Lasten des Steuerzahlers nach ihrem eigenen Finanzbedarf verändern können. Nach Ansicht der Kommission wäre eine Gemeindeeinkommensteuer in dieser Form geeignet, den Gemeinden eine *gerechtere Beteiligung am Gesamtsteueraufkommen* zu sichern. Zugleich werde eine gleichmäßigere Belastung der Bürger bewirkt, indem mehr Bürger zur Finanzierung der Gemeindelasten herangezogen würden. Dadurch könne auch das Interesse der Bürgerschaft an den Angelegenheiten der örtlichen Selbstverwaltung gesteigert werden.

Zur Deckung des hohen Finanzbedarfs der Gemeinden für dringende *Investitionsaufgaben* schlug die Kommission eine Verstärkung der gemeindlichen Finanzmasse — neben der Beteiligung an der Mineralölsteuer — um rd. 1,5 Mrd. DM jährlich vor[34]. Um diesen Betrag sollte der Anteil der Gemeinden an der Einkommensteuer den Einnahmen-

---

[29] Der Anteil der Gewerbesteuer an den eigenen Steuereinnahmen der Gemeinden betrug im Jahre 1894 2,3 %, 1913 11 %, 1931 19 % und rd. 80 % im Jahre 1964, Gutachten über die Finanzreform, Tz. 377, 378, 381, 385.

[30] Die Meßzahlen sollten 20 ‰ für das Kapital und 40 ‰ für die Lohnsumme betragen.

[31] Die Lohnsummensteuer sollte in der gegenwärtigen durchschnittlichen Höhe beibehalten, dafür aber in allen Gemeinden erhoben werden.

[32] Der erwartete Einnahmenausfall für 1964 betrug etwa 5,5 Mrd. DM.

[33] Vgl. die Vorschläge des Dt. Städtetages.

[34] Die Gesamtausgaben der Gemeinden (und GV) haben sich in den Jahren von 1955 (rd. 13 Mrd. DM) bis 1964 (rd. 34 Mrd. DM) weit mehr als verdoppelt. Während der Anteil der Investitionsausgaben an den Gesamtausgaben 1955 noch 35,5 % betrug, waren es 1964 bereits 46,3 %. Die Beteiligung an der Mineralölsteuer sollte etwa 450 Mill. DM erbringen. Die Verstärkung der gemeindlichen Finanzmasse war berechnet für das Stichjahr 1964.

ausfall bei der Gewerbesteuer übersteigen. Dadurch würden im übrigen Mittel des gemeindlichen Finanzausgleichs frei, die bisher den gewerbesteuerschwachen Gemeinden zuflossen. Diese Mittel könnten nunmehr zur Behebung der Übergangsschwierigkeiten verwendet werden, die wegen der Herabsetzung der Gewerbesteuer zu erwarten seien. Eine weitere Entlastung der Gemeinden bei ihren Investitionen versprach sich die Kommission durch die Schaffung von *Gemeinschaftsaufgaben* von Bund und Ländern[35]. Im März 1967 nahmen die kommunalen Spitzenverbände gemeinsam zum Finanzreform-Gutachten Stellung[36]. Sie sprachen sich zwar für eine Beteiligung der Gemeinden an der Einkommensteuer „in einem gleitenden Schema" aus. Auch müßten die Steuerkraftunterschiede gemildert werden, dürften jedoch nicht nivelliert werden. Die Gewerbeertragsteuer dagegen könne allenfalls soweit reduziert werden, daß „mindestens 60 % des zum Zeitpunkt der Änderung gegebenen Gewerbesteueraufkommens erhalten bleibe"[37].

IV. Das Gutachten des Wissenschaftlichen Beirats von 1968

In seinem zweiten Gutachten zur Gemeindefinanzreform aus dem Jahre 1968 unterbreitete der Wissenschaftliche Beirat beim Bundesministerium der Finanzen neue Vorschläge[38]. Diesmal beschäftigte sich der Beirat nicht mehr vorwiegend mit finanzausgleichspolitischen Fragen, sondern mit einer grundlegenden, langfristigen Reform des Gemeindesteuersystems in der Bundesrepublik. Er erarbeitete eine Definition der kommunalen Finanzautonomie und stellte dabei fest, daß den Finanzzuweisungen des Staates neben einer eigenen Finanzausstattung der Gemeinden nur eine *ergänzende* Funktion zukommen dürfe. Zweckzuweisungen dagegen lehnte er weitgehend ab.

Der Vorschlag des Beirats zur Reform des Gemeindesteuersystems sah vor, die *Gewerbesteuer* in zwei Etappen zu *beseitigen*. In der ersten Stufe sollten die Meßzahlen der Gewerbeertrag-, Gewerbekapital- und der Lohnsummensteuer halbiert werden. Erst in der zweiten Stufe war die vollständige Aufhebung der Gewerbesteuer geplant. Der durch die Halbierung des Gewerbesteueraufkommens bewirkte Ausfall sollte durch Zuweisung des Mehrwertsteueraufkommens der letzten Stufe an die Gemeinden ausgeglichen werden. Für den Ein-

---

[35] Gutachten über die Finanzreform, Tz. 457 i. V. m. Tz. 142 ff.

[36] „Gemeinsame Stellungnahme der komm. Spitzenverbände zum Finanzreform-Gutachten" v. März 1967, in: Städtetag 1967, S. 175 ff.

[37] Durch das StabilisierungsG v. 8. 6. 1967 (BGBl. I S. 582) wurden Bund, Länder u. Gemeinden bei ihren wirtschafts- u. finanzpolitischen Maßnahmen zur Beachtung des gesamtwirtschaftlichen Gleichgewichts angehalten.

[38] Gutachten zum Gemeindesteuersystem und zur Gemeindesteuerreform in der BRD.

nahmenausfall in der zweiten Etappe sollten die Gemeinden durch die Verdoppelung des Grundsteueraufkommens, Erhebung von Kostenbeiträgen und gebührenähnlichen Abgaben insbesondere von Unternehmen[39], sowie durch erhöhte Zweckzuweisungen der Länder entschädigt werden. Da andererseits jedoch der stufenweise Wegfall der Gewerbesteuer entsprechend auch die Finanzautonomie der Gemeinden einschränken würde, mußte hierfür ein Ersatz gefunden werden. Neben einer stärkeren Variation der Hebesätze bei der Grundsteuer schlug der Beirat daher vor, die Gemeinden zu ermächtigen, eine *Gemeindeeinkommensteuer* mit begrenztem proportionalem Hebesatz zu erheben. Bemessungsgrundlage sollte der zu versteuernde Einkommensteuerbetrag von den Lohnsteuerpflichtigen und den zur Einkommensteuer Veranlagten unter Abzug der Freibeträge sein. Auf diese Weise wollte der Beirat die Gemeindefinanzen um max. 4,7 Mrd. DM verstärken. Dabei ist allerdings zu bedenken, daß dieser Betrag nicht in voller Höhe einer Steigerung der Selbstverantwortung der Gemeinden zugute kommen würde. Vielmehr müssen die in dem Betrag enthaltenen *Zweckzuweisungen* abgerechnet werden. Diese waren für Aufgaben bestimmt, bei deren Wahrnehmung den Gemeinden ohnehin kein echter Entscheidungsspielraum bleibt.

B. Die Entwicklung in Schleswig-Holstein

Die Einführung des *Steuerverbundes* in Schleswig-Holstein im Jahre 1955 hatte zur Folge, daß sich die kommunale Finanzmasse von 1955 bis 1964 mehr als vervierfachte[40]. Demgegenüber hatten sich die eigenen Einnahmen der schleswig-holsteinischen Gemeinden von 1959 bis 1963 lediglich um 19,3 % erhöht[41]. Aber auch Finanzausgleichsleistungen des Landes und eigene Einnahmen der Gemeinden zusammen reichten nicht für eine dem Bundesdurchschnitt entsprechende Finanzausstattung der Gemeinden aus[42].

I. Die Beteiligung an der Kraftfahrzeugsteuer

Im März 1964 legte die Landesregierung daher dem Landtag den Entwurf einer Novelle zum Finanzausgleichsgesetz vor[43], die mit eini-

[39] Entsprechend der von diesen Unternehmen verursachten Gemeindeausgaben.

[40] Die kommunale Finanzmasse stieg von 47,3 Mill. DM in 1953 auf 197,8 Mill. DM in 1964. Das höchste Volumen erreichte die kommunale Finanzmasse im Jahre 1962 mit 209,1 Mill. DM, vgl. *Willing*, Die Gemeinden in SH, S. 291.

[41] Bundesdurchschnitt: 28,2 %.

[42] Die schleswig-holsteinischen Gemeinden wurden am Zuwachs der Gesamtfinanzmasse mit 39,9 % beteiligt (Bundesdurchschnitt: 52,4 %).

gen Änderungen am 11. November 1964 vom Landtag verabschiedet wurde[44]. Grundelement dieses Änderungsgesetzes war die Zuweisung von *60 % des Aufkommens der Kraftfahrzeugsteuer* ohne Zweckbindung an die Gemeinden[45]. Damit sollte die seit langem erhobene Forderung nach einer verbesserten gemeindlichen Steuerausstattung erfüllt werden[46]. Die Kraftfahrzeugsteuer erschien der Landesregierung als die einzige für die Kommunalisierung geeignete Steuer, da ihr Aufkommen je Einwohner außerordentlich gleichmäßig sei und insoweit kein wesentlicher Unterschied zwischen den einzelnen Gemeindegrößeklassen bestehe[47]. Im übrigen würde sie die auf der ungleichmäßigen Streuung der Gewerbesteuer beruhende *Verzerrung der gemeindlichen Steuerkraft* nicht noch weiter verschärfen, da zwischen der Höhe des örtlichen Gewerbesteueraufkommens und dem Kraftfahrzeugsteueraufkommen kein nachweisbarer Zusammenhang bestehe.

Das Land konnte jedoch nicht auf einen Betrag von über 100 Mill. DM verzichten[48]. Daher wurde in einer Gegenrechnung ein Zuschlag zum *Schulbeitrag* der Gemeinden und Kreise in Höhe von 50 % und die Übertragung des bisher den Kreisen und kreisfreien Städten zustehenden Zuschlags zur Grunderwerbsteuer auf das Land gefordert. Insgesamt erhöhte sich der Anteil der Gemeinden an der Gesamtfinanzmasse wegen der Finanzschwäche Schleswig-Holsteins durch das Finanzausgleichsgesetz von 1964 nicht in dem erforderlichen Maße. Zwar bestand für die Gemeinden Aussicht auf hohe jährliche Zuwachsraten der Kraftfahrzeugsteuer, das Aufkommen dieser Steuer war jedoch in den einzelnen Gemeinden sehr unterschiedlich. Das Schwergewicht des Zuwachses mußte bei den Industrie- und Wohngemeinden, nicht jedoch bei den ohnehin steuerschwachen Landgemeinden liegen. Diese waren weiterhin auf die Zuweisungen aus dem Finanzausgleich angewiesen. Wesentliche Neuerung des Änderungsgesetzes war die Einrichtung eines *Investitionsfonds* in Form einer neuen Teilmasse des Finanzausgleichs in Höhe von jährlich 50 Mill. DM[49]. Aus diesem Fonds sollten künftig

---

[43] Sog. „Schlegelberger-Plan".

[44] 4. ÄnderungsG z. FAG v. 30. 11. 1964 (GVOBl. S. 235). Daraufhin erfolgte eine Neubekanntmachung des FAG.

[45] Nach dem örtlichen Aufkommen. Als DurchführungsVO zu § 25 FAG wurde am 1. 2. 1965 (GVOBl. S. 10) die VO über die Ermittlung des örtlichen Aufkommens der Kfz.-Steuer gemäß § 25 des G. über den Finanzausgleich in SH erlassen.

[46] Begründung zum FAG, A I.

[47] Begründung zum FAG, A II.

[48] Der daraus resultierende Nettoeffekt für die Kommunen betrug im Jahre 1965 rd. 21 Mill. DM.

[49] Daneben gab es kleinere Änderungen wie z. B. die Schaffung zweier getrennter Schlüsselmassen für die kreisangehörigen Gemeinden und die kreisfreien Städte.

Gemeinden und Gemeindeverbänden Darlehen für sechs Jahre zinslos zur Verfügung gestellt werden, vor allem für Infrastrukturmaßnahmen von Mittelpunktgemeinden im Rahmen der EWG-Anpassung.

II. Die Förderung der kommunalen Investitionstätigkeit

Bis zur Verwirklichung der Großen Finanzreform wollte man mit wichtigen Änderungen der Finanzausgleichsgesetzgebung nicht warten. Daher wurde bereits Anfang 1968 ein neues Finanzausgleichsgesetz erlassen[50], in dem die *Förderung der gemeindlichen Investitionstätigkeit* neben der Verbesserung der kommunalen Verwaltungsleistungen als Mittel zur Hebung der Wirtschaft im Lande in den Vordergrund gestellt wurde. Aus diesem Grunde wurde der 1964 eingerichtete *kommunale Investitionsfonds* umgestaltet[51]. Waren bisher Zinszuschüsse gewährt worden, die nur einmal zur Verfügung standen, so sollten jetzt stattdessen zinsgünstige Darlehen vergeben werden, um so den Fonds ständig wieder auffüllen zu können. Die Mittel des Fonds wurden erheblich aufgestockt[52]. Auch dem Bedarfsfonds wurden neue Aufgaben übertragen, nämlich die Förderung der Verwaltungsstruktur im ländlichen Raum und der Aufgaben regionaler Planungsverbände sowie der Datenzentrale Schleswig-Holsteins[53]. Außerdem sollten Bedarfszuweisungen für den Ausbau der kommunalen Häfen in Kiel, Lübeck und Flensburg gewährt werden, da hieraus einerseits besondere Lasten erwuchsen, die dazu führen konnten, daß notwendige Investitionen unterbleiben müßten, andererseits aber den Häfen im Rahmen des EWG-Anpassungsprogramms besondere Bedeutung zukam. Schließlich sollte auch der Krankenhausbaufonds von jährlich 4 Mill. DM auf 6 Mill. DM aufgestockt werden, da in den nächsten Jahren wichtige und umfangreiche Bauvorhaben zu verwirklichen waren. Um den Zusammenschluß der Gemeinden nicht zu behindern, bei dem regelmäßig die Schlüsselzuweisungen abnahmen[54], wurde ein *Sonderan-*

---

[50] 5. G. zur Änderung des G. über den Finanzausgleich in SH v. 29. 2. 1968 (GVOBl. S. 69).

[51] Dieser hatte in den Jahren 1965 bis 1967 7,8 Mill. DM als Zinszuschüsse für kommunale Darlehen in Höhe von 120 Mill. DM gewährt.

[52] Geplant war ein „revolvierender" Einsatz der Mittel. Entsprechend wurde ab 1966 eine Sonderzuführung von 3 Mill. DM dem Fonds zur Verfügung gestellt, die in den folgenden Jahren auf 15 Mill. DM erhöht wurde.

[53] Gemeinden und Kreise hatten einen Teil der Aufgaben der Gemeinde- und Kreisplanung an regionale Planungsverbände abzugeben. Die Datenzentrale sollte dazu beitragen, die Aufgaben der öffentlichen Verwaltung im Lande mit Hilfe der elektronischen Datenverarbeitung wirksamer durchführen zu können.

[54] Die Schlüsselzuweisungen wurden nämlich aufgrund neuer Ausgangswerte berechnet.

satz für gemeindliche Zusammenschlüsse in Höhe von 10 % der Finanzausgleichsmasse geschaffen, der auf fünf Jahre begrenzt war. Dagegen fiel die Grundsteuerausfallentschädigung jetzt als bedeutungslos weg[55].

§ 19 Die Große Finanzreform

A. Die Reform auf Bundesebene

Erst im Herbst 1966 nach Bildung der *Großen Koalition* wurde das Finanzreform-Gesetzgebungswerk wieder in Angriff genommen. Die Bundesregierung erklärte, sie wolle nunmehr die Reform der Finanzverfassung „als eine der großen innenpolitischen Aufgaben" verwirklichen[1]. Am 19. August 1967 verabschiedete daraufhin die Bundesregierung entsprechend ihrer Ankündigung das Finanzreformprogramm, soweit es die Finanzbeziehungen zwischen Bund und Ländern betraf[2]. Es folgten eingehende Beratungen des Reformprogramms in einer gemeinsamen Arbeitsgruppe des Bundes und der Länder. Als „Unterlage für die Erörterung der grundsätzlichen Fragen der Gemeindefinanzreform in der Bund-Länder-Arbeitsgruppe für die Finanzreform" beschloß die Bundesregierung am 31. Januar 1968 das Programm der Gemeindefinanzreform[3].

I. Das Finanzreformgesetz von 1968

Ergebnis dieser Bund-Länder-Beratungen war der „Entwurf eines Gesetzes zur Änderung und Ergänzung des Grundgesetzes (Finanzreformgesetz)"[4]. Dieser Entwurf wurde am 13. März 1968 von der Bundesregierung beschlossen und nach Stellungnahme durch den Bundesrat dem Bundestag zugeleitet. Vorerst ging es dabei jedoch noch nicht um die Ausführungsgesetze, sondern um die für die Finanzreform erforderlichen Verfassungsänderungen. Für die Gemeinden sollte die Beteiligung an der Einkommensteuer und die Einführung einer Gewerbesteuerumlage verfassungsrechtlich abgesichert werden[5]. Erst nach zweimaligem Anrufen des Vermittlungsausschusses konnte das Finanzreformgesetz, für das wegen der Verfassungsänderung eine Zwei-Drittel-

---

[55] Die Grundsteuerausfallentschädigung hatte einen erheblichen Verwaltungsaufwand verursacht.

[1] Bundeskanzler *Kiesinger* in der Regierungserklärung v. 13. 12. 1966 (80. Sitzg. des BT v. 13. 12. 1966, Prot. S. 3660).

[2] Bulletin v. 8. 8. 1967, S. 713.

[3] Bulletin v. 2. 2. 1968, S. 105.

[4] BT-Drs. IV/2861.

[5] Am 3. 10. 1968 fand eine Anhörung der komm. Spitzenverbände vor dem Rechts- und Finanzausschuß statt (Prot. der Sitzg. des Finanzausschusses des BT).

Mehrheit des Bundestages und des Bundesrates erforderlich war[6], endgültig von Bundestag und Bundesrat beschlossen werden[7]. Mit seiner Verkündung am 12. Mai 1969 waren die verfassungsrechtlichen Voraussetzungen für die Gemeindefinanzreform geschaffen.

1. Die Einflußnahme des Bundes auf Gemeindeaufgaben

Durch diese Verfassungsänderungen sicherte sich der Bund einen zum Teil beträchtlichen Einfluß auf die Aufgaben der Gemeinden. Die Einführung von *Gemeinschaftsaufgaben* durch Art. 91 a GG ist für die Gemeinden von besonderer Bedeutung, da sowohl die Verbesserung der regionalen Wirtschaftsstruktur (Ziff. 2), als auch der Agrarstruktur und des Küstenschutzes (Ziff. 3) zumindest auch Aufgabe der Gemeinden ist[8]. An den durch die Erfüllung dieser Gemeinschaftsaufgaben entstehenden Kosten beteiligt sich der Bund gemäß Art. 91 a Abs. 4 Satz 1 GG in der Regel zu 50 %. Dem Bund wird somit eine starke Stellung eingeräumt, wenn auch die Durchführung der Aufgaben bei den Ländern bleibt. Eine Ergänzung dieser Regelung stellt Art. 104 a Abs. 4 GG dar. Danach kann der Bund den Gemeinden über die Länder in nahezu allen wesentlichen Aufgabenbereichen *Finanzhilfen für besonders bedeutsame Investitionen* gewähren[9]. Dabei kommen vor allem Beihilfen in Betracht für das gemeindliche Verkehrswesen, für Sanierung und Ausbau der Städte einschließlich der Förderung des Wohnungsbaus und für den Krankenhausbau[10]. Eine weitere Einflußnahme des Bundes auf Gemeindeaufgaben ergibt sich aus Art. 106 Abs. 8 GG, wonach der Bund in einzelnen Gemeinden besondere Einrichtungen veranlassen kann. Der Bund hat dann allerdings für einen finanziellen Ausgleich zu sorgen, wenn den Gemeinden nicht zugemutet werden kann, diese *Sonderbelastungen* zu tragen.

2. Die Beteiligung an der Einkommensteuer

Nach Art. 106 Abs. 5 i. V. m. Abs. 3 GG i. d. F. von 1969 erhielten die Gemeinden einen Anteil am Aufkommen der Einkommensteuer, die

---

[6] Es war eine Änderung der Art. 106 und 107 GG erforderlich.

[7] In der 127. Sitzg. des BT v. 23. 4. 1969 (Prot. S. 12 545), in der 338. Sitzg. des BR v. 9. 5. 1969 (Prot. S. 116); 21. G. zur Änderung des GG (FinanzreformG), (BGBl. I S. 359).

[8] Dennoch wurden die Gemeinden weder in den Ausführungsgesetzen noch in der Begründung erwähnt.

[9] „Zur Abwehr einer Störung des gesamtwirtschaftlichen Gleichgewichts oder zum Ausgleich unterschiedlicher Wirtschaftskraft im Bundesgebiet oder zur Förderung des wirtschaftlichen Wachstums."

[10] Der Bund gewährt Beihilfen aus dem zweckgebundenen Aufkommen der Mineralölsteuer; das StädtebauförderungsG sieht Finanzhilfen für die Sanierung und den Ausbau der Städte vor; s. dazu weiter unten.

dadurch zu einer *Gemeinschaftssteuer* von Bund, Ländern und Gemeinden wurde[11].Es liegt ein mehrfach abgestuftes *Verbundsystem* vor[12]. Der Anteil der einzelnen Gemeinden an der Einkommensteuer wird in *drei Stufen* berechnet:

1. Stufe: Anteil aller Gemeinden in der BRD;

2. Stufe: Anteil aller Gemeinden eines Landes (Gemeinde-Landesanteil);

3. Stufe: Anteil einer Gemeinde eines Landes.

Dabei steht die primäre *Ertragshoheit* den Gemeinden zu, während die Länder Gläubiger für das gesamte Aufkommen der Steuer gemäß Art. 108 Abs. 2 GG sind. Gegen die ursprüngliche Ansicht des Bundestages setzte der Bundesrat die Formulierung durch, daß die Länder den Gemeindeanteil an ihre Gemeinden „weiterzuleiten" hätten[13]. Damit sollte die Zuständigkeit der Länder für die Aufteilung des Gemeindeanteils im Grundgesetz ausdrücklich festgelegt werden, um „direkte staatsrechtliche Beziehungen zwischen Bund und Gemeinden" auszuschließen, „die mit der föderalistischen Ordnung des Grundgesetzes nicht zu vereinbaren wären"[14]. Andererseits wären einfache auf Landesrecht beruhende Finanzzuweisungen aus der Einkommensteuer jedoch nach Ansicht der Bundesregierung mit den Zielen der Reform nicht vereinbar gewesen[15]. Bereits im ersten Vermittlungsausschußverfahren wurde dementsprechend eine Kompromißformel gefunden, die die Aufgabe der Länder bei der Weiterleitung des Gemeindeanteils als in erster Linie *verwaltungstechnischer Art* beschrieb. Dennoch blieb die Funktion der Länder in diesem Zusammenhang bis heute weitgehend unklar.

Der Anteil der Gemeinden ist von den Ländern an ihre Gemeinden „auf der Grundlage der Einkommensteuerleistungen ihrer Einwohner weiterzuleiten". Durch die Formulierung „auf der Grundlage" wollte der Vermittlungsausschuß eine stärkere Bindung sowohl an das örtliche Aufkommen als auch an die gesamte Einkommensteuer zum Ausdruck bringen[16]. Bei der Beteiligung der Gemeinden an der Einkom-

---

[11] *H. Meyer*, DÖV 1969, S. 261 ff. (264).

[12] *Zahrnt*, S. 17 mit einem Hinweis auf *Zeitel*, AfK 1966, S. 216 ff.

[13] In der Regierungsvorlage waren die Länder ursprünglich nicht ausdrücklich genannt, es wurde nur allgemein von „aufteilen" gesprochen.

[14] BT-Drs. V/2861, S. 90.

[15] BT-Drs. V/2862, S. 98.

[16] Im Regierungsentwurf hieß es „unter Berücksichtigung des örtlichen Aufkommens dieser Steuer", um dem Gesetzgeber die Möglichkeit zu geben, unter Verzicht auf eine genaue Zuteilung aus dem örtlichen Aufkommen einen einfachen Verteilungsschlüssel zu wählen (BT-Drs. V/2861, Tz. 336).

mensteuer handelt es sich somit nicht um Finanzzuweisungen[17], sondern um *echte Steuerzuweisungen*. Nach Art. 106 Abs. 5 Satz 3 GG „kann" das Bundesgesetz bestimmen[18], „daß die Gemeinden Hebesätze für den Gemeindeanteil festsetzen". Diese Kann-Vorschrift sollte künftig dem einfachen Gesetzgeber ermöglichen[19], „diese Frage unter Abwägung aller Gesichtspunkte zu entscheiden"[20]. Die Einführung von Hebesätzen aus technischen und sachlichen Gründen ist dem Gesetzeswortlaut nach nicht möglich. Die einzelne Gemeinde könnte ihren Anteil am Aufkommen nur dann mit Hilfe des Hebesatzrechtes variieren und diesem eine hohe Wirkung verleihen, wenn ihr Anteil ein von dem gesamten Einkommensteueraufkommen isolierbarer Betrag wäre. Das örtliche Aufkommen der Gemeinden steht diesen jedoch nicht zu, sondern geht lediglich in die Berechnung des Schlüssels ein[21].

3. Die Einführung der Gewerbesteuerumlage

Finanzpolitische Voraussetzung für die Beteiligung der Gemeinden an der Einkommensteuer war die verfassungsrechtliche Ermächtigung in Art. 106 Abs. 6 GG, Bund und Länder durch eine Umlage am Aufkommen der Gewerbesteuer beteiligen zu können[22]. Da durch Überweisung eines Teils der Einkommensteuer an die Gemeinden große Deckungslücken bei Bund und Ländern zu erwarten waren[23], mußte für diese ein Ausgleich geschaffen werden. Die *Gewerbesteuerumlage* sollte „zugleich der erste Schritt zur Senkung der Gewerbesteuer" sein[24]. Die Bundesregierung begründete diese Absicht mit der Ansicht, die Gewerbesteuer sei für die Gemeinden zu *konjunkturempfindlich*, sie führe zu Steuerkraftunterschieden zwischen den Gemeinden und zu

---

[17] Die Regierungsvorlage ging noch von Finanzzuweisungen aus (BT-Drs. V/2861, Tz. 332).

[18] Gemeint ist das AusführungsG zum FAG, das die Einzelheiten des Gemeindeanteils an der Einkommensteuer regelt.

[19] Die ursprüngliche Muß-Vorschrift der Regierungsvorlage wurde auf Betreiben der SPD-Fraktion während der Beratungen im Finanzausschuß im Herbst 1968 in eine Kann-Vorschrift umgestaltet.

[20] Schriftlicher Bericht des Rechtsausschusses des BT (BT-Drs. V/3605, S. 8).

[21] Vgl. *Zahrnt*, S. 19/20.

[22] Vgl. dazu die BT-Drs. V/2861, Tz. 344. Ohne diese Grundgesetzänderung wäre eine Gewerbesteuerumlage wegen der Realsteuergarantie in Art. 106 Abs. 6 GG nicht möglich gewesen. Mit dieser Regelung blieb im übrigen die Ertragshoheit der Gemeinden formell unangetastet.

[23] In der Größenordnung von etwa 4,4 Mrd. DM.

[24] In Aussicht genommen wurden 40 % des Gewerbesteueraufkommens (BT-Drs. V/2861, Tz. 232). Der Termin wurde später aufgrund von Koalitionsvereinbarungen nicht festgesetzt, obgleich sich der Bund an sich das Ziel gesetzt hatte, die Gewerbesteuer ganz abzubauen.

einer ungleichmäßigen Verteilung der Lasten unter den Gemeindebürgern[25]. Eine Entscheidung über einen Ausgleich für den im öffentlichen Haushalt entstehenden Einnahmenausfall und den zusätzlichen Finanzbedarf der Gemeinden wurde jedoch nicht getroffen[26]. Nach Art. 106 Abs. 7 GG erhalten die Gemeinden und Gemeindeverbände einen vom Landesgesetzgeber zu bestimmenden Hundertsatz vom Gesamtaufkommen der Gemeinschaftssteuern. Da neben der Körperschaft- und Umsatzsteuer vor allem die Einkommensteuer zu den Gemeinschaftssteuern gehört, sind die Gemeinden also *zweimal* an der Einkommensteuer beteiligt. Im übrigen bestimmt nach Art. 106 Abs. 7 GG der *Landesgesetzgeber*, ob und wieweit das Aufkommen der Landessteuern den Gemeinden und Gemeindeverbänden zufließt.

4. Sonstige Änderungen der Gemeindefinanzverfassung

Art. 106 Abs. 3 Satz 1 GG erweitert den *Steuerverbund* zwischen Bund und Ländern, indem er die Umsatzsteuer (Mehrwertsteuer) zur Gemeinschaftssteuer macht. Entsprechend wird durch Art. 106 Abs. 7 GG die Beteiligung der Gemeinden an dem Landesanteil aus den Gemeinschaftssteuern erhöht. Allerdings bleibt es weiterhin im Ermessen der Länder, die Höhe der Beteiligung und deren Verteilung zu bestimmen. Durch das Finanzreformgesetz von 1956 war den Gemeinden die Ertragsgarantie über die Realsteuern eingeräumt worden. Nach Art. 106 Abs. 6 Satz 2 GG dürfen die Gemeinden nunmehr auch „die Hebesätze der Realsteuern im Rahmen der Gesetze" festsetzen. Für die der konkurrierenden Gesetzgebung unterliegenden Realsteuern können die Länder allerdings *Koppelungsvorschriften* für die Hebesätze erlassen. Mit Art. 106 Abs. 6 Satz 1 GG wurde lediglich eine bereits in den Ländern praktizierte Regelung in das Grundgesetz aufgenommen[27]. Den Gemeinden wurde die Ertragshoheit über die örtlichen Verbrauch- und Aufwandsteuern[28], nicht jedoch über die örtlichen Verkehrsteuern, gewährt[29].

II. Das Gemeindefinanzreformgesetz von 1969

Noch vor Abschluß der Beratungen zum Finanzreformgesetz hatte die Bundesregierung am 20. Februar 1969 dem Bundestag den „Entwurf

[25] BT-Drs. V/2861, Tz. 215 - 220.

[26] Als Folge hiervon sah sich der Bundesrat außerstande, hierzu anschließend Stellung zu nehmen.

[27] Insofern bedeutet die Grundgesetzänderung keine tatsächliche Verbesserung für die Gemeinden, vgl. BT-Drs. V/2861, S. 248.

[28] Das Steuererfindungsrecht liegt dagegen allein bei den Ländern.

[29] Dies vor allem wegen des Streits zwischen Bund und Ländern über die Gesetzgebungszuständigkeit.

eines Gesetzes zur Neuordnung der Gemeindefinanzen (Gemeindefinanzreformgesetz)" zugeleitet[30], den sie am 8. Dezember 1968 auf Drängen der Koalitionsfraktionen verabschiedet hatte. Die entscheidenden Beratungen zu diesem Entwurf fanden jedoch nicht im Parlament statt, sondern in *Absprachen zwischen den Koalitionsfraktionen.* So wurde bei den Beratungen im Herbst 1968 auf eine Gewerbesteuersenkung verzichtet[31], die Höchstbeträge für die Verteilung des Gemeindeanteils an der Einkommensteuer wurden heraufgesetzt[32]. Das Gesetz wurde bereits am 8. September 1969 verkündet[33].

1. Die Beteiligung der Gemeinden an der Einkommensteuer

Auf der verfassungsrechtlichen Grundlage des Art. 106 Abs. 5 und 6 GG i. d. F. von 1969 regelt das Gemeindefinanzreformgesetz die Beteiligung der Gemeinden an der Einkommensteuer sowie die Gewerbesteuerumlage. Nach § 1 GFG erhalten die Gemeinden 14 % des Aufkommens an Lohnsteuer und veranlagter Einkommensteuer[34]. Dieser Gemeindeanteil an der Einkommensteuer wird für jedes Land nach den Steuerbeträgen bemessen, die von den Finanzbehörden im Gebiet des Landes unter Berücksichtigung der Zerlegung nach Art. 107 Abs. 1 GG vereinnahmt werden[35]. Der Gesamtanteil der Gemeinden erstreckt sich auf die *gesamte Einkommensteuer,* nicht lediglich auf den Proportionalitätssockel[36]. Für die Verteilung auf die einzelnen Gemeinden gelten allerdings andere Maßstäbe. Diese Regelung bezweckt, die Gemeinden am *Wachstum der gesamten Einkommensteuer* teilnehmen zu lassen[37].

---

[30] BT-Drs. V/3876.

[31] Diese Gewerbesteuersenkung war im Referentenentwurf noch vorgesehen gewesen.

[32] Mit Wirkung vom 1. 1. 1972 wurden die Höchstbeträge für die Verteilung des Gemeindeanteils an der Einkommensteuer von 16 000 / 32 000 DM auf 80 000 / 160 000 DM heraufgesetzt; Koalitionsvereinbarung vom 10. 12. 1968 (vgl. *Möller,* S. 31).

[33] BGBl. I S. 1507. In einer Entschließung vom 10. 7. 1969 (342. Sitzg. des BT v. 10. 7. 1969, Prot. S. 142) ersuchte der Bundesrat die Bundesregierung, durch Einbringen einer entspr. Gesetzesvorlage beim Bundestag für eine gerechte Anhebung der Sockelbeträge des Gemeindeanteils an der Einkommensteuer ab 1. 1. 1972 zu sorgen.

[34] Die Beteiligung der Gemeinden am Aufkommen der Lohnsteuer und der Einkommensteuer ist im EinkommensteuerG i. d. F. v. 27. 2. 1968 geregelt (BGBl. I S. 145).

[35] § 6 GFG. Die Gemeinden haben die Gewerbesteuerumlage an das für sie zuständige Finanzamt abzuführen.

[36] So noch der Vorschlag der Finanzreformkommission (Gutachten über die Finanzreform, Tz. 410 ff.).

[37] Eine Beteiligung der Gemeinden nur am Proportionalitätssockel der Einkommensteuer hätte nur einen begrenzten Wachstumsspielraum gehabt, nämlich bis alle Einkommensteuerpflichtigen in den Sockel hineingewachsen wären.

Diesem erheblichen Vorteil für die Gemeinden steht aber auch ein Nachteil gegenüber. Da neben der Einkommen- und Körperschaftsteuer nun auch die wachstumsschwächere Umsatzsteuer und die Gewerbesteuerumlage als Negativposten für die Gemeinden zur Verbundmasse des Finanzausgleichs zwischen Ländern und Gemeinden gehören, wird diese in geringerem Umfang zunehmen. Das bedeutet aber zugleich, daß weniger Finanzzuweisungen aus dieser Verbundmasse an die Gemeinden gezahlt werden können.

a) Die Stärkung der gemeindlichen Finanzautonomie

Der entscheidende Vorteil der im Gemeindefinanzreformgesetz getroffenen Neuregelung liegt jedoch nicht allein in einem starken Wachstum der gemeindlichen Finanzmasse, sondern vor allem in einer *Verlagerung zugunsten der eigenen Steuern* im Rahmen der Gesamteinnahmen. Die Folge ist eine wesentliche Stärkung der gemeindlichen Finanzautonomie und damit der kommunalen Selbstverwaltung. Der Anteil der Gemeinden an der Einkommensteuer in Höhe von 14 % soll nicht nur den sich aus der Gewerbesteuerumlage ergebenden Einnahmenausfall bei der Gesamtheit decken. Vielmehr soll die kommunale Finanzmasse darüber hinaus um einen Betrag von über 1 Mrd. DM aufgestockt werden[38]. Im Rahmen der Finanzreform ist dies jedoch lediglich ein Teil der Erhöhung. Hinzu kommt die Beteiligung der Gemeinden an der Mineralölsteuer, so daß sich für die Jahre 1970 bis 1973 eine erheblich größere *Verstärkung der Gemeindefinanzmasse* ergibt[39]. Durch die Gemeindefinanzreform änderte sich somit die gemeindliche Einnahmenstruktur leicht zugunsten der Steuern und steuerähnlichen Einnahmen, während die Zuweisungen von Bund oder Land erheblich stiegen. Schuldenaufnahmen und Gebühren sowie sonstige Einnahmen blieben im wesentlichen unverändert.

b) Die Veränderung der gemeindlichen Interessenlage

Der Gemeindeanteil an der gesamten Einkommensteuer wird nach einem *Verteilungsschlüssel* errechnet, dessen Grundlage die Einkommensteuerleistung der Einwohner ist[40]. Aufgrund der in § 3 GFG be-

---

[38] Nach amtlichen Steuerschätzungen erwartete man (einschl. Stadtstaaten) für 1970 einen Betrag von 1,74 Mrd. DM und in den folgenden Jahren ständig steigende Beträge.

[39] Hinzuzurechnen sind weiter Mehreinnahmen der Gemeinden bei der Einkommensteuer (1 % der Einkommen- u. Körperschaftsteuer) ab 1. 1. 1969 in Form erhöhter Finanzzuweisungen der Länder und die den Gemeinden ab 1967 vom Bund zur Förderung des innergemeindlichen Straßen- und Verkehrsausbaus zur Verfügung gestellten Mittel aus der Erhöhung der Mineralölsteuer um 3 Pf. je Liter.

[40] §§ 2 und 3 GFG.

schriebenen Merkmale setzen die Landesregierungen den Verteilungsschlüssel durch Rechtsverordnung fest. Diesem Schlüssel werden die sogenannten Höchstbeträge zugrundegelegt, das sind die Einkommensteuerbeträge, die auf zu versteuernde Einkommen bis zu einer bestimmten Höchstgrenze entfallen[41]. Für die Zurechnung der Steuerbeträge an die Gemeinde ist der Wohnsitz maßgebend[42]. Durch das hier angewandte Wohnsitzprinzip wurde die bisherige *Interessenlage* der Gemeinden *verändert*. Bislang wurden Industriegemeinden durch das Vorherrschen der Gewerbesteuer begünstigt. Das führte dazu, daß auch die Gemeinden Industriebetriebe anzusiedeln versuchten, die aus Gründen der Raumordnung als Industriestandorte ungeeignet waren[43]. Nach der Reform trat für die Gemeinden daneben das Interesse, ihre *Wohnqualität* zu verbessern. Dadurch wird die Entwicklung einer gesunden Siedlungsstruktur nachhaltig begünstigt[44].

Obgleich das kommunale Finanzsystem durch die Beteiligung an der Einkommensteuer eine breite Grundlage erhalten hat, ist es damit doch zugleich auch unsicherer geworden. Als Instrument der gesamtwirtschaftlichen Wirtschafts- und Sozialpolitik kann die Einkommensteuer jederzeit etwa zur Anregung oder Dämpfung der *Konjunktur* verändert werden[45]. Bei Senkung der Einkommensteuer müssen die Gemeinden also mit Einnahmenausfällen rechnen. Um diese unerwünschten Auswirkungen für die Gemeindehaushalte zu verhindern, wurden Vorschläge gemacht[46], die auf eine umgekehrte Koppelung des Gemeindeanteils an den Einkommensteuersatz bzw. auf eine Gemeindeanteilsgarantie der Höhe nach durch den Staat abzielten[47]. Diese Vorschläge gingen jedoch nicht in das Gesetz ein. Die in Art. 106 Abs. 4 Satz 3 GG eröffnete Möglichkeit zur Einführung von gemeindlichen Hebesätzen nutzte das Gemeindefinanzreformgesetz nicht, da erst eine Übersicht über die Auswirkungen der Reform abgewartet werden sollte[48]. Damit blieb der Gesetzgeber aus *administrativen Schwierigkeiten* auf halbem Wege zu einer eigenständigen Personalsteuer stehen,

[41] Diese Höchstbeträge, bis zu jährlich 8000 DM für Ledige, 16 000 DM für zusammen veranlagte Eheleute, ab 1. 1. 1972 Erhöhung auf 80 000 / 160 000 DM, bilden das Kernstück des GFG.

[42] Maßgebend ist der Wohnsitz am 20. 9. des Jahres, für das die (Bundes-) Statistik durchgeführt wird (§ 2 Satz 1 der DVO zu § 3 GFG).

[43] BT-Drs. V/2861, Tz. 219.

[44] Raumordnungsbericht der Bundesregierung (BT-Drs. V/3958, S. 78).

[45] Vgl. etwa die Maßnahmen zur Konjunkturanregung nach dem Stabilitäts- u. WachstumsG v. 8. 1. 1967 (BGBl. I S. 582).

[46] Jahresgutachten 1968/69 des Sachverständigenrats zur Begutachtung der gesamtwirtschaftlichen Entwicklung (Jahresgutachten, Tz. 329).

[47] Eingabe des Dt. Städtetages während der parlamentarischen Beratungen.

[48] BT-Drs. V/3876, S. 8; ähnlich im Schriftlichen Bericht des Finanzausschusses des Bundestages (BT-Drs. V/4286, S. 3).

obgleich nur eine „als echte Steuer ausgestaltete Gemeindeeinkommensteuer ... den auf Stärkung der Selbstverwaltung und der Verantwortung des Bürgers gerichteten wesentlichen Zielen der Reform" entsprochen hätte[49].

2. Die Gewerbesteuerumlage

Als „Preis für die Beteiligung an der Einkommensteuer" müssen die Gemeinden gemäß § 6 GFG eine Umlage nach Maßgabe des Gewerbesteueraufkommens abführen[50]. Die Gewerbesteuerumlage soll im Gesamtergebnis 40 % des Aufkommens der Gewerbesteuer einschließlich Lohnsummensteuer im Bundesgebiet erfassen[51]. Dabei ging der Bundestag davon aus, daß die Länder ab 1. Januar 1970 den Gewerbesteuerausgleich zwischen Betriebs- und Wohngemeinden außer Kraft setzen sollten, da sich sonst starke Einbußen bei den gewerbesteuerstarken Gemeinden ergeben würden[52]. Um hochbelasteten Gemeinden nicht einen höheren Betrag als den besser gestellten Gemeinden abverlangen zu müssen und sie damit noch stärker ungleich zu belasten, wird die Umlage nach einem *komplizierten Schlüssel* berechnet und die Lohnsummensteuer bei der Berechnung nicht berücksichtigt[53]. Das führt zu dem Ergebnis, daß Gemeinden mit hohen Gewerbesteuerhebesätzen weniger als 40 %, Gemeinden mit niedrigen Gewerbesteuerhebesätzen mehr als 40 % des Ist-Aufkommens der Gewerbesteuer nach Ertrag und Kapital abzuführen haben.

Durch Art. 106 Abs. 2 Satz 2 GG ist den Gemeinden ausdrücklich verfassungsrechtlich das Recht garantiert worden, die *Hebesätze* für die Gewerbesteuern festzusetzen[54]. Den betroffenen Gemeinden steht es

---

[49] Erklärung des Bundesrates (BT-Drs. V/3876, S. 18).

[50] Abg. Dr. Bayerl, SPD-Fraktion (240. Sitzg. des BT v. 18. 6. 1969, Prot. S. 13 348 f.). Die verfassungsrechtliche Ermächtigung ist in Art. 106 Abs. 6 Satz 5 GG enthalten.

[51] Diese Regelung wurde gegen Vorstellungen des Bundesrates und die ursprüngliche Auffassung der SPD-Fraktion verwirklicht; Einigung auf 40 % in der Fraktionsvereinbarung vom 10. 12. 1968.

[52] 240. Sitzg. des BT v. 18. 6. 1969 (Prot. S. 13 353). BT-Drs. V/3876, S. 19; der Ausgleich von Aufkommen und Bedarf sollte durch die Beteiligung an der Einkommensteuer bewirkt werden.

[53] Kennzeichen der hochbelasteten Gemeinden sind hohe Gewerbesteuerhebesätze, Kennzeichen der besser gestellten Gemeinden sind niedrige Hebesätze. Nach § 6 Abs. 2 GFG gilt folgende Formel: Ist-Aufkommen geteilt durch den von der Gemeinde festgesetzten Hebesatz der Gewerbesteuer nach Ertrag und Kapital mal 100 gleich Grundbetrag. Ausgenommen hiervon sind Kleinstgemeinden, für die sich die Ausschöpfung der Gewerbesteuer nicht lohnt (BT-Drs. V/3876, S. 19).

[54] Dagegen wollte der Referentenentwurf Erhöhungen der Hebesätze der Gewerbesteuer und die Neueinführung der Lohnsummensteuer für einen Zeitraum von 3 Jahren ausschließen.

also frei, die Gewerbesteuersätze zu erhöhen, wenn der Ausgabenbedarf es erfordert. Die wesentlichen Mängel des Gemeindefinanzsystems sind jedoch nach wie vor

1. der verhältnismäßig geringe Anteil der Steuern an den Gesamteinnahmen und
2. die erheblichen Steuerkraftunterschiede zwischen den Gemeinden.

Beide Mängel wurden durch die Finanzreform zwar gemildert, aber nicht beseitigt. Auch nach der Neuregelung sind die Bedenken der kommunalen Spitzenverbände nicht ausgeräumt: „Bestehen bleibt der goldene Zügel der Investitionszuschüsse und Finanzzuweisungen, ... der sich mit der Idee der kommunalen Selbstverwaltung nur schwer vereinbaren läßt[55]."

B. Die Finanzreform in Schleswig-Holstein

Im Zuge der Finanzreform auf Bundesebene sollte jetzt auch der Finanzausgleich in Schleswig-Holstein neu geordnet werden. Allerdings ging auch das Finanzausgleichsgesetz 1970 von der Konzeption des Gesetzes aus dem Jahre 1955 aus[56]. Darüber hinaus wurde aber besonderes Gewicht auf *Raumordnung* und *Strukturpolitik* gelegt. Die Gemeinden und Kreise wurden in die Konjunkturpolitik einbezogen, die Gebiets- und Verwaltungsstruktur des Landes verbessert.

I. Die Gleichstellung aller Bürger als Bedarfsträger

Wesentlichste Änderung des Finanzausgleichsgesetzes 1970 gegenüber den früheren Regelungen war der Verzicht auf die Veredelung des Hauptansatzes. Dadurch wurden *alle Bürger als Bedarfsträger gleichgestellt*[57]. Gleichzeitig wurde der besonderen Belastung der nach der Einwohnerzahl größeren Orte durch Aufgaben und Ausgaben nach den Grundsätzen moderner Raumordnung durch Gewährung von Schlüsselzuweisungen für *übergemeindliche Aufgaben* an die Orte, die diese Aufgaben für die Gemeinden ihres Verflechtungsbereichs erfüllen, Rechnung getragen[58]. Gemeinden mit zentralörtlichen Funktionen be-

---

[55] *Krumsiek*, Städtetag 1969, S. 367.

[56] G. über den Finanzausgleich in SH v. 25. 3. 1970 (GVOBl. S. 50), das lediglich durch insgesamt 5 Novellen der Entwicklung angepaßt wurde.

[57] Vgl. Presseinformation des Dt. Städtebundes, Landesverband SH, v. 19. 9. 1969, S. 2; im übrigen sind alle Nebenansätze weggefallen. Der „veredelte" Einwohner als Bezugsgröße im Finanzausgleich wurde durch den „tatsächlichen" Einwohner und die besondere Funktion bestimmter Gemeinden ersetzt, Begründung zum FAG (Lt-Drs. VI/849, S. 29).

[58] Dabei handelt es sich um Kultur-, Gesundheits- und Sozial-, Sport-, Spiel- und Erholungs- sowie Verkehrseinrichtungen. Träger dieser Aufgaben sind neben den Gemeinden auch die Ämter und gemeindlichen Verbände.

nötigen eine besondere Finanzkraft zwar nicht für die Versorgung ihrer eigenen Bürger, wohl aber dafür, Leistungen der kommunalen Daseinsvorsorge zu erbringen, die den Bewohnern ihres Einzugsbereichs zugute kommen. Bei der Bemessung der Zuweisungen wurde daher nicht die eigene Steuer- und Finanzkraft der zentralen Orte berücksichtigt, sondern der Bedarf gemessen[59].

Schleswig-Holstein hat damit als erstes Bundesland im finanzpolitischen Bereich die *raumordnungspolitischen Ziele* des Bundesraumordnungsgesetzes, des Landesplanungsgesetzes und des Landesraumordnungsplanes verwirklicht[60]. Der Verzicht auf die Veredelung des Hauptansatzes führte allerdings zu unterschiedlichen Ergebnissen je nach der Größe der Gemeinden. So trat eine wesentliche Verschiebung des Finanzausgleichs zugunsten der kleinen ländlichen Gemeinden ein. Während die kleineren Städte und Gemeinden erhebliche Mehreinnahmen erhielten, mußten die Städte und Gemeinden mit mehr als 5000 Einwohnern zum Teil empfindliche Einbußen hinnehmen. Diese Verschiebung findet in dem berechtigten *Anspruch aller Bürger auf gleichwertige Leistungen* der Gemeinden ihre Rechtfertigung. Dafür spricht auch die Tatsache, daß sich der Bedarf zwischen Gemeinden verschiedener Größenklassen immer mehr angleicht und daß die bisherige Methode, den Hauptansatz zu berechnen, im Laufe der Jahre fragwürdig geworden ist. Die neue Regelung ist außerdem besser geeignet, die interkommunale Zusammenarbeit zu stärken.

II. Die weitere Förderung der kommunalen Investitionstätigkeit

Der Verwirklichung der Raumordnungsvorstellungen des Landes diente auch der weitere Ausbau des kommunalen *Investitionsfonds*, der 1964 errichtet worden war und dessen Mittel bereits 1968 verstärkt wurden. Die veränderliche Mittelzuführung wurde daher in eine feste Zuweisung umgewandelt[61]. Um die Fremdenverkehrsgemeinden bei der Aufbringung von Eigenmitteln für große Investitionen zu entlasten, wurden auch die Mittel des bisherigen Bänderansatzes in den Investitionsfonds einbezogen. Zugleich sollten die Gemeinden und

---

[59] Die Finanzbedürfnisse dieser zentralen Orte wurden dadurch gefunden, daß man theoretisch ermittelte, für wie viele Einwohner des Landes (außer den eigenen) diese zentralörtliche Funktionen der verschiedenen Stufen erfüllen.

[60] Vgl. insbes. § 2 Abs. 1 des RaumordnungsG v. 8. 4. 1965 (BGBl. I S. 306), wonach in allen Teilen des Landes ausgewogene wirtschaftliche, soziale und kulturelle Verhältnisse zu sichern und weiter zu entwickeln sind. Zur Landesraumordnung: Ziff. 9.3 des Raumordnungsplanes für das Land SH, Bekanntmachung des Ministerpräsidenten — Landesplanungsbehörde — v. 16. 5. 1969 (AmtsBl. S. 315).

[61] 1970: 30 Mill. DM (§ 7 Abs. 1 Nr. 4 FAG).

Kreise in die Konjunkturpolitik und Finanzplanung mit einbezogen werden. Unter dieser Zielsetzung stand einerseits der kommunale Investitionsfonds zur *Beeinflussung der gemeindlichen Ausgaben*. Andererseits sollte die Genehmigung von Darlehensaufnahmen nunmehr auch aus konjunkturellen Gründen versagt werden können[62], und schließlich sollten sich die Gemeinden und Kreise über die Finanzausgleichsmasse anteilig an den Konjunkturrücklagen des Landes beteiligen.

Bereits das Finanzausgleichsgesetz 1964 ging von der Tatsache aus, daß die Höhe der Schlüsselzuweisungen bei gemeindlichen Zusammenschlüssen sinkt. Das neue Gesetz sah daher in diesen Fällen eine *Garantie* der Schlüsselzuweisungen für fünf Jahre vor, um so den Zusammenschluß von steuerschwachen und steuerstarken Gemeinden zu fördern. Ein besonderer Anreiz für kleine Gemeinden, sich zu leistungsfähigen Größen zusammenzuschließen, wurde durch die Gewährung einer *einmaligen Sonderzuweisung* an die neue Gemeinde für den Fall der Beteiligung von Gemeinden mit weniger als 500 Einwohnern an dem Zusammenschluß geboten. Durch die Einrichtung von *Fonds bei den Kreisen* für Bedarfs- und Sonderbedarfszuweisungen sollte diesen ermöglicht werden, leichter ihren Gemeinden zu helfen und z. B. auch Haushaltsfehlbeträge bei Ämtern und Zweckverbänden auszugleichen[63]. Zugleich war damit eine Entlastung der Landesverwaltung bezweckt. Auch der Umstand fand Berücksichtigung, daß die Aufgaben der Kommunalverwaltung in den kreisfreien Städten durch diese allein, in den Kreisen aber durch diese und ihre Städte und Gemeinden gemeinsam erfüllt werden. Die vier kreisfreien Städte Schleswig-Holsteins wurden daher nicht nur an der Gemeindeschlüsselmasse beteiligt, sondern in gleicher Weise wie die Kreise auch an der Kreisschlüsselmasse[64].

III. Die Auswirkungen der Neuregelung

Aus den Veränderungen, die die Gemeindefinanzreform und die Neuregelungen des Landes im Finanzausgleichsgesetz bewirkt hatten, ergab sich eine *Steigerung der gemeindlichen Finanzausstattung* im Jahre 1970 von etwa 124 Mill. DM. Davon wurde mehr als die Hälfte durch das Anwachsen der Finanzausgleichsmasse und der Rest außerhalb des Finanzausgleichs durch die Beteiligung der Gemeinden an der

[62] Der Innenminister kann z. B. als Kommunalaufsichtsbehörde (§ 121 GO) die nach § 93 GO erforderliche Genehmigung versagen (in Ergänzung des G. zur Förderung der Stabilität und des Wachstums der Wirtschaft v. 8. 6. 1967, BGBl. I S. 582).

[63] Vorwegabzug aus der Masse für den Fonds: 9,5 Mill. DM.

[64] Dies erfolgte ebenfalls ohne gestaffelten Ansatz.

Einkommensteuer gewonnen[65]. Hinzu kam eine Erhöhung des gemeindlichen Anteils an der Kraftfahrzeugsteuer 1970 um rd. 6 Mill. DM[66]. Der verbleibende Mehrbetrag wurde auf den kommunalen Investitionsfonds, die kreisfreien Städte und die Kreise aufgeteilt[67]. Während der Gewerbesteuerausgleich wegfiel, blieb der Schulbeitrag als Anteil der Gemeinden an den Personalaufwendungen des Landes sowie der Zuschlag hierzu in Höhe von 50 % erhalten[68].

Problematisch im Sinne der Selbstverwaltung ist vor allem die Lösung der Zuweisung der Mittel an zentrale Orte für die Erfüllung übergemeindlicher Aufgaben[69]. Die Zuweisung für die Verflechtungsbereiche der Unterzentren und der ländlichen Zentralorte wird nämlich an das *Amt* gezahlt, wenn diese einem Amt angehören. Nur wo dies nicht der Fall ist, wird die Zuweisung an den zentralen Ort gezahlt. Ist das Unterzentrum oder der ländliche Zentralort Sitz eines Amtes, so sind die Zuweisungen *im Einvernehmen mit dem Amt* im Sinne des Gesetzes zu verwenden[70]. Damit wird dem Amt im Finanzausgleich eine (Mit-)Entscheidungskompetenz eingeräumt, obgleich dieses keine kommunale Gebietskörperschaft i. S. d. Art. 28 Abs. 2 GG ist, sondern Aufgaben der kommunalen Selbstverwaltung lediglich nach den Beschlüssen der Gemeinden durchführt[71]. Soll der Bürger jedoch nicht nur Benutzer, sondern zugleich auch im Rahmen der Kommunalpolitik *Mitgestalter* der kommunalen Einrichtungen sein, dann ist das Amt als Nicht-Selbstverwaltungskörperschaft nicht der richtige Träger für Entscheidungsbefugnisse. Dabei darf allerdings nicht verkannt werden, daß die neue Regelung im übrigen eine erhebliche finanzielle Verbes-

---

[65] Die gemeindliche Finanzausstattung wuchs von 280 Mill. DM in 1969 auf 357 Mill. DM in 1970, insgesamt also eine Steigerung von mehr als 27 % (bei gleichzeitiger Abführung der Gewerbesteuerumlage); vgl. im übrigen die LandesVO über die Aufteilung und Auszahlung des Gemeindeanteils an der Einkommensteuer und die Abführung der Gewerbesteuerumlage (GVOBl. S. 295) für SH.

[66] Dafür fallen die Leistungen Hamburgs für den Gewerbesteuerausgleich und die Verwaltungskostenzuschüsse von Bundespost und Bundesbahn weg. Das Land stellt den Gemeinden nach § 32 FAG 60 % des Aufkommens der Kfz.-Steuer zur Verfügung, maßgeblich ist das örtliche Aufkommen (Regelung seit 1964).

[67] Rd. 20 Mill. DM für den kommunalen Investitionsfonds sowie die Finanzierung der Datenzentrale und den Förderungsfonds für das Hamburg-Randgebiet.

[68] Der Zuschlag wurde bei Novellierung des FAG 1964 eingeführt, um am Verbundsatz von 21 % (seit 1956) festhalten zu können. Der Referentenentwurf war ursprünglich von einem Wegfallen des Schulbeitrages ausgegangen.

[69] Vgl. *Breusing*, Landkreis 1970, S. 180 ff. (182).

[70] Ist ein Einvernehmen nicht zu erzielen, entscheidet die Kommunalaufsichtsbehörde.

[71] § 3 Abs. 1 der schlh. Amtsordnung.

serung für das kommunale Selbstverwaltungsrecht der Gemeinden bedeutet. Denn vorher waren diese Mittel im wesentlichen als Zweckzuweisungen gezahlt worden und über die Verwertung der Fonds hatten die Ressorts der Landesregierung zu befinden.

§ 20 Die Entwicklung seit der Großen Finanzreform

Trotz der kurzen Zeitspanne, die seit Erlaß der wesentlichen Gesetze des Reformwerks verstrichen ist, erscheint das Finanzsystem der Bundesrepublik — und dort besonders das Gemeindefinanzsystem — erneut reformbedürftig.

A. Die Entwicklung auf Bundesebene

I. Erneute Finanzierungslücke bei den Gemeinden

Insgesamt wurde die Finanzausstattung der Gemeinden durch die Finanzreform wesentlich verbessert[1]. Der Gemeindeanteil an der *Einkommensteuer* erbrachte hohe Gewinne[2], aber auch die den Gemeinden verbleibenden *Gewerbesteuereinnahmen* stiegen aufgrund der Erhöhung der Hebesätze erheblich[3]. Kräftige Anhebungen zur Abdeckung der stark gestiegenen Kosten im Bereich der Gebührenhaushalte haben das Aufkommen aus Gebühren stark erhöht[4]. Auch die Zuweisungen von Bund und Ländern wurden aufgestockt[5], wobei insbesondere die Erhöhung des Beteiligungssatzes der Länder an der *Umsatzsteuer* auf 35 % eine Rolle gespielt hat[6]. Eine besonders erfreuliche Tendenz zeigte sich in dem Anstieg des Anteils der Steuereinnahmen an den Gesamteinnahmen der Gemeinden[7]. Es bleibt zu hoffen, daß sich dieser Trend fortsetzen wird, denn zwangsläufige Mehrausgaben, auf die die Gemeinden keinen Einfluß haben, zehren die Einnahmengewinne allzuschnell wieder auf. Steigerungen der Ausgaben vor allem auf dem

[1] 1973 hatten die Gemeinden unter den Gebietskörperschaften die stärkste Zunahme der Steuereinnahmen aufzuweisen.

[2] Abzügl. Gewerbesteuerumlage (ohne Stadtstaaten): 1970 2,7 Mrd. DM; 1971 3,4 Mrd. DM; 1973 5,6 Mrd. DM.

[3] 1971 8 Mrd. DM, 1972 rd. 10 Mrd. DM, 1973 rd. 12,9 Mrd. DM.

[4] Diese Gebührenerhöhungen können allerdings nicht als selbstverwaltungsfreundlich angesehen werden.

[5] Die „Steuerverbundquote", d. h. der Anteil, den die Gemeinden aus dem Steueraufkommen der Länder in Form von Zuweisungen erhalten, lag 1972 bei rd. 27 %.

[6] Das Beteiligungsverhältnis an der Umsatzsteuer war durch das FAG v. 28. 8. 1969 (BGBl. I S. 1432) auf 70 : 30 für Bund und Länder festgesetzt worden. Durch das 2. G. zur Änderung des G. über den Finanzausgleich zwischen Bund u. Ländern v. 27. 10. 1972 (BGBl. I S. 2049) wurde das Verhältnis für die Jahre 1972 und 1973 auf 65 : 35 festgesetzt.

[7] 1968 32,0 %, 1972 34,2 %.

Personalsektor und bei den *Sachinvestitionen*, aber auch bei der Sozialhilfe und beim Schuldendienst, kennzeichnen die Ausgabenseite der kommunalen Haushalte[8]. In wachsendem Maße müssen sich daher die Gemeinden verschulden[9], um die notwendigen Investitionen durchführen zu können[10]. Der Deutsche Städtetag machte daher den Lösungsvorschlag, den Beteiligungssatz der Gemeinden an der Lohn- und Einkommensteuer von 14 % auf 18 % zu erhöhen[11] oder den Gewerbesteuerumlagesatz von 40 % auf 30 % oder sogar auf 20 % zu senken[12]. Außerdem müsse der den Gemeinden zufließende Anteil an der Mineralölsteuer erhöht werden[13]. Dazu erklärte die Bundesregierung am 29. Dezember 1970 auf eine Kleine Anfrage[14], z. Zt. seien keine Reserven verfügbar, um den Anteil der Gemeinden am Gesamtsteueraufkommen zu Lasten der staatlichen Aufgabenträger zu erhöhen. Dagegen schien eine größere Neigung zu bestehen, den Anteil der Gemeinden am Mineralölsteueraufkommen zu erhöhen[15]. Der Finanzbericht 1974 geht von einer Steigerung der Ausgaben der Gemeinden im Jahre 1973 um 14 % auf 86 Mrd. DM aus[16], während die Einnahmen auf knapp 79 Mrd. DM geschätzt werden[17]. Als Folge wurde ein gleichbleibendes *Nettofinanzierungsdefizit* von etwa 7 Mrd. DM angenommen[18], das die Gemeinden durch weitere Kreditaufnahmen schließen müßten.

II. Das Steuerreform-Gutachten von 1971

Am 30. März 1971 legte die Steuerreform-Kommission, die Ende 1968 mit ihrer Arbeit zur Vorbereitung der Steuerreform begonnen hatte,

---

[8] Die Personalausgaben betrugen 1972 etwa 25 % des Ausgabenvolumens (durchschnittliche jährliche Wachstumsrate von 1970 bis 1972 rd. 16,5 %); der Anteil der Sachinvestitionen an den Gesamtausgaben betrug 1972 etwa 32 % (rd. 26 Mrd. DM). Im Haushaltsjahr 1973 haben auch die Gemeinden aus stabilitätspolitischen Gründen ihre Ausgaben eingeschränkt. Die Kreditaufnahmen aller öffentlichen Haushalte wurden begrenzt.

[9] Die Nettoneuverschuldung betrug 1971 7,5 Mrd. DM, 1972 etwa 8 Mrd. DM.

[10] Über die Investitionsbeihilfen des Bundes s. weiter unten.

[11] Das würde Mehreinnahmen von rd. 2 Mrd. DM bedeuten.

[12] Ähnliches forderten der Dt. Gemeindetag und der Dt. Städtebund.

[13] Gegenüber bisher 0,03 DM je Liter.

[14] BT-Drs. VI/1668.

[15] Vgl. die Erklärung des Parl. Staatssekretärs im Bundesfinanzministerium, Dr. Reischl, v. 7. 1. 1971.

[16] Finanzbericht 1974, hrsg. v. Bundesministerium für Finanzen, Bonn 1973, Tz. 1.3.4.4.

[17] Das bedeutet eine Steigerung gegenüber 1973 um rd. 15,5 % (unter Einbeziehung des Aufkommens aus dem Stabilitätszuschlag und der Investitionssteuer).

[18] Der Finanzierungssaldo der Gemeinden liegt im Jahre 1973 bei etwa 7 Mrd. DM.

ihr Gutachten vor[19]. Grundlage der im Gutachten enthaltenen Vorschläge für eine Reform des kommunalen Steuersystems war nach dem Selbstverständnis der Kommission die *Anerkennung der gemeindlichen Finanzautonomie*[20]. Der Umfang dieser Finanzautonomie wurde allerdings sehr eng ausgelegt. Das zeigt sich darin, daß man als ihren wesentlichen Faktor die Leistungsentgelte ansah[21], während das gemeindliche Steuererfindungsrecht beseitigt werden sollte. Das Bekenntnis der Kommission zur gemeindlichen Finanzautonomie ist daher eher kritisch zu betrachten.

Hauptanforderungen an das kommunale Finanzsystem sind nach dem Urteil der Steuerreformkommission:

1. Möglichst viele Bürger sollten einen Beitrag zur Erfüllung kommunaler Aufgaben leisten.
2. Das Steueraufkommen sollte dem von Größe und Struktur der Gemeinden abhängigen Finanzbedarf entsprechen und bei gleichartigen Gemeinden nicht zu stark streuen.
3. Die kommunalen Steuern sollten möglichst gleichmäßig fließen und nicht in größerem Grade konjunkturabhängig sein und
4. im Grundsatz dem Äquivalenzgedanken entsprechen.

Im einzelnen konzentrierten sich die Vorschläge der Kommission vor allem auf die Gewerbesteuer, die Grundsteuer und die Umsatzsteuer. Andere Steuern sollten zum größten Teil in der bestehenden Form beibehalten werden, wenn auch alle Regelungen, die auf die speziellen Belange der einzelnen Gemeinden zugeschnitten sind, unter dem Gesichtspunkt größerer Einheitlichkeit und Übersichtlichkeit des Steuersystems abgelehnt wurden. So ging man zwar von der Beibehaltung der Gemeindeeinkommensteuer und der Erhaltung der Höhe der Finanzmasse der Gemeinden insgesamt aus[22], die Einführung eines eigenen gemeindlichen Hebesatzrechts wurde dagegen ebenso verworfen wie die Erhöhung des Sockelbetrages[23]. An der *Kraftfahrzeugsteuer* wollte man ebenfalls festhalten, hielt jedoch eine wesentliche Vereinfachung für erforderlich[24]. Dafür sollte dann allerdings im Gegenzug

[19] Die Kommission war noch von dem damaligen Bundesfinanzminister *Strauß* auf Verlangen des Bundestages berufen worden und stand unter der Leitung des Bayerischen Staatsministers a. D. Eberhard.

[20] Vgl. Abschn. VIII des Steuerreform-Gutachtens.

[21] Leistungsentgelte sind vor allem Gebühren und Beiträge.

[22] Die Finanzmasse der Gemeinden betrug 1970 etwas über 7,1 Mrd. DM.

[23] Gefordert wurde von den Gemeinden eine Erhöhung auf 80 000 DM, bei Splitting 160 000 DM jährlich.

[24] Der Steuerausfall bezogen auf das Jahr 1970 hätte rd. 850 Mill. DM betragen.

die gemeindliche Beteiligung an der Mineralölsteuer wegfallen[25]. Dagegen sollten die *Grundsteuern* als „besonders geeignete Finanzquellen" weiter ausgebaut werden[26]. Insgesamt war eine Erhöhung ihres Aufkommens um 50 % vorgesehen.

Einer der wichtigsten Vorschläge der Steuerreformkommission war die *Senkung der Gewerbesteuer* unter völliger Beseitigung der Gewerbeertragssteuer auf ein Drittel des bisherigen Aufkommens[27]. Mit Hilfe einer besonderen Gewichtung der Bemessungsgrundlagen war eine Verteilung des Aufkommens von 70 % auf die Kapitalertragssteuer und 30 % auf die Lohnsummensteuer vorgesehen. Der so entstehende Einnahmenausfall sollte durch Heraufsetzung der *Umsatzsteuer* um 2,8 Punkte ausgeglichen werden[28]. Es wurde vorgeschlagen, eine lediglich *schlüsselmäßige* Beteiligung der Gemeinden am Aufkommen der Umsatzsteuer, also in der Form von Finanzzuweisungen, vorzunehmen. Eine selbständige Gemeindeumsatzsteuer wurde ebenso abgelehnt wie ein gemeindlicher Zuschlag zur staatlichen Umsatzsteuer. Selbst ein Hebesatzrecht für den gemeindlichen Anteil an der Umsatzsteuer, bescheidenster Ausdruck der kommunalen Finanzautonomie, wurde den Gemeinden verwehrt[29].

Die eigentliche Intention der Steuerreform-Kommission wird in dem Vorschlag deutlich, alle kleinen kommunalen Verbrauch- und Aufwandsteuern im Interesse einer *„Straffung und Vereinfachung des Steuersystems"* abzuschaffen[30]. Der Wegfall der meisten kleinen Kommunalsteuern und vor allem die Senkung der Gewerbesteuer hätte eine erhebliche *Verminderung der Finanzautonomie* der Gemeinden bedeutet. Die Ausführungen der Steuerreform-Kommission, dies sei zumutbar, da ja die Ausgabenhoheit voll erhalten bleibe und die kommunale Finanzmasse sich gleichmäßiger auf die Gemeinden verteile[31], sind nur dann zu akzeptieren, wenn man die Ansicht der Kommission teilt, die Straffung und Vereinfachung des kommunalen Steuersystems müsse unter allen Umständen durchgesetzt werden, auch auf Kosten der

---

[25] Das Aufkommen der Mineralölsteuer betrug 1970 etwa 950 Mill. DM.

[26] Finanzreform-Gutachten Tz. 56 ff., 108.

[27] Die Gewerbesteuer erbrachte 1969 rd. 15,5 Mrd. DM.

[28] Bezugsgrößen für die Steuerbeteiligung sollten das örtliche Kapital und die örtliche Lohnsumme im Verhältnis 1 : 1 sein. Die vorgeschlagene Regelung hätte den Gemeinden für 1974 Mehreinnahmen in Höhe von 5,6 Mrd. DM erbracht.

[29] Auch diese Maßnahme sollte zur Straffung und Vereinheitlichung des Steuersystems beitragen.

[30] Finanzreform-Gutachten, Tz. 176. Ausgenommen von dieser Regelung sollte die Hundesteuer sein. Das Aufkommen der kommunalen Verbrauch- und Aufwandsteuern betrug 1969 rd. 300 Mill. DM.

[31] Steuerreform-Gutachten, Tz. 291.

finanziellen Selbstverantwortung der Gemeinden. In dieselbe Richtung wies die Aufforderung der Kommission, wesentlich mehr als bisher *kostendeckende Gebühren* zu erheben, die damit begründet wurde, daß hierin eine bisher unausgenutzte Finanzierungsreserve der Gemeinden liege[32]. Die Erhebung kostendeckender Gebühren würde jedoch kommunale Leistungen, auf die der Bürger bereits aufgrund seiner Steuerzahlungen Anspruch hat, erheblich verteuern und einkommensschwächere Bevölkerungsschichten unberechtigt hart treffen[33]. Eine *Doppelbelastung* der Bürger für dieselbe Angelegenheit, einerseits durch Steuern, andererseits durch hohe Gebühren, würde in der Bevölkerung weitgehend auf Unverständnis stoßen und das Verhältnis der Bürger zu ihrer Gemeinde u. U. stark belasten. Die Vorschläge der Kommission sind daher insgesamt eher geeignet, ein effektives Steuersystem zu verwirklichen als das Selbstverwaltungsrecht der Gemeinden zu verstärken.

III. Investitionshilfen für die Gemeinden

Nach Art. 104 a Abs. 4 GG kann der Bund den Ländern Finanzhilfen für besonders bedeutsame *Investitionen* der Länder und Gemeinden gewähren. Bezweckt wird damit, einer Störung des gesamtwirtschaftlichen Gleichgewichts entgegenzuwirken, Wirtschaftskraftunterschiede im Bundesgebiet auszugleichen bzw. ganz allgemein das wirtschaftliche Wachstum zu fördern. Die in diesem Rahmen bisher verabschiedeten Gesetze sehen Finanzhilfen zur Verbesserung der Verkehrsverhältnisse der Gemeinden, für die Stadtsanierung und Stadtentwicklung und für die Krankenhausfinanzierung vor. Das *Gemeindeverkehrsfinanzierungsgesetz* von 1971 und das Verkehrsfinanzierungsgesetz von 1972[34] sollen mit Hilfe des Mehraufkommens an Mineralölsteuer zur Verbesserung der Verkehrsverhältnisse der Gemeinden beitragen[35].

[32] Steuerreform-Gutachten, Tz. 15, 39 ff., 283, 293. Dabei soll die Frage nach der Effektivität der Verwaltung und nach den Kriterien für eine objektive Berechnung der Kosten unerörtert bleiben.

[33] Von dem Problem der Erhöhung der kommunalen Gebühren ist jedoch das Problem der Beteiligung von Unternehmen an entstehenden Kosten durch gebührenähnliche Abgaben zu unterscheiden.

[34] G. über Finanzhilfen des Bundes zur Verbesserung der Verkehrsverhältnisse der Gemeinden (GemeindeverkehrsfinanzierungsG) v. 18. 3. 1971 (BGBl. I S. 239) i. d. F. v. 13. 3. 1972 (BGBl. I S. 501) und G. über die weitere Finanzierung von Maßnahmen zur Verbesserung der Verkehrsverhältnisse der Gemeinden und des Bundesfernstraßenbaus (VerkehrsfinanzierungsG 1971) v. 28. 2. 1972 (BGBl. I S. 201). Diese Gesetze traten an die Stelle der „Richtlinien für Bundeszuweisungen zur Verbesserung der Verkehrsverhältnisse in den Gemeinden" v. 12. 5. 1967.

[35] Erhöhung der Mineralölsteuer nach § 8 Abs. 1 des SteuerändG 1966 um 3 Pf. je l, durch Änderung des § 2 MineralölsteuerG 1964 (BGBl. I S. 1003) um 4 Pf. je l. Das waren 1972 rd. 1 Mrd. DM, 1973 2,165 Mrd. DM und 1974 etwa 2,22 Mrd. DM (1,107 Mrd. DM für den kommunalen Straßenbau).

Mit den vorhandenen Mitteln können bestimmte Projekte des kommunalen Straßenbaus und des öffentlichen Nahverkehrs im Rahmen von längerfristigen Programmen gefördert werden[36]. Für die Vorhaben des kommunalen Straßenbaus werden diese Programme von den Ländern aufgestellt und sind jährlich der Entwicklung anzupassen[37].

Die Maßnahmen nach dem *Städtebauförderungsgesetz*[38], das ebenfalls auf der Grundlage des Art. 104 a Abs. 4 GG beruht, sollen der Strukturverbesserung in den Verdichtungsräumen und dem Ausbau von Entwicklungsschwerpunkten außerhalb der Ballungsgebiete dienen. Als *Sanierungsmaßnahmen* werden solche Maßnahmen gefördert, durch die in einem Gebiet städtebauliche Mißstände behoben werden. Durch *Entwicklungsmaßnahmen* sollen dagegen neue Orte geschaffen, vorhandene Orte zu neuen Siedlungseinheiten entwickelt oder um neue Ortsteile erweitert werden. Für die Förderung dieser Maßnahmen, deren einheitliche Durchführung im öffentlichen Interesse liegt, durch Finanzhilfen des Bundes nach räumlichen oder sachlichen Schwerpunkten, ist die Bedeutung der Investitionen für die wirtschaftliche oder städtebauliche Entwicklung im Bundesgebiet maßgebend[39]. Bund, Länder und Gemeinden wirken bei der Erfüllung dieser Aufgaben im Rahmen ihrer Zuständigkeit mit[40]. Das *Krankenhausfinanzierungsgesetz* des Jahres 1972 soll eine den heutigen Anforderungen entsprechende Krankenhausversorgung sicherstellen und das seit langem bestehende Defizit der Krankenhäuser abbauen[41]. Zu diesem Zweck werden die Investitionskosten der Krankenhäuser von der öffentlichen Hand übernommen, während die Benutzungskosten durch die Pflegesätze gedeckt werden sollen. Der Bund stellt ein Drittel der Kosten zur Erhal-

---

[36] 55 % der Mittel sind nach dem GVFG für den kommunalen Straßenbau, 45 % für den öffentlichen Personennahverkehr vorgesehen (§ 10 GVFG). Die Förderung beträgt i. d. R. 50 % der zuwendungsfähigen Kosten (ab 1972 i. d. R. 60 %, § 4 GVFG). Das VFG sieht 1/4 der Mittel für den Bundesfernstraßenbau, 3/4 für Ausgaben zur Verbesserung der gemeindlichen Verkehrsverhältnisse vor.

[37] § 6 GVFG, die Programme für Vorhaben des öffentlichen Nahverkehrs stellt der Bundesminister für Verkehr aufgrund von Vorschlägen der Länder und im Benehmen mit diesen auf.

[38] G. über Sanierungs- und Entwicklungsmaßnahmen in den Gemeinden (StädtebauförderungsG) v. 27. 7. 1971 (BGBl. I S. 1125).

[39] § 71 StädtebauförderungsG. Für die Jahre 1971 bis 1973 standen insgesamt 450 Mill. DM für Finanzhilfen zur Verfügung; 1974 ist ein Bewilligungsrahmen in Höhe von 215 Mill. DM vorgesehen (Finanzbericht 1974, Tz. 4.1.3.2.). Für den Einsatz der Finanzhilfen des Bundes sind für den Zeitraum der mehrjährigen Finanzplanung Programme aufzustellen (§ 72 StädtebauförderungsG).

[40] § 1 StädtebauförderungsG.

[41] G. zur wirtschaftlichen Sicherung der Krankenhäuser und zur Regelung der Krankenhauspflegesätze v. 29. 7. 1972 (BGBl. I S. 1009). Am 1. 1. 1974 ist entspr. auch eine BundespflegesatzVO in Kraft getreten.

tung des Bettenbestandes in den geförderten Krankenhäusern bereit. Ab 1974 werden diese Finanzhilfen des Bundes unmittelbar aus dem Bundeshaushalt gezahlt[42], während sie in den Vorjahren noch auf dem Kreditmarkt beschafft werden mußten.

Mit Beginn des Jahres 1974 wurden die Gemeinden in die Verpflichtung zur Aufstellung von Finanzplanungen mit einbezogen, die bis dahin lediglich für Bund und Länder gegolten hatte[43]. Die wichtige Aufgabe der Koordinierung der Finanzplanungen des Bundes, der Länder und der Gemeinden und Gemeindeverbände nimmt ein *Finanzplanungsrat* wahr, dem der Bundesfinanzminister als Vorsitzender, der Bundeswirtschaftsminister, die Länderfinanzminister bzw. Finanzsenatoren und vier Vertreter der Gemeinden angehören[44]. Hauptaufgabe der Finanzplanung und ihrer Koordinierung ist es, die finanzpolitischen Entscheidungen im Rahmen der volkswirtschaftlichen Möglichkeiten und Erfordernisse auf allen Ebenen des Bundesstaates aufeinander abzustimmen und die für ein stetiges Wachstum des gesamten Wirtschaftspotentials notwendigen öffentlichen Investitionen in zeitlicher und sachlicher Rangordnung zu ermöglichen. Auch in dieser Entwicklung zeigt sich der *Trend zur Begrenzung des Selbstverwaltungsrechts* der Gemeinden vor allem auf finanzpolitischem Gebiet im Interesse der Gesamtwirtschaft. Die von der Bundesregierung geplante *Steuerreform* soll demgegenüber in „globaler Hinsicht belastungsneutral" sein, d. h. nicht zu einer stärkeren Belastung der Gesamtheit der Steuerpflichtigen führen. Ihr Anliegen ist vielmehr ein gerechteres, einfacheres und besser überschaubares Steuersystem. Trotz der angestrebten Belastungsneutralität im ganzen werden sich allerdings voraussichtlich erhebliche Verschiebungen zwischen den Haushalten von Bund, Ländern und Gemeinden ergeben. Der Bund wird danach Mehr-

---

[42] 1974 stehen hierfür voraussichtlich rd. 1 Mrd. DM zur Verfügung.

[43] Bereits 1970 waren die Gemeinden und GV allerdings aufgrund einer Anregung des Finanzplanungsrates durch die Länder auf dem Erlaßwege zur Aufstellung von Finanzplänen während der Übergangszeit verpflichtet worden. Für die Einbeziehung in die koordinierte Finanzplanung spricht einerseits die umfangreiche kommunale Investitionstätigkeit und andererseits die Tatsache, daß nur durch die Einbeziehung der Gemeinden und GV ein Überblick über die volkswirtschaftlichen Auswirkungen der gesamten öffentlichen Haushaltswirtschaft gewonnen werden kann. Vgl. §§ 9 und 14 des G. zur Förderung der Stabilität und des Wachstums der Wirtschaft (StWG) v. 8. 6. 1967 (BGBl. I S. 582).

[44] § 51 des G. über die Grundsätze des Haushaltsrechts des Bundes und der Länder (HGrG) v. 19. 8. 1969 (BGBl. I S. 1273). Die Dt. Bundesbank kann an den Beratungen des Finanzplanungsrates teilnehmen. Ergebnis der Stabilitätsbemühungen des Finanzplanungsrates war die am 1. 6. 1973 von der Bundesregierung mit Zustimmung des Bundesrates erlassene „VO über die Begrenzung der Kreditaufnahmen durch Bund, Länder, Gemeinden und Gemeindeverbände im Haushaltsjahr 1973" (BGBl. I S. 504), mit der die Kreditaufnahmen aller öffentlichen Haushalte begrenzt wurden.

belastungen in Kauf nehmen müssen, während die Länder und Gemeinden entsprechend entlastet werden sollen[44a].

B. Die Entwicklung in Schleswig-Holstein

In der Zwischenzeit wurde von der Landesregierung ebenfalls eine neue Konzeption des Finanzausgleichs erarbeitet, die insbesondere eine Neuordnung der Krankenhausfinanzierung und des Schulfinanzausgleichs vorsah[45].

I. Die Neuordnung der Krankenhausfinanzierung

Das Krankenhausfinanzierungsgesetz des Bundes legt fest, daß die in das Gesetz einbezogenen Investitionsvorhaben zu einem Drittel aus den Mitteln des Bundeshaushalts und zu zwei Dritteln aus in den Ländern aufgebrachten Mitteln finanziert werden müssen. Von diesen zwei Dritteln sollen in Schleswig-Holstein die kommunalen Gebietskörperschaften die Hälfte tragen. Dabei soll jeder Bürger einen gleichen Beitrag leisten[46], „da jeder Bürger des Landes Schleswig-Holstein *potentieller Bedarfsträger* einer krankenhausmäßigen Versorgung ist". Diese Mittel sollen dann in den Kreisen und kreisfreien Städten angesammelt werden. Umstritten ist jedoch die Verwendung der Mittel für die verschiedenen Aufgabenbereiche[47]. Die Landesregierung gab dabei dem von dem Sozialministerium erarbeiteten Modell den Vorzug[48], wonach die Mittel aus dem Bundes- und Landeshaushalt vorwiegend für Neu-, Um- und Ersatzbauten bereitzustellen sind, während die im kommunalen Bereich aufzubringenden Mittel für die übrigen Aufgaben der Krankenhausfinanzierung verwendet werden sollen[49]. Im Hinblick auf

---

[44a] Nach Angaben der Bundesregierung können die Gemeinden im Rj. 1975 infolge der Reform der Grund-, Vermögen- und Erbschaftsteuer sowie der Änderungen beim BewertungsG und bei der Gewerbesteuer mit Mehreinnahmen von 310 Mill. DM, bei der Reform der Lohn- und Einkommensteuer unter Berücksichtigung der arbeitsrechtlichen Lösung des Kinderlastenausgleichs mit Verbesserungen in Höhe von rd. 290 Mill. DM rechnen, vgl. St. u. GemB 1974, S. 173/174.

[45] Dies ergab sich als Folge des KrankenhausfinanzierungsG des Bundes. Änderung des FAG durch Art. II des G. über die Feststellung des Haushaltsplanes für das Rj. 1973 (GVOBl. S. 205) und durch das G. zur Änderung des FAG v. 20. 2. 1974 (GVOBl. S. 71).

[46] Dieser Betrag sollte 12 bis 13 DM je Einw. ausmachen, da 2,5 Mill. Einw. des Landes Schleswig-Holstein 25 Mill. DM aufzubringen hatten.

[47] 1. Neu-, Um- und Ersatzbauten; 2. u. 3. Beschaffung kurz- und mittelfristiger nutzbarer Anlagegüter; 4. alte Last; 5. Übergangsleistungen.

[48] Sitzg. v. 11. 7. 1972.

[49] Das Modell des Innenministeriums sah eine dritteilige Aufteilung der Gesamtmittel (in Höhe von 105 Mill. DM) auf die verschiedenen Aufgabenbereiche vor. Das hätte jedoch dazu geführt, daß die kommunalen Kranken-

das kommunale Selbstverwaltungsrecht bleibt jedoch zu fordern, daß der „zentrale Fonds“ für die Neu-, Um- und Ersatzbauten von den kommunalen Gebietskörperschaften zumindest mitverwaltet wird[50].

II. Schulfinanzausgleich, Straßen- und Wegelastenausgleich und Investitionsfonds

Schulbeitrag und Zuschlag zum Schulbeitrag sollen gestrichen werden[51]. Dafür soll mit dem zentralen *Schulbaufonds,* den Landesleistungen nach den §§ 33 f. des Schulverwaltungsgesetzes und 50 % des kommunalen Anteils an dem Aufkommen der Kraftfahrzeugsteuer gegengerechnet werden[52]. Die durch Streichung des Schulbeitrages und des Zuschlags zum Schulbeitrag entfallende *Ausgleichswirkung* dieser Landesumlage soll weitgehend mit Hilfe der Kreisschlüsselzuweisungen für die Kreise und der Schlüsselzuweisungen für übergemeindliche Aufgaben für die zentralen Orte bewirkt werden. Für *Straßen- und Wegebau* sowie deren Unterhaltung stehen rd. 50 Mill. DM im Finanzausgleich des kommenden Jahres zur Verfügung. Diese Mittel sind im wesentlichen *zweckgebunden* für Neubaumaßnahmen und Unterhaltung der Kreisstraßen und Ortsdurchfahrten sowie für Bau und Unterhaltung von Gemeindestraßen erster Ordnung[53]. Die weitere Entwicklung der Finanzausgleichsmasse soll weitgehend der Unterhaltung von Straßen zugute kommen[54], da für die Neubaumaßnahmen mit den Mitteln aus dem Aufkommen der erhöhten Mineralölsteuer ein ausreichendes Finanzvolumen zur Verfügung steht, während das Volumen für die Unterhaltung von Straßen und Wegen stagniert.

hausträger hinsichtlich ihres Drittels der Finanzierungslasten insbesondere für die Baukosten u. U. Zinsen und Tilgungslasten für aufzunehmende Darlehen hätten allein tragen müssen.

[50] Ein drittes Modell des Schleswig-Holsteinischen Landkreistages sah eine Entscheidungsbefugnis des Kreises, aber die Sach- und Finanzierungsverantwortung der Kommunen für Neu-, Um- und Ersatzbauten vor.

[51] Das war 1972 ein Mehrbetrag von rd. 91 Mill. DM.

[52] Der Schulbaufonds war mit 40 Mill. DM dotiert. Für Mehrstellenbeträge, Gastschulbeiträge und Leistungen für auswärtige Schüler stand insgesamt ein Betrag von etwa 5 bis 6 Mill. DM zur Verfügung. Die Kfz.-Steuer erbrachte 57 Mill. DM, davon flossen jedoch 21 % = rd. 12 Mill. DM in die Finanzausgleichsmasse zurück. Gegen diese Gegenrechnung erhoben die kommunalen Landesverbände Einwände, auf die hier jedoch nicht näher eingegangen werden kann.

[53] Zweckgebunden für Neubaumaßnahmen standen Mittel in Höhe von 30 Mill. DM zur Verfügung, zur Unterhaltung der Kreisstraßen und Ortsdurchfahrten 9 Mill. DM, für Bau und Unterhaltung von Gemeindestraßen 1. Ordnung 11 Mill. DM. Zugleich wurde in Art. 1 des ÄndG 1974 durch Änderung des § 7 Abs. 3 Ziff. 3 a bis d FAG den Anforderungen des GVFG Rechnung getragen.

[54] 50 % waren für Gemeindestraßen, 50 % für Ortsdurchfahrten und Kreisstraßen vorgesehen.

Der *kommunale Investitionsfonds* wurde auf 42 Mill. DM ausgebaut, um verstärkt den Bau von Verwaltungsgebäuden, Maßnahmen der Wasserwirtschaft, der Naherholung und des Fremdenverkehrs fördern zu können. Auch die Finanzierung von Müllbeseitigungsanlagen und von Maßnahmen der Städtebauförderung und der Gemeindeentwicklung wurde in den kommunalen Investitionsfonds einbezogen.

§ 21 Zusammenfassung und Ausblick

A. Zusammenfassende Schlußbetrachtung

Seit es einen Finanzausgleich zwischen Staat und Gemeinden gibt, ist dieser stets von ausschlaggebender Bedeutung für das Recht der Gemeinden auf kommunale Selbstverwaltung gewesen. Das als Einrichtung verfassungsrechtlich gewährleistete Selbstverwaltungsrecht der Gemeinden ist heute als „eigenverantwortliche Erfüllung gemeinschaftlicher Aufgaben im eigenen Namen durch dem Staat eingegliederte rechtsfähige öffentliche Verbände unter Aufsicht des Staates" zu definieren[1]. Ausgangspunkt aller Überlegungen über den Finanzausgleich ist die Begriffsbestimmung von *Popitz*[2], der darunter die Gesamtheit der finanziellen Beziehungen zwischen Zentralstaat, Gliedstaaten und Gemeinden versteht. Als Aufgabe des *kommunalen Finanzausgleichs* läßt sich demgegenüber die Verteilung der Ertragsansprüche zwischen dem Land und seinen Gemeinden feststellen. Zugleich muß aber die Finanzkraft der Gemeinden der individuellen Aufgabenbelastung durch allgemeine Finanzzuweisungen und in geringerem Maße durch Zweckzuweisungen angepaßt werden[3]. Von den drei Grundsystemen des Finanzausgleichs: Trenn-, Verbund- und Mischsystem erweist sich auch auf Länderebene eine *Kombination von Trennsystem und Steuerverbund* als am besten geeignet, einen Kompromiß zwischen der kommunalen Selbstverwaltung auf der einen Seite, die als Ausdruck der gemeindlichen Finanzautonomie zumindest eine teilweise autonome Ausschöpfung der Steuerquellen bedingt und den wirtschaftlichen und sozialen Zielsetzungen des Staates auf der anderen Seite, die staatliche Konjunktursteuerung, gleichmäßige Belastung der Bürger sowie gleichmäßige Leistungen der Verwaltungsträger erfordern, herbeizuführen.

In dem zu untersuchenden Zeitraum von 1919 bis 1974 wurde daher der Spielraum der Gemeinden für die Verwirklichung des Selbstverwaltungsrechts von den wechselnden Finanzausgleichsregelungen bestimmt, die ihrerseits allerdings letztlich nichts anderes waren als Spiegelungen der in Deutschland herrschenden politischen und öko-

---

[1] Vgl. *Becker*, HKWP I, S. 113 ff. (121); *ders.*, Finanzausgleich, S. 20 ff. (26).

[2] *Popitz*, HFW II, 1927, S. 338 ff. (343).

[3] Zur Problematik der Zweckzuweisungen siehe § 7 A II 1 b und c.

nomischen Verhältnisse. Bedingt durch die ständigen Eingriffe des Landes, aber auch des Reiches bzw. des Bundes in die Finanzpolitik der Gemeinden ist der *Wirkungsgrad* der kommunalen Selbstverwaltung in diesem Jahrhundert von einem ständigen Auf und Ab der kommunalen Finanzautonomie gekennzeichnet. Noch zur Zeit der *Miquelschen Steuerreform* 1893 gab es infolge einer konstanten Aufgabenverteilung zwischen Reich, Bundesstaaten und Gemeinden eine fast problemlose Abgrenzung der dem Staat bzw. den Gemeinden zur Ausschöpfung überlassenen Steuerquellen[4]. Das Reich sah weder eine Veranlassung, noch hatte es die Möglichkeit, in das Verhältnis der Bundesstaaten zu den Gemeinden einzugreifen, so daß die Gemeinden die von ihnen als notwendig angesehenen Aufgaben aus eigener Finanzkraft zu bewältigen hatten. Staatliche Zuweisungen an einzelne „arme" Gemeinden bildeten die Ausnahme; die Folge, ein starkes Leistungsgefälle zwischen steuerstarken und steuerschwachen Gemeinden, wurde bewußt in Kauf genommen. Aus dieser kommunalpolitischen „Idylle" wurde das Besitz- und Bildungsbürgertum, deren Vertreter die Gemeinden in Form einer wohlwollenden *Honoratiorenverwaltung* regiert hatten, jählings durch den Ausbruch des Ersten Weltkrieges herausgerissen. Das alte Finanzsystem brach unter dem Ansturm der ungeheuren Anforderungen der immer umfangreicher werdenen Für- und Vorsorgepflichten zusammen. An die Stelle der liberal-konservativen Honoratiorenverwaltung trat die mehr und mehr von den Parteien gestaltete *demokratisch legitimierte Selbstverwaltung* in den Gemeinden. Gleichzeitig trat eine völlige Verschiebung der Gewichte in der Einnahmenverteilung zugunsten der Zentralgewalt ein. War der Finanzausgleich vor 1914 noch dadurch gekennzeichnet gewesen, daß die Bundesstaaten das Reich alimentierten[5], so wurde nach dem verlorenen Ersten Weltkrieg die Steuerkompetenz des Reiches gewaltig erweitert. Nicht nur das Übergewicht des Finanzbedarfs lag jetzt beim Reich, sondern vor allem auch die Verfügungsbefugnis über die Steuerquellen.

I. Der Zeitraum von 1919 bis 1932

Eine straffe zentralistische Ordnung des Finanzwesens wurde durch die *Erzbergersche Finanzreform* der Jahre 1919 und 1920 verwirklicht. Auf dieser Grundlage wurde in Ausgestaltung der Weimarer Reichsverfassung allmählich ein funktionsfähiges Finanzausgleichsystem ge-

[4] Diese Reform war benannt nach *Johannes von Miquel*, Preuß. Finanzminister von 1891 bis 1901. Als überaus günstige Folge ergab sich hierdurch für die Gemeinden eine Verdoppelung ihres Steueraufkommens innerhalb von 10 Jahren.

[5] Zwischen Zentralstaat und Gliedstaaten herrschte das Konkurrenzsystem (mit einigen Elementen des Verbundsystems) vor.

schaffen. Das *Landessteuergesetz* brachte 1920 die Beseitigung der Matrikularbeiträge und die Übernahme der Einkommensteuer durch das Reich. Aus Einkommen-, Körperschaft- und Umsatzsteuer wurde ein *Steuerverbund* gebildet, in den auch die Gemeinden einbezogen waren. Die Lastenverteilung unter den Gebietskörperschaften blieb allerdings weitgehend unberücksichtigt. Gesetzgebungs- und Verwaltungshoheit für die Verbundsteuern und die Regelung des Finanzausgleichs insgesamt lagen ausschließlich beim Reich. Neben den Zuteilungen aus dem Steuerverbund besaßen zwar die Gebietskörperschaften zusätzlich Einnahmen aus eigenen Steuerquellen; dennoch waren gerade die Gemeinden dringend auf eine Beteiligung an den Steuerüberweisungen des Reiches angewiesen. Ihre eigenen Einnahmen waren weit hinter dem ständig steigenden Finanzbedarf zurückgeblieben. Sie hatten nicht nur ihr originäres *Zuschlagsrecht verloren*, sondern auch die Realsteuergarantie war ersatzlos weggefallen[6]. Die Gemeinden konnten daher ihre Bürger fortan nicht mehr zu einer gemeindlichen Umlage heranziehen. Die Basis für die Verwirklichung ihres Selbstverwaltungsrechts war erheblich schmaler geworden.

Die *Inflation* führte zu einer immer größeren Abhängigkeit der Gemeinden vom Reich, das allein in der Lage war, seinen Geldbedarf durch Vermehrung der in Umlauf befindlichen Banknoten zu decken. Das Jahr 1923 brachte den Gemeinden zwar eine erhebliche Erhöhung ihrer Finanzausstattung. Damit war jedoch keine Stärkung der Selbstverantwortung und Selbständigkeit der Gemeinden verbunden. Im Gegenteil verloren die Gemeinden jetzt ihren direkten Anspruch gegen das Reich[7]. Sie waren ganz auf das Wohlverhalten der Länder angewiesen. Mit der Einführung der *Rentenmark* und dem Ende der Inflation hatte die Verteilung der Steuereinnahmen für Reich, Länder und Gemeinden wieder gleich große Bedeutung. Als geklärt war, in welchem ungeheuren Umfang das Reich *Reparationsleistungen* zu erbringen hatte, wurde der Anteil der Gemeinden am Steueraufkommen drastisch gesenkt. Die von den Gemeinden geforderte *Wiedereinführung ihres Zuschlagsrechts* wurde immer wieder vertagt, bis auch die Gemeinden selbst kein Interesse mehr daran hatten, da sie erhebliche finanzielle Einbußen befürchten mußten. *Wirtschaftskrise* und hohe Reparationsverpflichtungen führten zu einer allgemeinen *Finanznot*, die sich auch durch die kurz aufeinander folgenden Notverordnungen des Reichspräsidenten kaum mindern ließ. Den Gemeinden sollten jetzt neue anpassungsfähige Einnahmen durch die Einführung der *Bürger-*

---

[6] In Preußen hatte die Realsteuergarantie seit 1893 bestanden.

[7] Die Gemeinden hatten einen direkten Anspruch gegen das Reich auf einen bestimmten Prozentsatz der Umsatzsteuer gehabt.

steuer zur Verfügung gestellt werden. Zugleich mußten jedoch die Realsteuern gesenkt werden. 1931 wurde das Ausgabenvolumen der Gemeinden begrenzt und eine *Realsteuersperre* verfügt. Eine Neuordnung des Finanzausgleichs im Sinne einer Stärkung des gemeindlichen Selbstverwaltungsrechts war in dieser Krisenzeit nicht möglich.

Aufgrund der jährlichen Änderungen der Anteile der einzelnen Gebietskörperschaften an der Verbundmasse gestaltete sich die Haushaltsführung der Länder, besonders aber die der Gemeinden, als ungewöhnlich schwierig. Die ständigen *Auseinandersetzungen um die Höhe der Anteile* hatten schließlich zur Folge, daß sich das Gewicht immer mehr zugunsten des Reiches verlagerte. Besonders die Gemeinden als der schwächste Partner im Finanzausgleich erlitten erhebliche Einbußen in ihrem finanzpolitischen Gestaltungsspielraum. Zwar funktionierte das Finanzausgleichssystem jetzt wesentlich besser als vor 1914, dies geschah jedoch vor allem auf Kosten der Gemeinden, deren Selbstverwaltungsrecht erheblich eingeschränkt wurde.

II. Der Zeitraum von 1933 bis 1945

Die Nationalsozialisten formten nicht nur das Selbstverwaltungsrecht um, sondern nahmen auch die *Umgestaltung* des gültigen Finanzausgleichssystems in Angriff. Ihr Ziel war die Schaffung eines *Einheitsstaates*, in dem — unter Ausschaltung der Länder — das Reich den Gemeinden *direkte Steuerüberweisungen* gewährte. Der Finanzausgleich wurde zugunsten des Reiches korrigiert, indem die Länder und damit auch die Gemeinden an dem steigenden Steueraufkommen nur mit *abnehmenden Prozentsätzen* beteiligt wurden. Im Jahre 1936 kam es nach den von *Popitz* formulierten Grundsätzen noch einmal zu einer grundlegenden Reform des Gemeindefinanzsystems. Die *Realsteuerreform* brachte den Gemeinden mit der Trennung der Steuerquellen wieder *eigene Steuern* von nennenswerter Ergiebigkeit, begrenzte jedoch zugleich ihre Anteile an den Überweisungssteuern. Den Gemeinden standen jetzt Grundsteuern und Gewerbesteuer zur Verfügung. Die Forderung nach der gemeindlichen Besteuerung von Grundbesitz und Gewerbe als den Hauptverursachern der Gemeindelasten war verwirklicht worden. Die Länder hatten an dieser Reform keinen Anteil, sie verloren nach und nach ihre gleichberechtigte Stellung im Finanzausgleich und mußten sich schließlich mit Bedarfszuweisungen zufrieden geben[8]. Zu dieser Zeit wurde das Finanzausgleichssystem insgesamt jedoch so verfeinert, daß es beispielgebend für moderne Finanzausgleichsgesetze wurde. Von der Finanzausgleichsmasse, die aus den

---

[8] Vgl. die Beseitigung der Hoheitsrechte der Länder 1934 durch das „G. über den Neuaufbau des Reiches“.

Überweisungssteuern gebildet worden war, standen den Gemeinden *Finanzzuweisungen* als Schlüssel- bzw. Bedarfszuweisungen zu. *Nebenansätze* neben dem Hauptansatz sollten bei den Schlüsselzuweisungen alle nur denkbaren bedarfssteigernden Umstände in den Gemeinden berücksichtigen. Das Ergebnis war eine bessere Finanzausstattung der Gemeinden, der jedoch schon bald durch die ständig wachsenden Reichsausgaben für die *Aufrüstung* der Wehrmacht ein Ende gesetzt wurde. Die Einnahmen der Gemeinden und Gemeindeverbände wurden erheblich gesenkt, ihr Besteuerungsrecht beschränkt. Durch den ständig steigenden *Kriegsbeitrag* wurden jetzt auch die letzten Einsparungen der Gemeinden der Fortführung des Krieges dienstbar gemacht[9].

III. Der Zeitraum von 1945 bis 1958

Das Ende des Zweiten Weltkrieges brachte auch den vollständigen Zusammenbruch des Deutschen Reiches. Nach einer Epoche des Fehlens deutscher Zentralstaatsgewalt von 1945 bis 1949, als die öffentlichen Aufgaben ganz bei den Ländern und Gemeinden lagen, wurde die Bundesrepublik Deutschland als eindeutig *föderalistisch* bestimmter Staat gegründet. Die Finanzautonomie der Länder, die ihr Selbstverständnis bereits vor Gründung der Bundesrepublik gefunden hatten, wurde gleichberechtigt neben der des Bundes im Grundgesetz verankert. Erst schrittweise mußte sich in den folgenden Jahren ein tragfähiges Verhältnis zwischen Bund, Ländern und Gemeinden herausbilden. Streitpunkt zwischen Bund und Ländern war dabei das Beteiligungsverhältnis an der Einkommen- und Körperschaftsteuer, das mehrfach im Laufe der Jahre geändert wurde. Allmählich verlagerte sich das Gewicht wieder zur Zentralgewalt hin. Die Konzentration der Ausgaben beim Staat und der ständig steigende Anteil des Staates am Sozialprodukt erforderten eine *einheitliche Finanzpolitik*, die in den wesentlichen Zügen von der Zentralregierung gesteuert werden mußte. Umstritten blieb dabei jedoch von Anfang an die aus Art. 28 Abs. 2 GG herzuleitende unmittelbare Finanzverantwortung des Bundes für die Gemeinden. Diese wurden lediglich als den Ländern angehörige Körperschaften behandelt.

Durch die *Finanzreform* des Jahres 1955 wurden die Finanzbeziehungen zwischen Bund und Ländern neu geordnet. Dabei sollten Finanzkraft und Finanzbedarf auch der Gemeinden berücksichtigt werden. Erst durch die Verfassungsänderung des Jahres 1956 wurde jedoch die *Realsteuergarantie* für die Gemeinden wieder eingeführt. Hinsichtlich des Länderanteils an der Einkommen- und Körperschaftsteuer

---

[9] Der Kriegsbeitrag wurde 1942 aufgeteilt in die Kriegsbeiträge A, B und C.

wurden die Gemeinden in den Steuerverbund einbezogen. Die Finanzverantwortung für die Gemeinden, die bisher den Ländern allein zugestanden hatte, wurde auf den Bund ausgedehnt.

IV. Der Zeitraum von 1959 bis 1974

Die Anfangsphase der Finanzbeziehungen zwischen Bund, Ländern und Gemeinden war mit dem Ende der fünfziger Jahre abgeschlossen. Das folgende Jahrzehnt war von dem *Aufgabenzuwachs des Bundes* gekennzeichnet. In immer mehr Bereichen des staatlichen Lebens verlangte man nach einer zentralen Gesetzgebung. *Planung und Koordination* wurden zu den wesentlichen Bedürfnissen dieser Zeit. Besonders auf dem Gebiet der Wirtschaftspolitik nahm der Einfluß des Bundes ständig zu. Einerseits waren Länder und Gemeinden gleichermaßen auf die finanziellen Zuwendungen des Bundes angewiesen und gerieten deshalb in immer stärkere Abhängigkeit von diesem. Andererseits wetteiferten Bund und Länder in ihrem Einfluß auf die Kommunalpolitik. Die *gemeindliche Investitionstätigkeit* verlagerte sich von der Behebung der Kriegsschäden auf den Ausbau der Sozialinvestitionen. Bevölkerungswachstum und Zusammenballung der Menschen führten insgesamt zu einer Höherbewertung der Gemeindeaufgaben. Im Hinblick auf den überproportional steigenden Finanzbedarf der kleinen Gemeinden und die immer größer werdenden Deckungslücken der Städte hatte die Finanzausgleichspolitik der kommunalen Spitzenverbände eine doppelte Stoßrichtung. Während im *Bund-Länder-Gemeinden-Verhältnis* die kommunale Finanzmasse verstärkt werden sollte, wollte man innerhalb des *Gemeindebereiches* die Finanzkraftunterschiede auf einem möglichst hohen Finanzniveau aller Gemeinden mildern. Bereits im Jahre 1957 erkannte die Bundesregierung die Notwendigkeit einer neuen Finanzreform an, begnügte sich jedoch vorerst mit bloßen Absichtserklärungen. In mehreren Gutachten wurden Vorschläge zur Gemeindefinanzreform erarbeitet, die jedoch vorläufig nicht verwirklicht wurden, da die Reform nach Ansicht der Bundesregierung zu dieser Zeit noch nicht entscheidungsreif war. Alle Vorschläge konzentrierten sich im wesentlichen auf die Einführung einer *Gemeindeeinkommensteuer* in Form einer Beteiligung an der Lohn- und Einkommensteuer.

Erst die *Große Koalition* brachte die Verwirklichung der Finanzreform. Durch die Verfassungsänderung des Jahres 1968 und das Gemeindefinanzreformgesetz von 1969 wurden die Gemeinden an der Einkommensteuer beteiligt und erhielten so beträchtliche Mehreinnahmen. Die Folge war eine wesentliche *Stärkung der gemeindlichen Finanzautonomie* und damit der kommunalen Selbstverwaltung. Gleichzeitig mußten die Gemeinden jedoch einen Teil der Mehreinnahmen auf dem Wege einer Gewerbesteuerumlage wieder an den Staat abführen. Wesentlich aber war vor allem der *Verzicht* auf die in Art. 106 Abs. 5 Satz 3 GG eröffnete Möglichkeit zur Einführung von *gemeindlichen Hebesätzen* zur Einkommensteuer. Damit blieb der Gesetzgeber auf halbem Wege zu einer eigenständigen Gemeindepersonalsteuer stehen. Die beträchtliche Verbesserung der Finanzsituation der Gemeinden durch die Große Finanzreform wurde alsbald durch erhebliche Kostensteigerungen auf fast allen Gebieten wieder zunichte gemacht. Neue Überlegungen werden angestellt, die Finanzmasse der Gemeinden zu verstärken. Dabei kommt sowohl eine Erhöhung des Beteiligungssatzes an der Lohn- und Einkommensteuer wie eine Senkung der Gewerbesteuerumlage in Betracht[10]. Ohne diese Änderungen wird sich das Finanzierungsdefizit und damit die *Verschuldung der Gemeinden* unaufhaltsam erhöhen. Das führt aber in der Konsequenz zu einer untragbaren Verminderung der gemeindlichen Investitionen[11]. Nach wie vor bleiben die wesentlichen Mängel des Gemeindefinanzsystems bestehen:

1. Der verhältnismäßig geringe Anteil der Steuern an den Gesamteinnahmen.
2. Die erheblichen Steuerkraftunterschiede zwischen den Gemeinden und
3. der steigende Anteil der Zuweisungen von Bund und Ländern an den Gesamteinnahmen.

In Schleswig-Holstein, das bereits 1955 die Verbundwirtschaft einführte und die Erfüllung der Aufgaben durch Land und Gemeinden als *gleichwertig* ansah, bahnte sich zu dieser Zeit ein neues Finanzausgleichssystem an, das in der Abkehr von den Popitz'schen Prinzipien wegweisend für den Finanzausgleich anderer Länder sein könnte. Aus der Erkenntnis, daß alle Bürger Anspruch auf gleichwertige kommunale Leistungen haben, ergab sich der *Verzicht auf die Veredelung des Hauptansatzes*. Schlüsselzuweisungen für übergemeindliche Aufgaben dienen im finanzpolitischen Bereich der Durchsetzung raumordnungspolitischer Ziele. Unter dieser Zielsetzung steht auch der weitere Ausbau des *kommunalen Investitionsfonds*, der bereits 1965 errichtet worden war.

---

[10] Vgl. die Vorschläge vor allem des Dt. Städtetages, aber auch des Dt. Gemeindetages und des Dt. Städtebundes.

[11] Die Gemeinden nehmen $^{2}/_{3}$ aller öffentlichen Investitionen vor.

B. Thesen zum kommunalen Finanzausgleich

Das Ergebnis der vorliegenden Arbeit läßt sich in einigen Forderungen zusammenfassen, die eine wirksamere Ausübung des verfassungsrechtlich gewährleisteten Rechts der Gemeinden auf kommunale Selbstverwaltung zum Ziel haben. Dabei soll jedoch der idealtypische Charakter mancher dieser Forderungen nicht verkannt werden. Ihre Verwirklichung in der politischen Praxis wird ohnehin nur tendenziell möglich sein.

1. Das Recht der Gemeinden auf kommunale Selbstverwaltung ist auch heute keinesfalls als überholt anzusehen. Das überkommene Aktionsfeld der Gemeinde, die Daseinsvorsorge und -fürsorge für ihre Bürger, ist im demokratischen Staat ohne die *Mitbestimmung der Bürger* nicht sinnvoll zu bewältigen. Das gemeinsame Interesse der in einem Siedlungsverband wohnenden Bürger an der Sicherung ihrer Lebensbedürfnisse erfordert vielmehr eine *demokratische Vertretung gerade auf örtlicher Ebene.* Als Zentrum originärer Initiative und dezentraler Entscheidung ermöglicht die Gemeinde in ihrem Bereich eine selbständige politische Willensbildung der Bürger und eine schöpferische Teilnahme des einzelnen an der Gestaltung seiner Lebensverhältnisse. Politische Entscheidungen auf der Gemeindeebene entsprechen damit zugleich einer weiteren Funktion der Gemeinde im föderalistischen Staatsaufbau der Bundesrepublik Deutschland, der Gewaltenteilung und Gewaltenhemmung.

2. Die vielfältigen Aufgaben setzen allerdings leistungsfähige Gemeinden voraus, die nach Größe und Struktur dem ihnen gestellten Auftrag gerecht werden können. Das gemeindliche Finanzsystem sollte daher vor allem die Gemeinden stärken, die durch hinreichende Größe einerseits und demographische Überschaubarkeit andererseits die Gewähr für die Verwirklichung des kommunalen Selbstverwaltungsrechts bieten. Aufgabe der Gemeinden wäre es in diesem Zusammenhang, durch freiwillige Zusammenschlüsse verstärkt auf die Schaffung leistungsfähiger Einheiten hinzuarbeiten. *Leistungsfähig* im Sinne der genannten Anforderungen ist eine Gemeinde jedoch nur dann, wenn ihr einerseits ausreichende finanzielle Mittel zur Verfügung stehen und sie andererseits über den Einsatz dieser Mittel weitgehend unbeeinflußt von anderen politischen Ebenen entscheiden kann. Dazu gehört auch die Aufbringungsverantwortung. Selbst wenn man anerkennt, daß sich eine volle Finanzautonomie der Gemeinden[12] wegen der dadurch bedingten örtlichen Unter-

[12] Diese wäre nur dann als absolute Autonomie der Gemeinden zu fordern, wenn das kommunale Selbstverwaltungsrecht als isoliertes Problem betrachtet werden könnte. Es ist jedoch in jedem Fall eine Güterabwägung

schiede in der steuerlichen Belastung und in der Qualität der kommunalen Leistungen nicht durchführen läßt[13], ist im Hinblick auf die Verwirklichung des von der Verfassung garantierten Selbstverwaltungsrechts der Gemeinden eine *Verbesserung des kommunalen Finanzsystems* doch unumgänglich.

3. Dabei sind für die Finanzierung von freiwilligen Aufgaben und Pflichtaufgaben unterschiedliche Forderungen zu stellen. Für die Erfüllung *freiwilliger Aufgaben* sollten den Gemeinden eigenverantwortlich auszuschöpfende Einnahmequellen zur Verfügung stehen. Das ergibt sich daraus, daß im Bereich der freien Selbstverwaltungsaufgaben den Gemeinden die Entscheidung nicht nur über das „Wie", sondern auch über das „Ob" der Erfüllung einer Angelegenheit zusteht. Mit diesem Entscheidungsspielraum der Gemeinden ist ein Einfluß des Staates bei der Mittelbeschaffung grundsätzlich unvereinbar. Zu fordern wäre daher die Zuweisung von Steuern nach dem *Trennsystem*[14], die die Gemeinden in eigener Verantwortung ausschöpfen könnten. Finanzzuweisungen schränken die kommunale Finanzautonomie dagegen stets ein. In der Form von Zweckzuweisungen scheiden diese von vornherein aus, da sie zweckbestimmt vergeben werden und damit zumindest teilweise die Entscheidung des Staates an die Stelle der gemeindlichen Entscheidung setzen. Aber auch mit Hilfe von allgemeinen, d. h. nicht zweckgebundenen Zuweisungen, kann der Staat Einfluß auf die gemeindliche Entscheidung über das „Ob" der Erfüllung einer Aufgabe nehmen, indem er über die Höhe dieser Zuweisungen befindet[15].

4. Der Grundsatz, daß möglichst der gesamte kommunale Finanzbedarf durch eigene Steuereinnahmen gedeckt werden sollte, ist in der Praxis aus verschiedenen Gründen jedoch nicht durchführbar[16]. Soweit die eigenen Einnahmen der Gemeinden zur Deckung des Be-

---

gegenüber dem Sozialstaatsprinzip (Art. 28 Abs. 1 GG) und dem Gebot der Wahrung der Einheitlichkeit der Lebensverhältnisse (Art. 72 Abs. 2 Ziff. 3 GG) vorzunehmen.

[13] Solche Unterschiede würden gleichermaßen gegen das Sozialstaatsprinzip wie gegen das Gebot der Wahrung der Einheitlichkeit der Lebensverhältnisse in der BRD verstoßen.

[14] Das Trennsystem kommt immer dann in Betracht, wenn jede der am Finanzausgleich beteiligten Gebietskörperschaften, also auch die Gemeinden, unabhängig von den anderen selbständig die ihr zugewiesenen Aufgaben erfüllt. Es gewährleistet den Gemeinden somit die weitestgehende Finanzautonomie. Vgl. hierzu die Stellungnahme des Dt. Städtetages vom März 1974 gegenüber der Enquete-Kommission „Verfassungsreform" des BT zur Finanzverfassung im GG: *Hühnerfeld,* Der Städtetag zur Finanzverfassung, in: Städtetag 1974, S. 302 ff.

[15] Damit handelt es sich aber bereits um eine für die Gemeinde fremdbestimmte Entscheidung.

darfs nicht ausreichen, muß diesen durch hinreichende *Schlüsselzuweisungen* im Rahmen des Finanzausgleichs ermöglicht werden, ihre Aufgaben so zu erfüllen, daß sie den berechtigten Ansprüchen der Bürger genügen. Dabei sollte stärker auf den *ergänzenden* Charakter dieser Zuweisungen abgestellt werden. Zu empfehlen wäre daher eine *Kombination aus gebundenem Trennsystem und Teilverbund auch auf Länderebene*. Zweckzuweisungen schränken das Selbstverwaltungsrecht der Gemeinden ein, sie finden ihre Rechtfertigung allein in dem Sozialstaatsprinzip und in dem Gebot der Wahrung der Einheitlichkeit der Lebensverhältnisse. Nur für den Fall, daß bei einer stets notwendigen Güterabwägung das Selbstverwaltungsrecht hinter diesen auf das Staatsganze bezogen vorrangigen Verfassungsprinzipien zurücktreten muß, sind für die Finanzierung ausschließlich von Pflichtaufgaben Zweckzuweisungen überhaupt zulässig.

5. Unter Berücksichtigung der spezifischen Aufgaben bzw. Lasten der verschiedenen Gemeinden sollte das kommunale Finanzsystem so beschaffen sein, daß lokale Unterschiede im gemeindlichen Pro-Kopf-Steuereinkommen soweit wie möglich vermieden werden. Dennoch auftretende krasse Steuerkraftunterschiede müßten dann durch *Bedarfszuweisungen* ausgeglichen werden. Erst unter dieser Voraussetzung ist der Anspruch aller Bürger auf gleichwertige kommunale Leistungen zu verwirklichen und die Wahrung der Einheitlichkeit der Lebensverhältnisse in allen Gemeinden des Bundesgebietes möglich. Da die Hauptlast der öffentlichen *Investitionen* bei den Gemeinden liegt, sollte dieser besonderen Bedeutung kommunaler Tätigkeit stärker Rechnung getragen werden, indem die *Zuwachsrate des Sozialprodukts zum Maßstab der Wachstumsrate des Gemeindesteueraufkommens* gemacht wird[17]. Bleibt es dagegen bei der Benachteiligung der Gemeinden bei der Einnahmenverteilung aufgrund ihres geringen politischen Gewichts im Bundesstaat, so ist damit zu rechnen, daß wesentliche Investitionen auf der gemeindlichen Ebene unterbleiben. Wächst andererseits die Verschuldung der Gemeinden weiter wie bisher schneller als die der Länder und des Bundes, wäre die Folge besonders im Bereich der Daseinsfürsorge und -vorsorge ein später nur schwer zu kompensierender Nachholbedarf.

---

[16] z. B. aus finanzpolitischen Gründen. Die aus Art. 28 Abs. 2 GG abzuleitende relative Finanzautonomie der Gemeinden würde eine solche Forderung allerdings auch nicht stützen.

[17] Dasselbe gilt für den Teil der gemeindlichen Finanzausstattung, der durch Finanzzuweisungen des Staates gedeckt wird.

6. Im Hinblick auf die praktische Verwirklichung des kommunalen Selbstverwaltungsrechts sollte die gemeindliche Finanzausstattung insgesamt mehr auf Einnahmen zugeschnitten sein, die eine enge *Bindung zwischen Gemeinde und Bürger* ermöglichen. Der Bürger sollte die von der Gemeinde erbrachten Leistungen in Beziehung setzen können zu den von ihm gezahlten Steuern[18]. Dies spricht für eine Beibehaltung bzw. weitere Ausgestaltung der Gemeindesteuern mit örtlich bedingtem Wirkungskreis. Die im kommunalen Finanzausgleich der Vergangenheit zu beobachtende Tendenz zu einer Verlagerung von den eigenen Steuereinnahmen der Gemeinden zu den fremdbestimmten Zuweisungen ist *selbstverwaltungsfeindlich*[19]. Der Einfluß des Staates erdrückt auf diese Weise allmählich den Entscheidungsspielraum der Gemeinden. Wesentliche Voraussetzungen für die Verwirklichung des verfassungsmäßig garantierten Selbstverwaltungsrechts, die *Eigenständigkeit und Selbstverantwortung der Gemeinden,* müssen verkümmern. Damit würde jedoch doppelter Schaden entstehen. Einerseits wäre die demokratische Mitwirkung der Bürger auf der Gemeindeebene zur Bedeutungslosigkeit verurteilt. Andererseits könnte die wichtige Funktion der Gemeinden im Bundesstaat, ein Element der *Gewaltenteilung und Gewaltenhemmung* zu sein, nicht wirksam wahrgenommen werden. Die kommunalen Leistungen würden dann ohne die notwendige Verbindung zu dem von den Bürgern auf der Gemeindeebene artikulierten politischen Willen erbracht werden. Das Selbstverwaltungsrecht der Gemeinden wäre zur leerlaufenden Verfassungsgarantie geworden. Dies zu verhindern ist Aufgabe einer neuen Gemeindefinanzreform.

---

[18] Der von der Eberhard-Kommission in diesem Zusammenhang gemachte Vorschlag, die besonders bürgernahen Gebühren und Beiträge entspr. erheblich zu erhöhen, widerspricht jedoch dem Sozialstaatsprinzip und stellt wegen der Gefahr der Entfremdung zwischen Bürger und Gemeindeverwaltung keine praktikable Lösungsmöglichkeit für dieses Problem dar.

[19] Seit vielen Jahren steht einem sinkenden Anteil der Steuereinnahmen der Gemeinden ein steigender Anteil von Zuweisungen von Bund und Land an den Gemeindeeinnahmen insgesamt gegenüber.

Literaturverzeichnis

Albers, W.: Aufgaben und Stellung der Gemeinden im Finanzsystem, in: FA N. F. Bd. 19 (1958/59), S. 399 ff.

— Der Einfluß des Finanzausgleichs auf regionale Wettbewerbsbedingungen und Produktionsstandorte, in: JbfSW, Bd. 14 (1963), H. 3, S. 462 ff.

— Die Aufgaben- und Einnahmenverteilung auf die öffentl. Gebietskörperschaften und die gemeindl. Selbstverwaltung, in: AfK 1962, S. 65 ff.

— Art.: Finanzausgleich, in: HDSW Bd. 3, S. 553 ff., Stuttgart usw. 1961.

— Finanzzuweisungen und Standortverteilung, in: Kommunale Finanzen und Finanzausgleich (SchriftenR des Vereins für Sozialpolitik, N. F. Bd. 32), S. 61 ff. und 253 ff., Berlin 1964.

— Möglichkeiten und Grenzen eines interkommunalen Finanzausgleichs, in: Kommunale Finanzreform (SchriftenR der Forschungsstelle der Friedrich-Ebert-Stiftung), S. 63 ff., Hannover 1962.

— Strukturwandlungen kommunaler Ausgabenbudgets, in: AfK 1966, S. 239 ff.

Althaus, E.: Das Recht der Gemeinden und Gemeindeverbände in den vormals preuß. Ländern, Herford und Köln 1957.

Anschütz, G.: Die Verfassung des Dt. Reiches vom 11. August 1919, 8. Aufl., Berlin 1928, 13. Aufl. 1930, 14. Aufl. 1933.

Arndt, A.: Das Landessteuergesetz und die Reichsverfassung, in: PrVBl. Jg. 41 (1919/1920), S. 337 ff.

— Die Verfassung des Dt. Reiches, 3. Aufl. Berlin und Leipzig 1927.

Baumgarten, D.: Deutsche Finanzpolitik 1924 bis 1928, Diss. Freiburg 1965.

Becker, E.: Der Finanzausgleich, der Verwaltungsverbund und die Selbstverwaltungsgarantie, in: Kommunale Finanzen (SchriftenR der Hochschule Speyer, Bd. 8), S. 20 ff., Stuttgart 1960.

— Die Ausführung von Bundesgesetzen durch Gemeinden und Gemeindeverbände, in: BayVBl. 1961, S. 65 ff.

— Die kommunale Selbstverwaltung in der modernen Demokratie, in: Die Niedersächsische Landgemeinde 1958, S. 210 ff.

— Die Selbstverwaltung als verfassungsrechtl. Grundlage der komm. Ordnung in Bund und Ländern, in: HKWP Bd. 1, S. 113 ff., Berlin usw. 1956.

— Entwicklung der deutschen Gemeinden und Gemeindeverbände im Hinblick auf die Gegenwart, in: HKWP Bd. 1, S. 62 ff., Berlin usw. 1956.

— Gemeindl. Selbstverwaltung, 1. Teil: Grundzüge der gemeindl. Verfassungsgeschichte, Berlin 1941.

— Kommunale Selbstverwaltung, in: K. A. Bettermann / H. C. Nipperdey (Hrsg.), Die Grundrechte, Bd. 4, 2. Halbband, S. 673 ff., Berlin 1962.

Bender, U.: Theorien der gemeindl. Selbstverwaltung, das Selbstverwaltungsrecht als Naturrecht, Diss. Mainz 1962.

Bericht der Studienkommission zur Neuordnung des bundesstaatl. Finanzausgleichs, Bonn 1954, BT-Drs. II/480, S. 137 ff.

Berkenhoff, H. A.: Die staatl. Dotierung der gemeindl. Auftragsangelegenheiten, in: DVBl. 1955, S. 347 ff.

Bertram, J.: Staatspolitik und Kommunalpolitik (SchriftenR des Vereins für KommWiss., Bd. 15), Stuttgart 1967.

Beseler, G.: System des gemeinen deutschen Privatrechts, 1. Abtheilung, 4. Aufl., Berlin 1885.

Bickel, W.: Art.: Der Finanzausgleich, in: HFW Bd. 2, S. 730 ff., Tübingen 1956.

— Die Staatsbeiträge an die Stadt Zürich, Zürich 1936.

— Funktion und Bemessung der Staatsbeiträge, in: Schw. ZBl. f. St.- u. Gem. Verw. 38 (1937).

Böhm, E.: Die finanziellen Beziehungen zwischen Bayern und dem Dt. Reich auf staatsrechtl. Grundlage, in: Annalen des Dt. Reiches, 51. Jg., S. 453 ff., München 1918.

Bohmann, H.: Das Gemeindefinanzsystem, 2. Aufl., Stuttgart / Köln 1967.

Bornhak, C.: Preuß. Staatsrecht, Bd. 2, Leipzig 1888.

Boyley, E.: Die gemeindl. Finanz- und Abgabenhoheit, in: BayBgm. 1951, S. 25 ff.

Bräuer, K.: Die Neuordnung der deutschen Finanzwirtschaft und das neue Reichssteuersystem, Stuttgart 1920.

Brauweiler, R.: Art. 127, in: H. C. Nipperdey (Hrsg.), Die Grundrechte und Grundpflichten der Reichsverfassung, 2. Bd., Art. 118 bis 142, Berlin 1930.

Brecht, A.: Internationaler Vergleich der öffentl. Ausgaben, in: Grundfragen der internationalen Politik, H. 2, Leipzig und Berlin 1932.

Breusing, R.: Ein neuartiger Finanzausgleich, in: Landkreis 1970, S. 180 ff.

Bühler, U.: Die subjektiven öffentl. Rechte und ihr Schutz in der deutschen Verwaltungsrechtsprechung, Stuttgart 1914.

— Die Zuständigkeitsverteilung auf dem Gebiet des Finanzwesens, in: HBStR 1930, S. 321 ff.

Daum, H.: Die Beteiligung des Bundes an der Einkommen- und Körperschaftsteuer, Diss. jur. Marburg 1959.

Dehmel, H.-H.: Übertragener Wirkungskreis, Auftragsangelegenheiten und Pflichtaufgaben nach Weisung (Schr. z. Öff. R., Bd. 113), Berlin 1970.

Denkschrift des Dt. Städtetages, in: Städte, Staat, Wirschaft, Berlin 1926.

Deutsches Industrieinstitut: Öffentl. Investitionen und ihre Finanzierung, Köln 1968.

Dressler, H.: Die Organisations- und Personalhoheit der Gemeinden, Diss. Tübingen 1963.

Ehrlicher, W.: Die deutsche Finanzpolitik seit 1924 (hrsg. vom Institut „Finanzen und Steuern", H. 65), Bonn 1961.

Eissing, K.: Gemeinschaftsaufgaben von Staat und Gemeinden unter der Selbstverwaltungsgarantie in NRW, Siegburg 1968.

Elleringmann, R.: Grundlagen der Kommunalverfassung und der Kommunalaufsicht, Stuttgart 1957.

Ellwein, Th.: Parteien und komm. Öffentlichkeit, in: AfK 1971, S. 11 ff.

Elsner, H. und M. *Schüler*: Das Gemeindefinanzreformgesetz, Kommentar (Forschungsinst. der Friedrich-Ebert-Stiftung), Hannover 1970.

Emde, H.-G.: Aktuelle finanzwirtschaftl. Fragen unter besonderer Berücksichtigung der Lage der Gemeinden, in: Städtebund 1972, S. 137 ff.

Ernst, Wa.: Selbstverwaltung und Verwaltungsreform, in: DÖV 1952, S. 353 ff.

Ernst, We.: Die Gemeinden in der Raumordnung, in: Buch deutscher Gemeinden, S. 27 ff., Köln und Berlin 1965.

Erzberger, M.: Reden zur Neuordnung des deutschen Finanzwesens, Berlin 1919.

Everling, U.: Die Koordinierung der Wirtschaftspolitik in der Europäischen Wirtschaftsgemeinschaft als Rechtsproblem, Tübingen 1964.

Fachinger, J.: Das staatl. Aufsichtsrecht über Gemeinden und Gemeindeverbände in rechtsvergleichender Darstellung unter Berücksichtigung des Preuß. Entwurfs, Diss. jur., Köln 1928.

Der Finanzausgleich im Dt. Reich (Einzelschrift zur Statistik des Dt. Reichs, Nr. 16 und 17), Statistisches Reichsamt, Berlin 1931.

Der Finanzausgleich zwischen Land und Gemeinden in den Rechnungsjahren 1951 bis 1955 (Statistik d. BRD, Bd. 191), Stuttgart 1957.

Finanzpolitik und Raumordnung (Referate und Diskussionsbemerkungen anläß. der Wissenschaftl. Plenarsitzung 1963 in Berlin), Hannover 1964.

Die Finanzreform und die Gemeinden (SchriftenR. des Vereins für Komm Wiss., Bd. 14), Stuttgart usw. 1966.

Finanzverwaltung und Finanzausgleich in der Weimarer Republik (Inst. „Finanzen und Steuern", H. 42), Bonn 1956.

Fischer-Menshausen, H.: Die Länder im künftigen Finanzausgleich, in: DÖV 1948, S. 10 ff. und 57 ff., sowie in: DÖV 1949, S. 401 ff.

Forsthoff, E.: Die Daseinsvorsorge und die Kommunen, Köln 1958, in: Rechtsstaat im Wandel, Stuttgart 1964, S. 111 ff.

— Die Krise der Gemeindeverwaltung im heutigen Staat, Berlin 1932.

— Lehrbuch des Verwaltungsrechts, 1. Bd. Allg. Teil, 9. Aufl., München und Berlin 1966.

Friedrich, P.: Zum Problem der Neuregelung des komm. Finanzausgleichs, in: BayBgm. 1955, S. 265 ff.

Fröhler, L. und P. *Oberndorfer*: Die Gemeinde im Spannungsfeld des Sozialstaats, Linz 1970.

Fromm, K.: Haben die Gemeinden ein Steuererfindungsrecht, in: KStZ 1972, S. 1 ff.

Fuchs, H. und A. *Riewald:* Der Finanzausgleich in Preußen, Kommentar zum Preuß. FAG und zum Kriegsbeitrag der Gemeinden in Preußen, Berlin 1944.

Fürst, D.: Die Kreisumlage. Analyse eines Instruments des Finanzausgleichs (SchriftenR des Vereins für KommWiss., Bd. 28), Stuttgart usw. 1969.

Galette, A. und E. *Laux:* Kommentare zur Gemeindeordnung, Kreisordnung, Amtsordnung für Schleswig-Holstein, 2. Aufl., Wiesbaden 1972.

Gebhard, L.: Handkommentar zur Verfassung des Dt. Reiches vom 11. 8. 1919, Berlin 1932.

Gellen, H.-M.: Die Zweckzuweisungen des Landes NRW an seine Gemeinden, Darstellung, Analyse und staatsrechtl. Untersuchung, Diss. jur. Köln 1970.

Geller, G., K. *Kleinrahm* und H.-J. *Fleck:* Die Verfassung des Landes NRW, Kommentar, Göttingen 1950; 2. Aufl. Göttingen 1963.

Gelzer, K.: Echte und unechte Selbstverwaltung, in: DVBl. 1958, S. 87 ff.

Gerloff, W.: Die Finanz- und Zollpolitik des Dt. Reiches nebst ihren Beziehungen zu Landes- und Gemeindefinanzen von der Gründung des Norddeutschen Bundes bis zur Gegenwart, Jena 1913.

— Schwebende Fragen des Finanzausgleichs (SchriftenR des Dt. Städtetags, H. 5), Berlin 1928.

v. Gierke, O.: Das deutsche Genossenschaftsrecht, 1. Bd.: Rechtsgeschichte der deutschen Genossenschaft, Berlin 1868.

— Gedächtnisrede auf Rudolf von Gneist, Berlin 1896.

Giese, F.: Die Verfassung des Dt. Reichs, 8. Aufl. Berlin 1931.

Glum, F.: Das Recht der Selbstverwaltung der Gemeinden und Gemeindeverbände nach Art. 127 der Reichsverfassung, in: AöR Bd. 17, S. 379 ff.

v. Gneist, R.: Der Rechtsstaat und die Verwaltungsgerichte in Deutschland, 2. Aufl. Berlin 1879.

— Geschichte und heutige Gestalt der englischen Kommunalverfassung oder das Self-Government, 2 Bde., Berlin 1863.

— Self-Government, Communalverfassung und Verwaltungsgerichte in England, 3. Aufl Berlin 1871.

— Verwaltung, Justiz, Rechtsweg, Staatsverwaltung und Selbstverwaltung nach englischen und deutschen Verhältnissen, mit besonderer Berücksichtigung der Verwaltungsreformen und Kreisordnungen in Preußen, Berlin 1869.

Göb, R.: Die Zukunft der komm. Selbstverwaltung, in: DÖV 1969, S. 840 ff.

Gönnenwein, O.: Bürgerverantwortung in der geschichtl. Entwicklung, Frankfurt 1952.

— Gemeinderecht, Tübingen 1963.

Görg, H.: Bundesauftragsangelegenheiten der Gemeinden und Gemeindeverbände und ihre Pflichtaufgaben nach Weisung, in: DÖV 1961, S. 41 ff.

— Geschichtl. Entwicklung und gegenwärtige Problematik des komm. Finanzsystems, in: Kommunale Finanzen (SchriftenR der Hochschule Speyer, Bd. 8), S. 14 ff., Stuttgart 1960.

Grauhahn, R.-R.: Stadtplanung und Politik, in: PVS 1966, S. 392 ff.

— Zur politischen Theorie der Stadt, in: AfK 1965, S. 67 ff.

Greinert, H.: Grundfragen des Finanzausgleichs, in: H. Wandersleb (Hrsg.), Recht, Staat, Wirtschaft, Bd. 2, S. 389 ff., Stuttgart u. Köln 1950.

Grossmann, E.: Der Finanzausgleich zwischen Bund und Kantonen, in: Schw. ZBl. f. St.- u. Gem. Verw., 4. Jg. (1902/03), S. 81 ff.

Gude, S.: Der Bedeutungswandel der Stadt als politische Einheit, in: R.-R. Grauhan (Hrsg.), Großstadt-Politik, Gütersloh 1972, S. 19 ff.

Habermehl, P.: Der Finanzausgleich, in: FA, N. F. Bd. 11 (1949), S. 707 ff.

Haller, H.: Die Steuern, Tübingen 1964.

— Finanzpolitik, 4. Aufl. Tübingen 1968.

Hansmeyer, K. H.: Interkommunaler Finanzausgleich, in: AfK 1966, S. 261 ff.

— (Hrsg.): Komm. Finanzpolitik in der Weimarer Republik (SchriftenR des Vereins für KommWiss., Bd. 36), Stuttgart 1973.

Haus, W.: Staatskommissare und Selbstverwaltung 1930 bis 1933, in: Städtetag 1956, S. 96 ff.

— Zur Entwicklung der Kommunalwissenschaften in Deutschland, in: Kommunalwissenschaftl. Forschung (SchriftenR des Vereins für KommWiss., Bd. 12), Stuttgart 1966, S. 31 ff.

Hauser, O.: Staatl. Einheit und regionale Vielfalt in Preußen, Aufbau der Verwaltung in Schleswig-Holstein nach 1876, Neumünster 1967.

Hedtkamp, G.: Lehrbuch der Finanzwissenschaft, Neuwied und Berlin 1968.

Heffter, H.: Die deutsche Selbstverwaltung im 19. Jh., Geschichte der Ideen und Institutionen, Stuttgart 1950.

Helfritz, H.: Grundriß des preuß. Kommunalrechts, Berlin 1932.

Henrichs, W.: Die Rechtsprechung zur Verfassungsgarantie der komm. Selbstverwaltung in Deutschland, in: DVBl. 1954, S. 728 ff.

Hensel, A.: Der Finanzausgleich im Bundesstaat in seiner staatsrechtl. Bedeutung, Berlin 1922.

— Steuerrecht (Enzyklopädie der Rechts- und Staatswissenschaft, Abt. Rechtswissenschaft, 28), 2. Aufl. Berlin 1924, 3. Aufl. 1933.

Hensel, W.: Probleme des komm. Steuersystems, in: Kommunale Finanzreform (SchriftenR der Forschungsstelle der Friedrich-Ebert-Stiftung, A.) S. 39 ff., Hannover 1962.

Herzfeld, H.: Demokratie und Selbstverwaltung in der Weimarer Epoche (Schriften des Vereins zur Pflege kommunalwissenschaftl. Aufgaben, Bd. 2), Stuttgart 1957.

Hettlage, K. M.: Die Finanzverfassung im Rahmen der Staatsverfassung, in: VVDStRL H. 14, S. 1 ff., Berlin 1956.

— Die Gemeinden in der Finanzverfassung, in: AfK 1964, S. 1 ff.

Hölzl, J.: Gemeindeordnung für den Freistaat Bayern, 5. Aufl. München 1968.

Höpker-Aschoff, H.: Das Finanz- und Steuersystem des Bonner Grundgesetzes, in: AöR 1949, S. 306 ff.

Hofmann, W.: Plebiszitäre Demokratie und komm. Selbstverwaltung in der Weimarer Republik, in: AfK 1965, S. 264 ff.

— Städtetag und Verfassungsordnung (SchriftenR des Vereins für Komm Wiss., Bd. 13), Stuttgart 1966.

Hohrmann, F.: Bundesgesetzl. Organisation landesunmittelbarer Selbstverwaltungskörperschaften (Schr. z. Öff. R., Bd. 59), Berlin 1967.

Hornschu, H. E.: Die Entwicklung des Finanzausgleichs im Dt. Reich und in Preußen von 1919 bis 1944, in: Kieler Studien (Forschungsberichte des Inst. für Weltwirtschaft an der Universität Kiel, Bd. 3), Kiel 1950.

Huber, E. R.: Rechtsstaat und Sozialstaat in der modernen Industriegesellschaft, in: Rechtsstaatlichkeit und Sozialstaatlichkeit (Wege der Forschung, Bd. 118), Darmstadt 1968, S. 589 ff.

— Verfassungsrecht des Großdeutschen Reiches, Berlin 1935.

Isenberg, G.: Finanzsystem und Besteuerung in ihrer raumwirtschaftl. Bedeutung, in: Finanzpolitik und Raumordnung (Forschungs- und Sitzungsberichte der Akademie für Raumforschung und Landesplanung, Hannover 1963, 3. Wissenschaftl. Plenarsitzung), S. 17 ff., Berlin 1964.

Jesch, D.: Rechtsstellung und Rechtsschutz der Gemeinden bei der Wahrnehmung „staatlicher Aufgaben", in: DÖV 1960, S. 739 ff.

Jeserich, K.: Kommunalwissenschaft, Versuch einer Begriffsbildung und Systematisierung, in: JfK 1934, S. 1 ff.

Jessen, A.: Art.: Finanzausgleich, in: WVW 1. Bd., S. 1 ff., 4. Aufl. Jena 1931.

Kessler: Der Bund und die Kommunalpolitik, in: DVBl. 1953, S. 1 ff.

Klein, F.: Die Stellung der Gemeinden im Grundgesetz und in der Finanzverfassung der Bundesrepublik, in: Gemeindl. Finanz- und Prüfungswesen (SchriftenR der Verwaltungsakademie Ostwestfalen-Lippe, Bd. 4), Detmold 1958.

Knemeyer, F. L.: Regierungs- und Verwaltungsreform in Deutschland zu Beginn des 19. Jh., Köln 1970.

Köhler, J.: Vorschläge zur Reform der Gemeindefinanzen, München 1960.

Kölble, J.: Gemeindefinanzreform und Selbstverwaltungsgarantie, in: Die Finanzreform und die Gemeinden (SchriftenR des Vereins für KommWiss., Bd. 14), S. 17 ff., Berlin 1966.

König, R.: Die Gemeinden im Blickfeld der Soziologie, in: HKWP Bd. 1, Berlin usw. 1956.

Köttgen, A.: Die Gemeinde und der Bundesgesetzgeber (SchriftenR des Vereins zur Pflege kommunalwissenschaftl. Aufgaben, Bd. 1), Stuttgart 1957.

— Die Krise der komm. Selbstverwaltung, Tübingen 1931, in: ders., Komm. Selbstverwaltung zwischen Krise und Reform (SchriftenR des Vereins für KommWiss., Bd. 25), Stuttgart usw. 1968.

— Komm. Auftragsverwaltung und Grundgesetz, in: Selbstverwaltung 1951, S. 346 ff.

— Sachverantwortung als verfassungsrechtl. Maßstab des Finanzausgleichs, in: DÖV 1953, S. 358 ff.

— Art.: Selbstverwaltung, in: HDSW Bd. 9, S. 220 ff., Göttingen 1956.

Köttgen, A.: Sicherung der gemeindl. Selbstverwaltung (Freiherr vom Stein-Gesellschaft, Vorträge, H. 2), Münster 1960.

— Wesen und Rechtsform der Gemeinden und Gemeindeverbände, in: HKWP Bd. 1, S. 185 ff., Berlin usw. 1956.

— Zur Diskussion des konjunkturpolitischen Instrumentariums des Bundes gegenüber den Ländern und Gemeinden, in: AfK 1966, S. 3 ff.

Korte, H.W.: Die Aufgabenverteilung zwischen Gemeinde und Staat unter besonderer Berücksichtigung des Subsidiaritätsprinzips, in: VerwArch. 1970, S. 3 ff. und Diss. Würzburg 1968.

Krämer, P. H.: Die bürgerschaftl. Selbstverwaltung unter den Notwendigkeiten des egalitären Sozialstaats (Schr. z. Öff. R., Bd. 128), Berlin 1970.

Krebsbach, A.: Bundesauftragsangelegenheiten und Gemeinden, in: Städtetag 1961, S. 7 ff.

Krummsiek, R.: Gemeindefinanzsystem im Umbruch, in: Städtetag 1969, S. 367.

Laband, P.: Dt. Reichsstaatsrecht, 7. Aufl. Berlin 1919.

Lassar, G.: Reichsverfassung und örtl. Landesverwaltung, in: RuPrVBl. 50 (1929), S. 524 f.

Lauritzen, L.: Die Selbstverwaltung in Schleswig-Holstein, Handkommentar zur GO von Schleswig-Holstein, Kiel 1950.

Laux, E.: Komm. Selbstverwaltung im Staat der siebziger Jahre, in: AfK 1970, S. 217 ff.

Lerche, P.: Die Gemeinden in Staat und Gesellschaft, in: Buch deutscher Gemeinden, Köln und Berlin 1965, S. 9 ff.

— Selbstverwaltungsangelegenheiten kraft Bundesrechts, in: Bay.VBl. 1965, S. 145 ff.

— Verfassungsfragen um Sozialhilfe und Jugendwohlfahrt (Studien und Gutachten aus dem Inst. für Staatslehre, Staats- und Verwaltungsrecht der Freien Universität Berlin, H. 3), Berlin 1963.

Lintz, G.: Die politischen Parteien im Bereich der komm. Selbstverwaltung, Baden-Baden 1973.

Loening, E.: Lehrbuch des Dt. Verwaltungsrechts, Leipzig 1884.

Loschelder, W.: Grundgedanken der Finanzreform, Göttingen 1966.

— Grundfragen der Finanzverfassung im föderativen Staat unter besonderer Berücksichtigung der Gemeindefinanzen, in: AfK 1966, S. 185 ff.

Macher, L.: Der Grundsatz des gemeindefreundl. Verhaltens (Schr. z. Öff. R., Bd. 165), Berlin 1971.

v. Mangoldt, H. und F. *Klein:* Das Bonner Grundgesetz, Bd. 1, 2. Aufl. Berlin und Frankfurt/M. 1957.

Markull, W.: Kommentar zum Gesetz über den Finanzausgleich zwischen Reich, Ländern und Gemeinden vom 23. Juni 1923 (Die deutschen Finanz- und Steuergesetze in Einzelkommentaren, Bd. 6), Berlin 1923.

Matzerath, H.: Nationalsozialismus und komm. Selbstverwaltung (SchriftenR des Vereins für KommWiss., Bd. 29), Stuttgart usw. 1970.

Maunz, Th., G. *Dürig* und R. *Herzog:* Grundgesetz, Kommentar, 3. Aufl., Bd. 1; Lieferung 1 bis 13, München 1973; Bd. 2, Lieferung 1 bis 13, München 1973.

Mayer, F.: Selbstverwaltung und demokratischer Staat, in: Demokratie und Recht, Berlin 1972, S. 327 ff.

Mayer, O.: Dt. Verwaltungsrecht, Bd. 2, 3. Aufl. München / Leipzig 1924.

Menger, Chr.-F.: Der Begriff des sozialen Rechtsstaats im Bonner Grundgesetz, 1953, jetzt in: Rechtsstaatlichkeit und Sozialstaatlichkeit (Wege der Forschung, Bd. 118), Darmstadt 1968, S. 42 ff.

Meyer, G. und G. *Anschütz:* Lehrbuch des Dt. Staatsrechts, 6. Aufl. Leipzig 1903.

Meyer, H.: Das Finanzreformgesetz, Probleme einer Verfassungsänderung, in: DÖV 1969, S. 261 ff.

— Die Finanzverfassung der Gemeinden (SchriftenR des Vereins für Komm Wiss., Bd. 22), Stuttgart usw. 1969.

Möller, A.: Zur Finanzreform (hrsg. vom Vorstand der SPD), Bonn 1968.

Moll, B.: Probleme der Finanzwissenschaft, Leipzig 1924.

Most, O.: Grundsätzliches und Tatsächliches zum Problem der Bürgersteuer (Verwaltungskostenabgabe), in: Beiträge zur komm. Finanzwirtschaft, Berlin 1930.

Mulert, O.: Kommunalsteuern und Finanzausgleich, in: HWBKW, Erg. Bd. 2, S. 1487 ff., Jena 1927.

Nassmacher, K. H.: Parteien im kommunalpolitischen Zielbildungsprozeß, in: ÖZfP 1972, S. 39 ff.

Neukamp, E.: Der Begriff der Selbstverwaltung im Rechtssinne, in: AöR 1889, S. 377 ff.

Pagenkopf, H.: Die Bedeutung der Realsteuerreform in staats-, verwaltungs- und finanzpolitischer Hinsicht, in: Reich und Länder, 1937, S. 73 ff.

— Einführung in die Kommunalwissenschaft, 2. Aufl. München 1961.

— Kommunalrecht, Köln 1971.

Pape, E. und F. *Kappe:* Finanzausgleich, Gesetz zur Übergangsregelung des Finanzausgleichs zwischen Reich, Ländern und Gemeinden vom 9. April 1927 i. V. m. den bisherigen Ausführungsbestimmungen des Reichs zum Finanzausgleich und den Nebengesetzen der Länder, Berlin / Wien 1927.

Patzig, W.: Der „allg. Lastenverteilungsgrundsatz" des Art. 106 Abs. 4 Ziff. 1 GG, in: AöR Bd. 86, S. 246 ff.

— Der komm. Finanzausgleich (Verwaltungsgesetze des Bundes und der Länder, Bd. 2, Erg. Bd.), Köln usw. 1966.

— Entwicklungstendenzen im komm. Finanzausgleich, in: DVBl. 1962, S. 769 ff.

— Von der Franckensteinschen Klausel zum großen Steuerverbund, in: DVBl. 1971, S. 16 ff.

Peters, H.: Die Gemeinden in der Rechtsprechung des Bundesverfassungsgerichts und des Bundesverwaltungsgerichts, in: Staatsbürger und Staatsgewalt (Jubiläumsschr. zum 100jähr. Bestehen der dt. Verwaltungsgerichtsbarkeit und zum 10jähr. Bestehen des Bundesverwaltungsgerichts), Bd. 2, S. 203 ff., Karlsruhe 1963.

— Grenzen der komm. Selbstverwaltung in Preußen, ein Beitrag zur Lehre vom Verhältnis der Gemeinden zu Staat und Reich, Berlin 1926.

— Lehrbuch der Verwaltung, Berlin usw. 1949.

— Zentralisation und Dezentralisation, Berlin 1928.

Popitz, J.: Art.: Der Finanzausgleich, in: HFW Bd. 2, S. 338 ff., Tübingen 1927.

— Der Finanzausgleich und seine Bedeutung für die Finanzlage des Reiches, der Länder und Gemeinden, Berlin 1930.

— Der künftige Finanzausgleich zwischen Reich, Ländern und Gemeinden (Gutachten erstattet der Studiengesellschaft für den Finanzausgleich), Berlin 1932.

— Art.: Finanzausgleich, in: HWStW, Bd. 3, S. 1016 ff., 4. Aufl. Jena 1926.

— Reich, Länder und Gemeinden, in: HWBKW, Erg. Bd. 2, S. 1081 ff., Jena 1927.

Preuss, H.: Die Entwicklung der komm. Selbstverwaltung in Deutschland, in: HBP Bd. 1, Berlin 1918, S. 198 ff.; 3. Aufl. 1920, S. 269 ff.

— Entwicklung des dt. Städtewesens, Bd. 1, Entwicklungsgeschichte der dt. Städteverfassung, Leipzig 1906.

— Reich und Länder (Bruchstücke eines Kommentars zur Verfassung des Dt. Reichs, hrsg. von G. Anschütz), Berlin 1928.

— Selbstverwaltung, Gemeinde, Staat, Souveränität, in: Staatsrechtl. Abhandlungen (Festg. für P. Laband), Bd. 2, S. 197 ff., Tübingen 1908.

— Staat und Stadt, in: ders., Staat, Recht und Freiheit, Tübingen 1926, S. 73 ff.

Raacke, G.: Das gemeindl. Finanzsystem, Diss. Marburg 1961.

Rehm: Der Führergrundsatz in der Gemeindeverwaltung, in: Reich und Länder, 1937, S. 220 ff.

Roggemann, H.: Sozialistische Kommunalverfassung im Wandel, in: ROW 1974, S. 45 ff.

Rosin, H.: Das Recht der Oeffentlichen Genossenschaft, Freiberg 1886.

v. Rotteck / Welcker: Staatslexikon, Bd. 6, Altona 1838.

Sachverständigengutachten zur Beurteilung der gesamtwirtschaftl. Entwicklung 1964/65: Stabiles Geld — stetiges Wachstum, Stuttgart 1965.

Salzwedel, J.: Komm. Gebietsänderung und Selbstverwaltungsgarantien, in: DÖV 1969, S. 810 ff.

Sattler, H.: Gemeindl. Finanzverfassung, Bedeutung gemeindl. Finanzhoheit für die Selbstverwaltung, in: HKWP Bd. 3, S. 1 ff., Berlin / Göttingen 1959.

Scheuner, U.: Gemeindeverfassung und komm. Aufgabenstellung in der Gegenwart, in: AfK 1962, S. 149 ff.

— Zur Neubestimmung der komm. Selbstverwaltung, in: AfK 1973, S. 1 ff.

Schlegelberger, H.: Komm. Neugliederung — ohne die Selbstverwaltung?, in: Die Gemeinde 1969, S. 54 ff.

Schmitt, C.: Freiheitsrechte und institutionelle Garantien der Reichsverfassung (Rechtswissenschaftl. Beiträge zum 25jähr. Bestehen der Handelshochschule Berlin), Berlin 1931.

— Der Hüter der Verfassung, Tübingen 1931.

— Inhalt und Bedeutung des zweiten Hauptteils der Reichsverfassung, in: HBStR Bd. 2, Berlin 1932, S. 572 ff.

— Verfassungslehre, München / Leipzig 1928 (unveränderte Neudrucke 1954 und 1957).

Schmölders, G.: Finanzpolitik (Enzyklopädie der Rechts- und Staatswissenschaft, Abt. Staatswissenschaft), 2. Aufl. Berlin usw. 1965.

— „Finanzstarke" und „finanzschwache" Gemeinden, in: AfK 1965, S. 30 ff.

Scholtissek, H.: Verfassungsprobleme zur Eingemeindung, in: DVBl. 1968, S. 829 ff.

Scholz, R.: Das Wesen und die Entwicklung der gemeindl. öffentl. Einrichtungen (Schr. z. Öff. R., Bd. 52), Berlin 1967.

Schunck, E.: Die verfassungsrechtl. Sicherung der Selbstverwaltung der Gemeinden, in: Festschr. für G. Müller, Tübingen 1970, S. 475 ff.

Seibert, G.: Die Gewährleistung gemeindl. Selbstverwaltung durch das Grundgesetz, Diss. Marburg 1966.

Staak, M.: Der komm. Finanzausgleich in den Flächenländern der BRD, in: SKV 1974, S. 46 ff.

Steiger, J.: Der Finanzausgleich zwischen Bund und Kantonen, in: Schw. ZBl. f. St.- u. Gem. Verw., 4. Jg. (1902/03), S. 221 ff.

Reichsfreiherr vom und zum Stein, K.: Über Selbstverwaltung, Staatsschriften und politische Briefe (hrsg. und eingl. v. H. Thimme), München 1921.

v. Stein, L.: Die Verwaltungslehre, Teil 1: Die Lehre von der vollziehenden Gewalt, ihr Recht und ihr Organismus, mit Vergleichung der Rechtszustände von England, Frankreich und Deutschland, Stuttgart 1865.

— Handbuch der Verwaltungslehre, 3. Aufl. Stuttgart 1888.

Stern, K.: Das Selbstverwaltungsrecht der Gemeinden in der Rechtsprechung des Bundesverwaltungsgerichts, in: JR 1963, S. 202 ff.

— Die verfassungsrechtl. Position der komm. Gebietskörperschaften in der Elektrizitätsversorgung (Studien zum öffentl. Recht und zur Verwaltungslehre, Bd. 1), Berlin / Frankfurt/M. 1966.

— Kommentar zum Bonner Grundgesetz (BK), Bd. 2, Art. 28, 31. Lieferung 1973, Stand März 1973, Hamburg 1950 ff.

Stier-Somlo, F.: Das Grundrecht der komm. Selbstverwaltung unter besonderer Berücksichtigung des Eingemeindungsrechts, in: AöR 1929, S. 1 ff.

Storck, H.: Der Krebsschaden der Finanzzuweisungen, in: Städtetag 1949, S. 217 ff.

— Die Finanzlage der Gemeinden und ihre Stellung im Finanzausgleich, in: DÖV 1950, S. 103 ff.

Stucken, R.: Zur Neuordnung des Finanzausgleichs, in: Conrads Jahrbücher, Bd. 127 (1927), S. 721 ff.

Stumpp, H.: Die Entwicklung des Finanzausgleichs in Deutschland von 1871 bis zur Gegenwart, Diss. Würzburg 1964.

Terhalle, F.: Geschichte der deutschen öffentl. Finanzwirtschaft vom Beginn des 19. Jh. bis zum Schlusse des Zweiten Weltkrieges, in: HFW Bd. 1, S. 236 ff., 2. Auflage Tübingen 1956.

Tiemann, B.: Gemeinschaftsaufgaben von Bund und Ländern in verfassungsrechtl. Sicht (Schr. z. Öff. R., Bd. 131), Berlin 1970.

Thieme, W.: Bund, Länder und Gemeinden, in: AfK 1963, S. 185 ff.

Triepel, H.: Quellensammlung zum Dt. Staatsrecht, Bd. 1, 4. Aufl. Tübingen 1926.

Ule, C. H.: Zwangseingemeindungen und Verfassungsgerichtsbarkeit, in: VerwArch. 1969, S. 101 ff.

v. Unruh, G. C.: Arbeit und Verfassung der komm. Selbstverwaltung im Staat der industriellen Gesellschaft, in: Die Gemeinde 1968, S. 137 ff.

— Die Einrichtung der komm. Selbstverwaltung als staatspolitische Aufgabe, in: DVBl. 1973, S. 1 ff.

— Gemeinderecht, in: Besonderes Verwaltungsrecht (Lehrbücher des öffentl. Rechts, Bd. 4), 3. Aufl. Frankfurt/M. 1972, S. 83 ff.

— Der Kreis, Köln / Berlin 1964.

— Der Kreis im 19. Jh. zwischen Staat und Gesellschaft, in: H. Croon / W. Hofmann / G. C. v. Unruh, Komm. Selbstverwaltung im Zeitalter der Industrialisierung (SchriftenR des Vereins für KommWiss., Bd. 33), Stuttgart usw. 1971.

— Selbstverwaltung als staatsbürgerl. Recht, in: DÖV 1972, S. 16 ff.

— Spannungen zwischen Staat und Selbstverwaltung im liberalen und sozialen Rechtsstaat, in: Der Staat 1965, S. 441 ff.

Voigt, F.: Die Selbstverwaltung als Rechtsbegriff und juristische Erscheinung (Leipziger rechtswissenschaftl. Studien, H. 110), Leipzig 1938.

Voigt, R.: Staatl. Finanzgarantie und komm. Selbstverwaltung, in: Die Verwaltung 1974, S. 335 ff.

Voigtländer, H.: Die raumordnungspolitische Problematik des Finanzausgleichs zwischen Land und Gemeinden (Gemeindeverbänden) in Schleswig-Holstein, Diss. Hamburg 1969.

Vorgutachten zu Fragen des Art. 107 GG der „Studienkommission komm. Lastenausgleich", in: Die Selbstverwaltung 1952, S. 186 ff.

Wagener, F.: Die Städte im Landkreis (Göttinger rechtswissenschaftl. Studien, Bd. 17), Göttingen 1955.

— Verwaltung der Kreise in der Industriegesellschaft, in: Landkreis 1966, S. 104 ff.

Weber, W.: Spannungen und Kräfte im westdeutschen Verfassungssystem, 3. Aufl. Berlin 1970.

— Staats- und Selbstverwaltung in der Gegenwart (Göttinger rechtswissenschaftl. Studien, H. 9), 2. Aufl. Göttingen 1967.

Weidemann, J.: Zur Entstehung der Dt. Gemeindeordnung, in: JbdAfDtR, Jg. 2 (1935), S. 90 ff.

Weinberger, B.: Das quantitative Problem der Gemeindefinanzreform, in: Die Finanzreform und die Gemeinden (SchriftenR des Vereins für Komm Wiss., Bd. 14), S. 71 ff., Stuttgart usw. 1966.

Wilkes, P. J.: Die Wandlungen der Gemeindefinanzpolitik in den Entwicklungsabschnitten der deutschen Finanz- und Steuersysteme von 1871 bis zur Gegenwart, Diss. Bonn 1960.

Willing, G.: Die Gemeinden in Schleswig-Holstein, in: Buch Deutscher Gemeinden, Köln und Berlin 1965, S. 274 ff.

— Vom „kanalisierten" zum „zentralisierten" Einwohner?, in: Die Gemeinde 1969, S. 249 ff.

Wixforth, G.: Die gemeindl. Finanzhoheit und ihre Grenzen, Siegburg 1964.

Wolff, H.J.: Verwaltungsrecht, Bd. 1, 8. Aufl. München 1971.

— Verwaltungsrecht, Bd. 2, 3. Aufl. München 1971.

Zahrnt, H.-C.: Die Gemeindefinanzreform und die Gesetze von 1969 (SchriftenR des Freiherr-vom-Stein-Inst. des Hessischen Gemeindetags, Nr. 9), Wiesbaden 1969.

Zeitel, G.: Die zweckmäßige Struktur des komm. Steuersystems (SchriftenR des Vereins für KommWiss., Bd. 12), Stuttgart usw. 1966.

— Probleme des Steuerverbundes, in: AfK 1966, S. 210 ff.

Ziebill, O.: Geschichte des Dt. Städtetages, 2. Aufl. Stuttgart 1956.

— Politische Parteien und komm. Selbstverwaltung (SchriftenR des Vereins für KommWiss., Bd. 7), Stuttgart 1964.

Zuhorn, K. und W. *Hoppe*: Gemeinde-Verfassung. Das Gemeinderecht in NRW, 2. Aufl. Siegburg 1962 (Reihe: Das Gemeinderecht in NRW, Bd. 1).

FSC
www.fsc.org
MIX
Papier | Fördert gute Waldnutzung
FSC® C083411

Kolibri 360 GmbH
Ferdinand-Jühlke-Straße 7
99095 Erfurt, Deutschland
produktsicherheit@kolibri360.de

Druck:
CPI Druckdienstleistungen GmbH
im Auftrag der
Kolibri 360 GmbH
Ferdinand-Jühlke-Str. 7
99095 Erfurt